D0829792

ESPAGNOL
DÉBUTANT

ESPAGNOL DÉBUTANT

Nouvelle édition

par
María Jiménez
et
Justino Gracia Barrón

Le Livre de Poche

La collection « Les Langues Modernes » n'a aucun lien avec l'A.P.L.V. et les ouvrages qu'elle publie le sont sous sa seule responsabilité.

© Librairie Générale Française, 1992 et 2007
pour la présente édition.
ISBN : 978-2-253-08433-4 – 1re nouvelle édition revue et corrigée.
(ISBN 2-253-08093-4 – 1re publication LGF)

SOMMAIRE

7

ANNEXES

MODE D'EMPLOI

Avant que vous n'abordiez l'étude de ce livre, il nous a semblé nécessaire de vous donner quelques indications qui vous faciliteront la tâche.

Le livre s'organise en deux parties :

• Les leçons de la *première partie* sont construites selon le schéma suivant :

Page 1	Page 2	Page 3	Page 4
• Texte espagnol • Observez • Écoutez • Sachez que…	• Texte français • Prononciation	• Vocabulaire • Grammaire	• Exercices

• Dans les leçons de la *deuxième partie*, nous avons supprimé les rubriques *Écoutez* et *Prononciation*. Mais n'hésitez pas à les revoir si vous en éprouvez le besoin.

Page 1	Page 2	Page 3	Page 4
• Texte espagnol • Observez • Sachez que…	• Texte français • Vocabulaire	• Grammaire	• Exercices

Chaque leçon se compose de plusieurs rubriques. Chacune d'entre elles doit être utilisée de façon spécifique.

Le texte espagnol

Il se présente le plus souvent sous la forme d'une petite scène qui reproduit une situation de la vie courante (louer une chambre d'hôtel, ouvrir un compte en banque, faire une déclaration de vol, chercher du travail, etc.).

Il vous permet à la fois d'apprendre des mots et des structures grammaticales propres à l'espagnol, et de vous familiariser avec des situations de la vie courante.

En vous aidant des indications qui vous sont données dans les rubriques *Écoutez* et *Prononciation*, lisez le texte à haute voix plusieurs fois. N'oubliez pas que les voyelles en caractère gras (leçons 1 à 69) doivent être accentuées. Écoutez le CD enregistré et efforcez-vous de reproduire la prononciation qui vous est donnée.

Essayez de comprendre et même de traduire le texte espagnol sans vous reporter au texte français. Vous vous apercevrez très vite que l'espagnol est parfois très proche du français, mais parfois aussi très éloigné.

Observez

Cette rubrique regroupe quelques structures qui présentent certaines particularités grammaticales.

Elle a pour but de mettre l'accent sur les différences entre l'espagnol et le français. Elle ne se propose pas d'expliquer ces différences mais simplement de les signaler ou de les rappeler.

Observez ces particularités… À vous ensuite de comparer l'espagnol et le français.

Écoutez

Cette rubrique se propose de restituer graphiquement la prononciation de certaines lettres ou de certains mots. Elle vient donc en appui du CD enregistré et vous permettra de prononcer le plus correctement possible.

Répétez plusieurs fois à haute voix chacun des mots qui vous sont proposés.

Relisez le texte en son entier en prêtant plus particulièrement attention aux mots ou expressions qui vous ont été signalés.

Sachez que...

Apprendre une langue c'est aussi apprendre à connaître une culture différente. Cette rubrique, consacrée à des points de civilisation, a pour but de vous faire connaître des traditions, des institutions et aussi de vous faire partager ce qui fait la spécificité de l'Espagne. Toutes choses qui vous seront très utiles si vous décidez un jour de franchir les Pyrénées pour mettre réellement en pratique ce que vous avez appris.

Le texte français

Il propose une traduction aussi fidèle que possible du texte espagnol. Il a évidemment pour but de vous aider à comprendre le texte espagnol. Mais il vous permettra également de mieux saisir les différences entre l'espagnol et le français. Nous vous conseillons de ne vous y reporter qu'après avoir tenté de traduire par vous-même le texte espagnol. Utilisez la traduction à titre de *vérification*, afin de vous assurer que vous n'avez commis aucun contresens. Efforcez-vous également de retrouver à partir de la traduction le texte d'origine.

Prononciation

Tout comme la rubrique *Écoutez*, dont elle est le complément, cette rubrique dans laquelle nous vous expliquons comment articuler certains sons, vous aidera à obtenir une bonne prononciation.

Efforcez-vous d'articuler chacun des sons signalés, en respectant les indications qui vous sont données.

Recherchez dans le texte espagnol tous les mots qui contiennent ces sons.

Relisez-les plusieurs fois à haute voix.

Vocabulaire

La rubrique *Vocabulaire* vous propose une liste de mots ou d'expressions en rapport avec le texte espagnol. Elle vous permettra d'élargir vos connaissances lexicales et d'acquérir des expressions du langage de tous les jours.

Apprenez ces mots et ces expressions. Tout comme ceux du texte espagnol, ils vous seront nécessaires pour faire les *Exercices*.

Grammaire

À l'occasion de chaque leçon un ou deux points de grammaire sont traités et illustrés par des exemples.

Vous vous familiarisez ainsi avec les mécanismes qui régissent la langue, afin qu'au fil des leçons vous deveniez de plus en plus autonomes.

Apprenez les règles qui vous sont proposées. Observez attentivement comment elles s'appliquent au travers des exemples et du texte. N'hésitez pas à revenir en arrière chaque fois que cela vous semblera utile.

Exercices

Chaque leçon est suivie d'exercices que nous nous sommes efforcés de diversifier le plus possible (traduire, mettre au singulier, changer de temps...).

Ces exercices sont conçus comme l'aboutissement de toute une leçon. C'est pourquoi ils font appel non seulement à votre mémoire mais également à votre réflexion. Ils vous donnent l'occasion de mettre en pratique les connaissances que vous avez acquises.

Consultez les corrigés en fin de volume à titre de vérification ; n'hésitez pas à refaire plusieurs fois les exercices qui vous sont proposés.

Dans les dialogues, la traduction – mot à mot – est entre crochets.

PRONONCIATION

Voici quelques indications qui faciliteront votre lecture.

Les lettres	Les sons
c	La lettre **c** se prononce de deux façons : – si elle est suivie d'un **e** ou d'un **i**, placez la langue entre les dents et soufflez. → pensez à… **th**ank you… – si elle est suivie d'un **a**, d'un **o** ou d'un **u**, vous la prononcerez tout comme en français en produisant le son [k]. → pensez à… **c**aniche, **c**o**c**otier…
ch	La lettre **ch** correspond au son [tch]. Pour la prononcer : → pensez à… **tch**èque, **tch**ador… Attention, il s'agit là d'une lettre nouvelle. Ne l'oubliez pas en consultant un dictionnaire.
d	La lettre **d** se prononce comme en français. Veillez cependant à la prononcer plus faiblement lorsqu'elle apparaît en fin de mot. → pensez à… Madri**d**…
e	À la lettre **e** correspond systématiquement le son [é]. → pensez à… **é**l**é**phant, **é**lever…

Les lettres	Les sons

g
La lettre **g** se prononce de deux façons :
– si elle est suivie d'un **e** ou d'un **i**, vous la prononcerez presque comme un « r » expiré. C'est là un son propre à l'espagnol qui rappelle un peu celui de certains mots français :
→ pensez à... **r**atatouille, **r**aisin...
– si elle est suivie d'un **a**, d'un **o** ou d'un **u**, vous la prononcerez comme en français en produisant le son [gue].
→ pensez à... **g**uitare, **g**âteau...

h
C'est la seule lettre qui ne se prononce pas en espagnol
→ pensez à... **h**ôpital, **h**ôte...

j
La lettre **j** se prononce de la même façon que la lettre **g**, lorsque cette dernière est suivie d'un **e** ou d'un **i**
→ pensez à... **r**ein, **r**ouage...

ll
Il s'agit là d'une nouvelle lettre : ne l'oubliez pas en consultant un dictionnaire. Elle correspond au son [lieu].
→ pensez à... **lieu**tenant, **liè**vre...

ñ
C'est une lettre propre à l'espagnol (attention au dictionnaire) qui correspond au son [gn].
→ pensez à... Espa**gn**e, compa**gn**on...

Saludar

Estamos en una cafetería de Madrid, un primero de octubre.

Don Luis:	— ¡Hola, Pepe! ¿Cómo estás?
Pepe:	— ¡Don Luis! Buenas tardes, ¿cómo está usted?
Don Luis:	— Bien, gracias. ¿Están aquí mis amigos?
Pepe:	— El señor García está sentado en la mesa del fondo.
Don Luis:	— Hasta luego, Pepe.

. . . .

Señor García:	— ¡Hombre, Luis! ¿Qué haces tú por aquí?
Don Luis:	— Estoy de paso.
Señor García:	— ¡Tienes un aspecto magnífico!
Don Luis:	— Estoy en forma. Acabo de regresar de vacaciones de Santander. Y tu esposa y el niño, ¿cómo están?
Señor García:	— Lola no está demasiado bien. El embarazo la cansa. El niño no está con nosotros ahora.
Don Luis:	— ¿Dónde está, pues?
Señor García:	— Está en casa de mi hermana.

Observez

- L'absence de pronom sujet : **estamos en una cafetería** (l. 1), *nous sommes dans une cafétéria*.
- La présence de la préposition **de** : un primero de octubre (l. 1), *un premier octobre*.
- L'expression **en casa de**, *chez* : **está en casa de mi hermana** (l. 16), *il est chez ma sœur*.

Écoutez

Donn Louiss, ko mo es ta ous ted, boué nas taR dess.

Sachez que...

Il y a plus de trois cents millions d'hispanophones dans le monde. L'espagnol est la langue officielle de 21 pays.

Saluer

Nous sommes dans une cafétéria de Madrid, un premier octobre.

Don Luis : — *Salut, Pepe. Comment vas-tu ?*

Pepe : — *Bonjour* [bon après-midi], *don Luis, comment allez-vous ?*

Don Luis : — *Bien, merci. Mes amis sont-ils là ?*

Pepe : — *Monsieur García est assis à la table du fond.*

Don Luis : — *À plus tard, Pepe.*

. . . .

M. García : — *Eh, Luis ?* [homme, Luis]. *Que fais-tu par ici ?*

Don Luis : — *Je suis de passage.*

M. García : — *Tu as une mine resplendissante !*

Don Luis : — *Je suis en forme. Je viens de rentrer* [je finis de rentrer] *de vacances de Santander. Et ton épouse et le petit, comment vont-ils ?*

M. García : — *Lola ne va pas trop bien. La grossesse la fatigue. Le petit n'est pas avec nous en ce moment.*

Don Luis : — *Où est-il alors ?*

M. García : — *Il est chez ma sœur.*

Prononciation

La lettre **u** doit être prononcée / ou / : **buenas** = bouenas.

        e   / é / : **sorpresa** = sor pré ssa.

        s   / ss / : **paso** = pa sso.

Les lettres **c** (devant **e**, **i**) et **z** (devant **a**, **o**, **u**) se prononcent en mettant la langue entre les dents et en soufflant légèrement ; comme si vous aviez un cheveu sur la langue. Pensez à l'anglais *Thank you.*

Vocabulaire

• *Comment dire* bonjour *selon les différents moments de la journée ?*

Buenos **dí**as *(bonjour)*, jusqu'à l'heure du déjeuner.

Buenas **ta**rdes *(bonjour)*, jusqu'à la tombée de la nuit.

Buenas **no**ches *(bonsoir, bonne nuit)*, dès la tombée de la nuit.

Hola (entre *salut* et *bonjour*) peut s'employer à n'importe quel moment du jour ou de la nuit.

> **Attention !**
> Vous ne l'emploierez qu'à votre arrivée, jamais à votre départ.

● *Traitements de politesse et leur utilisation :*
Don suivi d'un prénom : Don Luis.
Señor suivi d'un nom de famille : Señor García.
Ces deux formules sont équivalentes. Vous les utiliserez
pour vous adresser à une personne âgée ou à une personne
de classe sociale élevée.

● *Les mois de l'année :*

en**e**ro	ab**ri**l	j**u**lio	oct**u**bre
febr**e**ro	m**a**yo	ag**ost**o	nov**ie**mbre
m**a**rzo	j**uni**o	sept**ie**mbre	dic**ie**mbre

EXERCICES

A. Traduisez

1. Comment allez-vous ?
2. Je vais bien.
3. Tu es en forme.
4. Elles sont chez ma sœur.
5. Tu as une mine resplendissante.
6. Je viens de rentrer de vacances.
7. Ils sont de passage.
8. Elle n'est pas avec vous.
9. Il est assis à la table du fond.

B. Mettez à la forme négative

1. Están en la mesa del fondo.
2. ¿Estás en casa de mi hermana?
3. El embarazo la cansa.
4. Estamos de vacaciones.
5. Estáis bien.

LE VERBE ESTAR *(être)*

1. **estoy**   4. **estamos**
2. **estás**   5. **estáis**
3. **está**   6. **están**

Le verbe **estar** est l'un des deux verbes que l'espagnol possède pour dire *être*.
Il sert à :

– attribuer à un être (ou à une chose) une qualité passagère et qui peut varier en fonction des circonstances. Ex. : *Don Luis est en forme* (**está en forma**) parce qu'il revient de vacances.

– exprimer le lieu où l'on se trouve : Ex. : **Está en casa de mi hermana**. *Il est chez ma sœur.*

L'INTERROGATION ET LA NÉGATION

À la différence de la phrase interrogative française, qui ne comporte qu'un point d'interrogation, la phrase interrogative espagnole en comporte deux :

– un en début de phrase (¿) qui avertit le lecteur afin qu'il se prépare à prendre un ton « montant » ;

– un en fin de phrase (?).

| Attention !
| Il en va de même pour la phrase exclamative.

Ex. : **¡Hola, Pepe!** *Salut, Pepe !*

Contrairement à la négation française *(ne… pas)*, la négation espagnole se compose d'un seul élément (**no**) qui se place toujours avant le verbe.

Ex. : **No está demasiado bien.** *Il (ou elle) ne va pas trop bien.*

Y tú, ¿quién eres?

Es el primer día de clase en la universidad de verano para extranjeros.

— **Bue**nos días, s**o**y Juan López Martínez, s**o**y **vue**stro profes**o**r. Y tú, ¿quién **e**res?
— S**o**y He**l**ga Freeden.
— ¿De d**ó**nde **e**res?
— S**o**y alem**a**na, de **M**unich.
— Tú **e**res el holand**é**s, ¿no?
— No, yo s**o**y franc**é**s. Los holand**e**ses son los dos que están sent**a**dos al f**o**ndo de la clase.
— As**í** que **e**res franc**é**s, ¿de Par**í**s?
— No, yo s**o**y de Tournay-sur-Odon.
— Eh, los holand**e**ses, vos**o**tros, ¿de d**ó**nde s**o**is?
— S**o**mos de **A**msterdam.
— Y tú, ¿quién **e**res?
— No, yo no s**o**y al**u**mno, yo s**o**y el port**e**ro.

Observez

● L'absence de majuscule au début des noms de nationalités : **Eh, los holandeses, vosotros, ¿de dónde sois?** (l. 13) *Eh, les Hollandais, vous, d'où êtes-vous ?*

● L'emploi de **en** (et non pas de **a**) pour dire le lieu où l'on se trouve : **en la universidad**, *à l'université.* (l. 1)

Écoutez

universidad : ou ni ber ssi dad ‖ **verano** : bé ra no ‖ **buenos** : boué noS ‖ **holandeses** : o lann' dé ssèS ‖ **extranjeros** : eks trann' ré roS.

Sachez que...

Dans les pays hispanophones, on porte deux noms : le premier vient du père, le second, de la mère. On ne transmet que le premier.

Et toi, qui es-tu ?

C'est le premier jour de classe à l'université d'été pour étrangers.

— *Bonjour, je m'appelle* [je suis] *Juan López Martínez, je suis votre professeur. Et toi, comment t'appelles-tu ?* [qui es-tu ?]
— *Je suis Helga Freeden.*
— *D'où es-tu ?*
— *Je suis allemande, de Munich.*
— *Toi, tu es le Hollandais, n'est-ce pas* [non ?] *?*
— *Non, moi je suis français. Les Hollandais, ce sont les deux qui sont assis au fond de la classe.*
— *Alors comme ça* [ainsi que], *tu es français, de Paris ?*
— *Non, moi je suis de Tournay-sur-Odon.*
— *Eh, les Hollandais, vous, d'où êtes-vous ?*
— *Nous sommes d'Amsterdam.*
— *Et toi, qui es-tu ?*
— *Non, moi je ne suis pas un élève, moi je suis le gardien.*

Prononciation

La lettre **j** correspond à un son propre à l'espagnol, mais proche du **r** parisien. Prononcez-le comme un **r** expiré. Pensez à *ratatouille, raisin* en prononçant **Juan, extranjeros.**

La lettre **r** correspond à un son intermédiaire entre le **r** et le **l** français. Pensez à *pire* et à *pile*, en prononçant **Martínez.**

La lettre **y**, lorsqu'elle n'apparaît pas seule, correspond au son que vous trouvez dans le mot anglais *cow-boy*. Pensez-y en prononçant **soy.**

GRAMMAIRE

LE VERBE SER *(être)*

1. **soy**   4. **somos**
2. **eres**   5. **sois**
3. **es**   6. **son**

Le verbe **ser** est l'autre verbe dont dispose l'espagnol pour dire *être*. Il exprime une qualité durable qui n'est pas fonction des circonstances.

Il sert à :
– déclarer une caractéristique essentielle de l'être ou de la chose. Ex. : **Soy alemana**. *Je suis allemande.*
– décliner son identité : **Soy Juan López**. *Je m'appelle [je suis] Juan López.*
– dire une profession : **Soy el portero**. *Je suis le gardien.*
– préciser l'origine : **Es de París**. *(Il* ou *Elle) est de Paris.*

LES ARTICLES

DÉFINIS				INDÉFINIS	
masculin	féminin			masculin	féminin
el	la	singulier		un	una
los	las	pluriel		unos	unas

LE GENRE

En règle générale :
– les mots terminés par **o** ou par une consonne autre que **d** sont masculins. Ex. : **el alumno**, *l'élève* ; **el profesor**, *le professeur* ; **el francés**, *le Français.*
– Les mots terminés par **a** sont du féminin. Ex. : **una alemana**, *une Allemande.* **Attention :** día est quand même un mot masculin !
– Les mots terminés par **e** ou **é** peuvent être soit masculins, soit féminins. Ex. : **una clase**, *une classe* ; **un café**, *un café.*

LE NOMBRE

En espagnol, comme en français, la marque du pluriel est le **s**. Toutefois, si le mot se termine par une consonne, il faudra, pour marquer le pluriel, ajouter **es** à la fin du mot. Ex. : **un portero, unos porteros, un holandés, unos holandeses.**

A. Traduisez

1. Je suis Pierre Chéron et toi, qui es-tu ?
2. Je suis Helmut Schneider, je suis allemand.
3. Nous sommes d'Amsterdam, nous sommes hollandais.
4. Moi, je suis le portier de l'université et vous ? Qui êtes-vous ?
5. Nous sommes les élèves.
6. C'est le premier jour de classe.

B. Mettez au pluriel les mots suivants

una profesora ; un alemán ; el holandés ; la francesa ; un día

C. Mettez au singulier les mots suivants

los alumnos ; las porteras ; unas clases ; unos extranjeros.

D. Mettez au féminin les mots suivants

el holandés ; un alumno ; el portero ; el niño ; el hermano.

E. Mettez au masculin les mots suivants

la alemana ; una profesora ; una esposa ; la amiga.

F. Choisissez le verbe qui convient

1. (estamos, somos) sentados en el fondo de la clase.
2. (estáis, sois) de Berlín.
3. ¿(estás, eres) el portero?
4. (estoy, soy) en forma.
5. (está, es) de paso.
6. (estoy, soy) Luis.

G. Ajoutez l'article défini qui convient

1. Es … niño de Juan.
2. ¿Están aquí … amigas de Lola?

H. Ajoutez l'article indéfini qui convient

1. Juan es … alumno de la clase.
2. Son … amigos de Carlos.

Presentar

Colegas

— Buenas tardes, don Juan. Me presento: yo soy Pedro Álvarez, el sustituto del ingeniero que está enfermo.
— Encantado.
— Mucho gusto.
— ¿Está usted contento con su trabajo?
— Es muy interesante. Aprendo mucho. ¿Usted trabaja aquí desde hace mucho tiempo?
— Formo parte de los fundadores de la casa.

Amigos

— Hola, Juan. Te presento a Pepi y a Luisa ; son dos compañeras de trabajo.
— Hola, ¿qué tal estáis?
— Nosotras, bien ¿y tú?
— Bien, gracias. Así que sois amigas de Encarnita. ¿Trabajáis en la misma planta?
— Yo trabajo con ella, pero Luisa, no. Bueno, adiós, encantada.
— Adiós, mucho gusto.

Observez

● L'utilisation de la préposition **a** :
Te presento a Pepi y a Luisa. (l. 11). *Je te présente Pepi et Luisa.*
● La structure **desde hace mucho tiempo** (l. 8), *depuis [il fait beaucoup de temps] longtemps*.
● La structure **son dos compañeras** (l. 11), *ce sont deux camarades.*

Écoutez

ingeniero : in Ré ni é ro ‖ **trabajo** : tra Ba ro ‖ **muy** : mou i ‖ **y** : i.

Sachez que...

Le vouvoiement est moins fréquent en Espagne qu'en France, mais les gens âgés l'utilisent encore souvent entre eux.

26

Présenter

Des collègues

— *Bonjour [bon après-midi], don Juan. Je me présente :
je m'appelle [je suis] Pedro Alvarez, le remplaçant de
l'ingénieur qui est malade.*

— *Ravi de vous connaître [enchanté].*

— *Très heureux [beaucoup de plaisir].*

— *Êtes-vous content de [avec] votre travail ?*

— *C'est très intéressant. J'apprends beaucoup. Vous travaillez
ici depuis [depuis il fait beaucoup de temps] longtemps ?*

— *Je fais [forme] partie des fondateurs de la maison*

Des amis

— *Salut, Juan. Je te présente Pepi et Luisa ; ce sont deux
collègues de travail.*

— *Salut, comment allez-vous ?*

— *Nous, ça va [bien], et toi ?*

— *Ça va [bien], merci. Alors, comme ça [ainsi que], vous êtes
des amies d'Encarnita. Vous travaillez au même étage ?*

— *Moi, je travaille avec elle, mais pas Luisa [Luisa non].
Bon, au revoir, enchantée.*

— *Au revoir, très heureux.*

Prononciation

La lettre **g** lorsqu'elle est suivie d'un **i** ou d'un **e** se prononce
comme la lettre **j**. En revanche, lorsqu'elle est suivie d'un **a**, d'un
o, d'un **u** ou d'une consonne, elle se prononce comme **gué**. Pensez à *marguerite* en prononçant **gusto**.
La lettre **ñ** est propre à l'espagnol. Elle correspond au son français
gn que vous trouvez dans le mot *campagne*. Pensez-y en prononçant **compañera**, **niño**.

Vocabulaire

• *Quelques formules de politesse :*

Encantado (ou **encantada**) : *ravi (ou ravie) de faire ta (votre)
connaissance.*
Mucho gusto ou **Tanto gusto** : *Très heureux [beaucoup ou
autant de plaisir].*
El **gusto es mío.** *Tout le plaisir est pour moi.*

GRAMMAIRE

LES PRONOMS SUJETS

| *Sing.* | yo | tú | él, ella, **usted** |
| *Plur.* | **nos**o**tros** (as) | **vos**o**tros** (as) | el**los**, el**las**, **ust**e**des** |

Dans le verbe espagnol, toutes les terminaisons sont différentes. À chacune d'entre elles correspond une personne, donc l'utilisation des pronoms sujets est facultative.

Vous les utiliserez pour insister :
– Yo **trabajo** con ella. *Moi, je travaille avec elle.*

Vous les utiliserez aussi pour préciser :
– **¿Usted trabaja aquí?** *Vous travaillez ici ?*

TUTOIEMENT ET VOUVOIEMENT

Pour s'adresser à UN interlocuteur, l'espagnol a à sa disposition deux possibilités :
– IL LE TUTOIERA : s'il le connaît, s'ils sont à peu près du même âge : **Y tú, ¿quién eres?** *Et toi, qui es-tu ?*

Il emploiera alors des formes verbales de 2ᵉ personne du singulier et les pronoms qui correspondent à ces formes.

Ex. : **Y tú, ¿qui**é**n e**res?**

– IL LE VOUVOIERA : s'il ne le connaît pas, s'il y a entre eux une grande différence d'âge, ou s'il lui doit le respect :

Ex. : **¿Está usted contento** con su **trabajo?** *Êtes-vous content de votre travail ?*

Il emploiera alors des formes verbales de 3ᵉ personne du singulier et le pronom spécifique de courtoisie : **USTED.**

A. Traduisez

1. Bonjour (= le matin), Luis, je te présente un ami.
2. Tu es le remplaçant de Miguel.
3. Je suis ingénieur.
4. Nous sommes malades.
5. C'est très intéressant.
6. J'apprends beaucoup.
7. Vous travaillez au même étage que Manuel.

B. Mettez le verbe entre parenthèses à la forme qui convient

1. Yo (estar) en el fondo.
2. Vosotros (ser) los compañeros de Juan.
3. Usted (estar) contento.

C. Complétez en ajoutant le pronom sujet qui convient

1. … soy Pedro Álvarez, y …, ¿quién eres?
2. ¿De dónde es el ingeniero? … es de Madrid.
3. ¿En qué planta trabaja Luisa? … trabaja en la segunda planta.
4. ¡Hola, Pepi, hola, Luisa!, ¿… estáis bien? … no estoy bien.
5. … estamos bien, gracias.
6. Y tus amigos, ¿de dónde son? … son de París.

D. Passez du tutoiement au vouvoiement

1. ¿Estás tú contento?
2. Y tú, ¿de dónde eres?
3. Tú eres el ingeniero.
4. Y tú, ¿cómo estás?

E. Passez du vouvoiement au tutoiement

1. Está usted en la planta 2.
2. Usted forma parte de los fundadores de la casa.
3. Usted está sentado en el fondo de la clase.
4. Usted es francés.

¿Qué es de tu vida?

Encuentro entre dos amigos, Antonio y José.

Antonio: — ¿Qué es de tu vida, ahora que no trabajas?

José: — Por las mañanas, me levanto tarde, desayuno. Leo el periódico o escucho la radio. A veces pinto un poco. Ayudo a Cecilia a las tareas de la casa. Comemos. Echamos nuestra siestecita y luego, por la tarde, salimos. A veces asisto a charlas, a tertulias. Por la noche, Cecilia y yo nos juntamos con otros matrimonios y jugamos al póker o salimos a pasear, cuando llega el buen tiempo.

Antonio: — ¡Chico! ¡Qué envidia me das! ¡Vivís como reyes!

José: — No vivimos mal, aunque, a veces, nos aburrimos un poco.

Observez

● La présence de la préposition **por** :
por las mañanas (l. 3), *les matins* ; **por la tarde** (l. 7), *l'après-midi* ; **por la noche** (l. 8), *le soir* (ou *la nuit*).

● La présence de la préposition **a** :
– devant un complément qui désigne une personne : **Ayudo a Cecilia a las tareas de la casa** (l. 5). *J'aide Cecilia aux tâches ménagères.*
– entre un verbe de mouvement et un infinitif : **salimos a pasear** (l. 10), *nous sortons nous promener.*

Écoutez

escucho : es kou tcho ‖ **echamos** : é tcha mos ‖
charlas : tchar laS ‖ **noche** : no tché.

Sachez que...

La « tertulia » (le cercle où l'on discute) est une « institution » en Espagne. Elle a eu ses plus beaux jours au XIXᵉ siècle.

Que deviens-tu ?

Rencontre entre deux amis, Antonio et José.

Antonio : — *Que deviens-tu, maintenant que tu ne travailles plus ?*
José : — *Le matin, je me lève tard, je déjeune. Je lis le journal ou j'écoute la radio. Parfois je peins un peu. J'aide Cecilia aux tâches ménagères. Nous mangeons. Nous faisons [jetons] notre petite sieste et, ensuite, l'après-midi, nous sortons. Parfois j'assiste à des entretiens, des causeries. Le soir, Cecilia et moi, nous nous réunissons avec d'autres couples [couples mariés] et nous jouons au poker, ou nous sortons nous promener quand le beau temps arrive.*
Antonio : — *Mon vieux [jeune homme] ! Comme je t'envie [quelle envie tu me donnes] ! Vous menez une de ces vies [vous vivez comme des rois] !*
José : — *Nous ne vivons pas mal, quoique… parfois, nous nous ennuyons un peu.*

Prononciation

La lettre **ch** est propre à l'espagnol ; elle correspond au son /tch/ : **charlas** : tchar las || **escucho** : es kou tcho || **echamos** : é tcha moS || **chico** : tchi ko.
La lettre **v** se prononce exactement comme la lettre **b** : **vida** : bida || **levanto** : lé bann'to || **veces** : be ces.
La lettre **ll** est propre à l'espagnol ; elle se prononce « *lieu* », mais on a tendance à la prononcer comme la lettre **y** : **llega** : lié-**ga**.

Vocabulaire

● *Les différents moments de la journée :*
Por la ma**ñ**ana, *le matin.*
Por la t**a**rde, *l'après-midi.*
Por la n**o**che, *le soir* ou *la nuit.*

● *Quelques adverbes de quantité :*

P**o**co, *peu*	B**a**stante, *assez*
M**u**cho, *beaucoup*	Demas**i**ado, *trop*

GRAMMAIRE

LE PRÉSENT DE L'INDICATIF DES VERBES RÉGULIERS

Il existe trois groupes de verbes : les verbes se terminant en **-ar**, ceux se terminant en **-er**, et ceux se terminant en **-ir.**

Personne	Trabajar	Leer	Vivir
1. *yo*	trabaj**o**	le**o**	viv**o**
2. *tú*	trabaj**as**	le**es**	viv**es**
3. *él, ella, usted*	trabaj**a**	le**e**	viv**e**
4. *nosotros*	trabaj**amos**	le**emos**	viv**imos**
5. *vosotros*	trabaj**áis**	le**éis**	viv**ís**
6. *ellos, ellas, ustedes*	trabaj**an**	le**en**	viv**en**

Le présent de l'indicatif a, en espagnol, une valeur générale qui n'implique pas que vous soyez en train d'accomplir l'action dont vous parlez au moment où vous parlez. Si vous dites **trabajo**, cela ne signifie pas que vous êtes en train de travailler au moment où vous le dites, mais, simplement, que de façon générale, vous travaillez. Ex. : **Me levanto tarde** pourrait être traduit par : *En général, je me lève tard.*

EXERCICES

A. Traduisez
1. Lis-tu le journal ou écoutes-tu la radio ? (*leer-escuchar*).
2. Nous aidons (*ayudar*) Cecilia (souvenez-vous, aussi, de **Observez** p. 30).
3. Le matin elle sort et l'après-midi elle assiste à des entretiens (*salir-asistir*).
4. Ils ne vivent pas mal (*vivir*).
5. Tu travailles assez (*trabajar*).
6. Je peins beaucoup (*pintar*).

B. Mettez le verbe en italique à la forme qui convient
1. Juan y yo *jugar* al póker.
2. Cecilia y tú *leer* el periódico.
3. Tú *escuchar* la radio.
4. Usted *pintar* un poco.
5. Ellos *asistir* a charlas.

C. Retrouvez l'infinitif du verbe en italique
1. José *trabaja* mucho.
2. Cecilia y tú *salís* mucho.
3. Nosotros *escuchamos* la radio.
4. *Llega* el buen tiempo.

D. Passez du tutoiement au vouvoiement
1. Trabajas mucho.
2. Pintas muy bien.
3. Asistes a charlas.

E. Passez du vouvoiement au tutoiement
1. Usted lee el periódico por las mañanas.
2. Usted ayuda a Cecilia.

F. Ajoutez le pronom qui convient
1. ... trabajáis demasiado poco.
2. ... asistimos a unas tertulias.

Me habla mucho de ustedes

Juan y Antonio están sentados en un bar cuando llegan
Luis y César, dos amigos de Juan.

Juan: — Mira, Antonio, te presento a unos amigos, Luis y César. Os presento a Antonio, un compañero.

Antonio: — ¿Cómo están ustedes?... ¿No son ustedes los amigos de Juan que viven en Córdoba? Juan habla mucho de ustedes. Encantado.

Luis: — Sí, sí. ¿No es usted el compañero que trabaja con él? Nosotros también oímos hablar de usted a menudo.

Juan: — ¿Por qué no os tuteáis? ¡Parecéis tres viejos!

Antonio: — Con mucho gusto. *(Llama al camarero).* ¿Qué queréis tomar? *(Llega el camarero).*

El camarero: — Señores, ¿Qué desean ustedes tomar?

Antonio: — Yo, una cerveza. ¿Y vosotros?

Juan: — Para mí, una clara y una tapa de calamares.

Luis y César: — Lo mismo que tú.

Observez

● La place du sujet : **cuando llegan Luis y César, dos amigos de Juan** (l. 1 et 2), *lorsque Luis et C., deux amis de J. arrivent* ; **llega el camarero** (l. 14), *le garçon arrive.*
● Les pronoms compléments **te** et **os** : **te presento, os presento** (l. 3 et 4), *je te présente, je vous présente* ; **¿por qué no os tuteáis?** (l. 12), *pourquoi ne vous tutoyez-vous pas ?*
● La valeur de la préposition **en** :
viven en Córdoba (l. 7), *ils habitent Cordoue.*
● L'expression **lo mismo** (l. 18), *la même chose.*

Écoutez

Compañero : Komm' pa gné ro ‖ **señores** : sé gno reS.

Sachez que...

Las tapas sont des en-cas qui accompagnent souvent les boissons prises à l'apéritif. Il en existe une grande variété. Si après **la tapa** vous restez sur votre faim, commandez **una ración**.

Il me parle beaucoup de vous

Juan et Antonio sont assis dans un bar, lorsque Luis et César, deux amis de Juan, arrivent.

Juan :	— *Tiens* [regarde], *Antonio, je te présente des amis, Luis et César. Je vous présente Antonio, un camarade.*
Antonio :	— *Comment allez-vous ? N'êtes-vous pas les amis de Juan qui habitent* [vivent à] *Cordoue ? Juan parle beaucoup de vous. Ravi de vous connaître* [ravi].
Luis :	— *Oui, oui.* [Et vous ?] *N'êtes-vous pas le camarade qui travaille avec lui ? Nous aussi, nous entendons parler de vous souvent.*
Juan :	— *Pourquoi ne vous tutoyez-vous pas ? On dirait* [vous ressemblez à] *trois vieux !*
Antonio :	— *Avec* [beaucoup de] *plaisir. (Il appelle le garçon.) Que voulez-vous prendre ? (Le garçon arrive.)*
Le garçon :	— *Messieurs, que désirez-vous prendre ?*
Antonio :	— *Moi, une bière ; et vous ?*
Juan :	— *Pour moi, un panaché et une portion de calmars.*
Luis et César :	— *La même chose que toi.*

Prononciation

Même lorsqu'elles sont suivies de la lettre **n**, les voyelles gardent leur propre son, sans modification aucune. La nasalisation n'existe pas en espagnol. Aussi pour prononcer :

le groupe **an** pensez au mot français *âne*.
le groupe **en** pensez au mot français *énergie*.
le groupe **in** pensez au mot français *inutile*.
le groupe **on** pensez au mot français *onomatopée*.
le groupe **un** pensez au mot français *toundra*.

Vocabulaire

● *Quelques boissons :* **u**na cer**ve**za, *une bière.* **u**na cl**a**ra, *un panaché.* un ch**a**to de v**i**no, *un ballon de vin.* un v**a**rgas, *du vin rouge et de la limonade.* un ca**fé** s**o**lo [un café seul], *un café noir* un cort**a**do, *un crème.* un ca**fé** con l**e**che, *un café au lait.*

TUTOIEMENT ET VOUVOIEMENT (SUITE)

Pour s'adresser à un groupe d'interlocuteurs, l'espagnol peut, là encore, adopter deux attitudes :

– S'il croit pouvoir établir avec les membres du groupe des rapports d'amitié ou de camaraderie, il utilisera des formes verbales de 2ᵉ personne du pluriel et les pronoms correspondants à ces formes :

Y vosotros, ¿qué queréis? *Et vous, que voulez-vous ?*
Os presento a Juan. *Je vous présente Juan.*

– S'il ne croit pouvoir établir avec les membres du groupe que des rapports de travail ou de courtoisie, il utilisera des formes verbales de 3ᵉ personne du pluriel et le pronom spécifique de courtoisie qui correspond à ces formes : **ustedes**.

¿Cómo están ustedes? *Comment allez-vous ?*

TABLEAU RÉCAPITULATIF		
	Rapports d'amitié, de camaraderie	Rapports de travail, de courtoisie
un interlocuteur	**tú**	**usted**
plusieurs interlocuteurs	**vosotros (as)**	**ustedes**

A. Traduisez
1. Il me parle beaucoup de vous (*ustedes*).
2. Je travaille souvent avec lui.
3. Je te présente des amis.
4. Que désirez-vous (*ustedes*) ?
5. Pour moi, une bière et une portion de calmars.

B. Complétez en ajoutant le pronom qui convient
1. ¿Cómo están …? (vous de politesse).
2. ¿… son los amigos que trabajan con Juan? (vous de politesse).
3. ¿Qué desean…? (vous de politesse).
4. Y… ¿qué queréis?
5. Así que sois Luis y César. Juan me habla mucho de…

C. Passez d'un vouvoiement pluriel à un tutoiement pluriel
1. Y ustedes, ¿cómo están?
2. ¿Qué toman ustedes?
3. Así que ustedes viven en Córdoba.

D. Mettez le verbe en italique à la forme qui convient
1. Y vosotros, ¿qué *tomar*?
2. Vosotros *ser* los amigos de Juan.
3. Ustedes *vivir* en Madrid. Y vosotros ; ¿dónde *vivir*?

E. Passez d'un tutoiement pluriel à un vouvoiement pluriel
1. ¿Por qué no tomáis una cerveza?
2. ¿Qué hacéis?
3. Parecéis tres viejos.

F. Mettez au pluriel
1. El niño no toma café.
2. Llega el camarero.
3. La amiga de Pedro está en el bar.

G. Mettez au singulier
1. Unos compañeros están aquí.
2. Los niños viven en Madrid.
3. Las cervezas están en la mesa.

Me alegro de verte

Pedro ve a Juan por la calle.

Pedro: — Pero, ¿es mi amigo Juan el que está en la esquina? Voy a saludarlo (...). ¡Hola, Juan! Me alegro de verte... ¿Qué haces tú por aquí?

Juan: — Espero a mi mujer. Vamos a sentarnos en la terraza de aquel bar y la esperamos juntos, si no te molesta.

Pedro: — ¡Claro que no! ¿Nos tomamos una cerveza?

Juan: — Bueno. ¿Cuándo os vais de vacaciones?

Pedro: — ¿Las vacaciones? Este año las pasamos en Madrid. Mandamos a los chicos al campo, a principios de julio, con los abuelos, y nosotros nos quedamos aquí para arreglar el piso, que necesita una mano de pintura.

Juan: — Si necesitáis ayuda, os echo una mano.

Observez

● L'emploi de la préposition **a** :
ve a Juan (l. 1), *il voit Juan* ; **voy a saludarlo** (l. 3), *je vais le saluer* ; **vamos a sentarnos** (l. 5), *allons nous asseoir* ; **mandamos a los chicos** (l. 11), *nous envoyons les enfants*.
● La place du pronom complément avec l'infinitif :
voy a saludarLO (l. 3), *je vais LE saluer* ; **Vamos a sentarNOS** (l. 5), *allons NOUS asseoir*.
● La préposition **de** : **de vacaciones**, *en vacances*.
● Le verbe **quedar**, forme pronominale :
nos quedamos, *nous restons*.

Écoutez

Ba moS a senn'tar nos en la té Ra thA de a kel BaR.

Sachez que...

Les villes espagnoles les plus importantes sont : Madrid, Barcelone, Bilbao, Valence et Séville.

Je suis content de te voir

Pedro voit Juan dans [par] la rue.

Pedro : — *Mais, c'est mon ami Juan qui est au coin [de la rue] ? Je vais le saluer (…). Salut, Juan ! Je suis content [je me réjouis] de te voir. Que fais-tu [par] ici ?*

Juan : — *J'attends ma femme. Allons [nous allons] nous asseoir à la terrasse de ce café et nous l'attendrons [l'attendons] ensemble, si cela ne t'ennuie pas.*

Pedro : — *Absolument pas [clair que non] ! Nous [nous] prenons une bière ?*

Juan : — *D'accord [bon]. Quand partez-vous [quand vous en allez-vous] en vacances ?*

Pedro : — *Les vacances ? Cette année nous les passons à Madrid. Nous envoyons les enfants à la campagne [au] début juillet, avec leurs [les] grands-parents, et nous, nous restons ici pour refaire [arranger] l'appartement, qui a besoin d'être repeint [qui a besoin d'une main de peinture].*

Juan : — *Si vous avez besoin d'aide, je vous donne un coup de main [je vous jette une main].*

Prononciation

La prononciation du **rr** correspond à celle d'un /r/ que l'on roule. Mais ce même son roulé peut apparaître en début de mot (**Ramón**) ou après une consonne à l'intérieur d'un mot (**Pedro**). Dans ces deux cas, il est transcrit par un **r** simple.

> **Attention :** La différence de son qui existe entre le **r** simple et le **r** roulé s'accompagne parfois d'une différence de sens, lorsqu'il est situé entre deux voyelles.

Ex. : **pero**, *mais* ; **perro**, *chien* ; **pera**, *poire* ; **perra**, *chienne*.
Il est très important de ne pas confondre le son **r** et le son **j** : **para**, *pour* ; **paja**, *paille*.

Vocabulaire

● *Les membres de la fa,mille :*

los ab**ue**los, *les grands-parents.*
el ab**ue**lo, *le grand-père.*
la ab**ue**la, *la grand-mère.*
los p**a**dres, *les parents*
el p**a**dre, *le père.*
la m**a**dre, *la mère.*
los h**i**jos, *les enfants.*
el h**i**jo, *le fils.*
la h**i**ja, *la fille.*
los n**ie**tos, *les petits-enfants.*
los t**í**os, las t**í**as, *les oncles, les tantes.*
los pr**i**mos, las pr**i**mas, *les cousins, les cousines.*
los sobr**i**nos, las sobr**i**nas, *les neveux, les nièces.*

GRAMMAIRE

LES PRONOMS COMPLÉMENTS D'OBJET DIRECT

1.	me	me **espera**, *(il ou elle) m'attend.*
2.	te	si no te **molesta**, *si cela ne t'ennuie pas.*
3.	lo-la	la **esperamos** juntos, *nous l'attendons ensemble.*
4.	nos	nos **esperas**, *tu nous attends.*
5.	os	os **presento** a un amigo, *je vous présente un ami.*
6.	los-las	los **espero**, *je les attends.*

LES PRONOMS RÉFLÉCHIS (VERBES PRONOMINAUX)

1.	me	me **quedo**, je [me] *reste.*
2.	te	te **quedas**, tu [te] *restes.*
3.	se	se **queda**, *(il/elle/vous* de politesse) [se] *reste.*
4.	nos	nos **quedamos**, *nous* [nous] *restons.*
5.	os	os **quedáis**, *vous* [vous] *restez.*
6.	se	se **quedan**, *(ils/elles/vous)* [se] *restent.*

Attention ! Les constructions pronominales sont très fréquentes en espagnol.

EXERCICES

A. Traduisez

1. Salut, Jean. Je suis content de te voir.
2. Que fais-tu par ici ?
3. J'attends les enfants. Si cela ne t'ennuie pas, nous les attendrons [attendons] ensemble.
4. Absolument pas ! [clair que non] ; quand partez-vous en vacances ?
5. Nous, début juillet, et toi ?
6. Moi, je reste [attention, pronominal] ici.

B. Remplacez le complément en italique par le pronom qui convient

1. Pasamos *las vacaciones* en Madrid.
2. Mandamos *a los chicos* al campo. Espero *a Sofía*.
3. El piso necesita *una mano de pintura*.

C. Complétez en ajoutant le pronom réfléchi qui convient [ce sont, évidemment, des verbes réfléchis en espagnol]

1. … quedo en Madrid.
2. … tomas una cerveza y ella… toma un café.
3. … sentáis en aquel bar.
4. Usted … alegra de ver a Juan.
5. … vamos de vacaciones en julio.
6. Ustedes … toman una cerveza.

D. Mettez le verbe en italique à la forme qui convient

1. Ella se *quedar* aquí.
2. Nosotros nos *sentar* en la terraza.
3. ¿*Necesitar* usted ayuda?

E. Passez du tutoiement au vouvoiement

1. Y tú, ¿qué tomas?
2. ¿Cuándo te vas de vacaciones?
3. ¿Qué haces tú por aquí?

¡Qué estáis haciendo?

Tres amigos están hablando en la puerta de un cine.

Luis: — ¿Por qué no entramos?

José: — Porque estamos esperando a Manolo.

Luis: — Bueno, pues, mientras tanto, ¿por qué no me habláis de lo que estáis haciendo ahora?

José: — En mi sección estamos haciendo el balance de verano.

Pablo: — Yo estoy terminando un informe sobre cómo mejorar la imagen de la empresa.

Luis: — ¡Que ajetreo!... Y, cambiando de tema, ¿qué hora es?

Pablo: — Deben de ser las siete, porque la farmacia está cerrando. Mira, los empleados están saliendo. Manolo debe de estar al llegar.

Luis: — Lo siento, pero me voy, Cecilia está esperándome, además, la película debe de estar al empezar. Adiós, hasta pronto.

Observez

• La structure **deber de** + infinitif :
deben de ser las siete (l. 12), *il doit être sept heures* ; **debe de estar al llegar** (l. 14), *(il/elle) doit être sur le point d'arriver*.
• La place du pronom **me** :
está esperándome, *elle est en train de m'attendre*.
• La préposition **a** :
estamos esperando a Manolo (l. 3), *nous sommes en train d'attendre Manolo*.
La structure **estar** + **al** + infinitif :
estar al llegar, al empezar, *être sur le point d'arriver, de commencer*.

Écoutez

Sección : Sek thionn' ‖ terraza : te rra tha.

Sachez que...

En règle générale, les magasins ouvrent en hiver de 9 heures à 13 heures et de 16 heures à 20 heures et, en été, de 10 heures à 13 heures et de 16 h 30 à 20 h 30.

42

Que faites-vous ?

Trois amis sont en train de parler à [dans] la porte d'un cinéma.

Luis : — Pourquoi n'entrons-nous pas ?

José : — Parce que nous attendons [sommes en train d'attendre] Manolo.

Luis : — Bon, alors, en attendant [tandis autant], pourquoi ne me parlez-vous pas de ce que vous faites [êtes en train de faire] en ce moment ?

José : — Dans mon secteur, nous sommes en train de faire le bilan d'été.

Pablo : — [Et] moi, je suis en train de terminer un dossier sur les moyens [comment] d'améliorer l'image de l'entreprise.

Luis : — Quel boulot !... Et, au fait [en changeant de sujet], quelle heure est-il ?

Pablo : — Il doit être sept heures parce que la pharmacie est en train de fermer. Regarde, les employés sont en train de sortir… Manolo doit être sur le point d'arriver.

Luis : — Je regrette, mais je m'en vais, Cecilia m'attend [est en train de m'attendre], et puis, le film doit être sur le point de commencer. Au revoir, à bientôt.

Prononciation

Outre le **r** et le **l**, il existe en espagnol une troisième consonne qui peut être doublée : le **c** : sección, acción ; dans ces mots, le premier **c** se prononce comme un /k/, alors que le second garde sa prononciation initiale (soufflez légèrement en plaçant la langue entre les dents). Souvenez-vous de l'expression anglaise *Thank you*.

Vocabulaire

● *Quelques formules pour dire au revoir :*

Adi**ós** : *adieu* (en espagnol, **adiós** n'a pas le caractère définitif de *adieu* en français).

Hasta la **vi**sta : *au revoir* [jusqu'à la vue].

Hasta pr**o**nto : *à bientôt*.

Hasta l**ue**go : *à tout à l'heure*.

Hasta ma**ñ**a**na** : *à demain*.

• *Pourquoi et parce que :*

Attention : por qu**é** signifie *pourquoi* (lisez por KÉ)
p**o**rque signifie *parce que* (lisez POR ké).

GRAMMAIRE

LA FORME PROGRESSIVE

Comme nous vous l'avons dit (leçon 4), le présent espagnol a une valeur générale. Aussi, pour dire que l'action dont vous parlez est en train de se réaliser, l'espagnol a recours à la forme progressive. Celle-ci se construit grâce au verbe **estar** et au gérondif du verbe qui exprime l'action.

Ex. : **Están hablando,** (*ils* ou *elles*) *sont en train de parler* **; estoy terminando un informe,** *je suis en train de terminer un dossier ;* **Cecilia está esperándome,** *Cecilia est en train de m'attendre.*

GÉRONDIFS

Puisqu'il vous faut vous servir des gérondifs pour utiliser les formes progressives, sachez qu'ils se forment de la façon suivante :

Verbes	Gérondifs	Exemples
TerminAR	**terminANDO**	**Estoy terminando el balance**, *je suis en train de finir le bilan.*
HacER	**hacIENDO**	**¿Qué estáis haciendo?** *Que faites-vous ?* [êtes en train de].
SalIR	**salIENDO**	**Los empleados están saliendo,** *les employés sont en train de sortir.*

EXERCICES

A. Traduisez

1. Quelle heure est-il ?
2. Il doit être sept heures parce que les employés sont en train de sortir.
3. Manolo et José doivent être sur le point d'arriver.
4. Je suis en train de travailler et toi, qu'es-tu en train de faire ?
5. Je suis en train de peindre, et vous (*usted*), qu'êtes-vous en train de faire ?
6. Moi, je suis en train d'attendre les enfants.

B. Mettez les phrases suivantes à la forme progressive

1. Cerráis la farmacia.
2. Antonio llega al café.
3. Don Luis pinta.
4. Preparamos un informe para la empresa.
5. Salen del trabajo a las siete.
6. Te espero aquí (esperar).

C. Transformez les phrases suivantes en mettant les verbes (et les pronoms) à la personne indiquée

1. Estamos esperando a Manolo. (vosotros)
2. Estás trabajando. (yo)
3. Estoy preparando el balance. (nosotros)
4. Y usted, ¿qué está haciendo? (él)

D. Transformez selon le modèle

1. ¿Qué estás haciendo? (*cenar*) = Estoy cenando
2. ¿Qué estás haciendo? (*pintar*)
3. ¿Qué estás haciendo? (*escribir*)
4. ¿Qué estás haciendo? (*desayunar*)

En una zapatería

Vendedor: — Buenos días, ¿qué desean?

Cliente: — Unas sandalias de tacón bajo, de entretiempo, del número 37.

Vendedor: — Mire, tenemos estas; son muy bonitas, ¿verdad?

Cliente 1: — No me gusta el color, ¿a ti que te parece?

Cliente 2: — A mí tampoco me agrada. Me parece triste.

Vendedor: — También tenemos éstas. Son de piel buena.

Cliente 2: — ¡Qué bonitas! Me encantan.

Cliente 1: — A mí también me gustan, pero me molestan aquí, en el empeine.

Vendedor: — Estas son más anchas, pero son de tela.

Cliente 1: — No me importa.

Observez

● La valeur de **unas** :

unas sandalias (l. 2), *des sandales*. Cette valeur de **unas** (= des) apparaît exclusivement avec des mots qui désignent des objets « doubles » : *des ciseaux* (= **unas tijeras**), *des lunettes* (= **unas gafas**).

● La valeur de **estas** :

tenemos estas (l. 4), *nous avons celles-ci.*

● La construction **a ti... te** :

¿a ti qué te parece? (l. 6), *et toi, qu'en penses-tu ?*

● La construction **a mí... me** :

a mí también me gustan (l. 10), *moi, elles me plaisent aussi.*

Écoutez

A ml tamm bi Enn mé gOUs tann pé ro mé mo lEs tann a ki, en el emm pei né.

Sachez que...

Il existe en Espagne une importante production de cuirs et de peaux (Baléares et province d'Alicante).

Dans un magasin de chaussures

Vendeur : — *Bonjour [le matin], que désirez-vous ?*

Cliente 1 : — *Des sandales à talons plats, de demi-saison, pointure 37.*

Vendeur : — *Tenez [regardez], nous avons celles-ci ; elles sont très jolies, n'est-ce pas [vérité] ?*

Cliente 1 : — *Je n'aime pas la couleur [la couleur ne me plaît pas], et toi, qu'en penses-tu [que t'en semble-t-il] ?*

Cliente 2 : — *Moi non plus, elle ne me plaît pas. Elle me semble triste.*

Vendeur : — *Nous avons aussi celles-ci. Elles sont faites dans un cuir de bonne qualité [elles sont d'un cuir de bonne qualité].*

Cliente 2 : — *Comme elles sont jolies [Que jolies] ! Elles me plaisent beaucoup [elles me ravissent].*

Cliente 1 : — *Je les aime aussi [moi aussi elles me plaisent], mais elles me serrent [gênent] ici à l'empeigne.*

Vendeur : — *Celles-ci sont plus larges, mais elles sont en toile.*

Cliente 1 : — *Cela m'est égal [cela ne m'importe pas].*

Prononciation

Attention : la présence d'un accent peut parfois modifier une prononciation. C'est le cas des mots **zapatería** et **sandalias**.

Zapatería : le **i** est accentué, il se prononce indépendamment du **a** qui suit : Tha pa té rI a.

Sandalias : le **i** n'est pas accentué, vous faites la liaison : sann' dA lia.

Vocabulaire

● *Pour vous chausser :*

¿Qué n**ú**mero c**a**lza ust**e**d?: *Quelle pointure* [numéro] *faites* [chaussez]-*vous ?*

C**a**lzo (ou g**a**sto) el n**ú**mero… : *Je chausse* (ou *utilise*) *du…*

● *Quelles chaussures ?*

Unas b**o**tas de tac**ó**n **a**lto : *des bottes à talons hauts.*

Unos zap**a**tos de m**e**dio tac**ó**n : *des chaussures à talons bottiers.*

Unas sand**a**lias de tac**ó**n b**a**jo : *des sandales à talons plats.*

GUSTAR

Pour dire qu'il *aime quelque chose*, l'Espagnol a toujours recours au verbe **gustar** *(plaire)*. L'emploi de ce verbe, tout comme celui de *plaire* en français, implique nécessairement :

– l'utilisation d'un pronom complément d'objet indirect qui désigne la personne séduite par l'objet.

– l'accord du verbe avec l'objet qui plaît.

Ex. : **Me gustan las sandalias**, *j'aime les sandales.*

LES PRONOMS COMPLÉMENTS D'OBJET INDIRECT

1.	2.	3.	4.	5.	6.
me	te	le	nos	os	les

LES ACCORDS

1. me		me	
2. te		te	
3. le	gusta el color	le	gustan las sandalias
4. nos		nos	
5. os		os	
6. les		les	

– Les verbes qui se construisent de la même façon :
Apetecer, *faire envie* ; **agradar**, *plaire, satisfaire* ; **doler**, *faire mal, avoir mal* ; **encantar**, *ravir, charmer* ; **molestar**, *gêner, ennuyer.*

A. Traduisez

1. Que désirez-vous ? (*usted*)
2. Des chaussures à talons plats.
3. Quelle pointure faites-vous ? (*usted*)
4. Je chausse du 37.
5. Celles-ci ne me plaisent pas.
6. La couleur me plaît beaucoup.
7. Les sandales me serrent un peu.
8. Celles-ci sont en cuir et celles-ci sont en toile.

B. Complétez en ajoutant le pronom qui convient

1. … gustan los zapatos de tacón alto (*moi*).
2. Las sandalias … molestan (*toi*).
3. No … importa (*nous*).
4. … encantan las sandalias de tela (*vous* : usted).

C. Mettez le verbe en italique à la forme qui convient

1. Os *encantar* las sandalias.
2. No te *gustar* el color.
3. Los zapatos son estrechos, me *molestar*.
4. Son de tela, pero no le *importar*.

D. Passez du tutoiement au vouvoiement

1. Te gustan las sandalias de tela.
2. No os importa.
3. Te molestan un poco.
4. Y vosotros, ¿qué número gastáis?

E. Passez du vouvoiement au tutoiement

1. Le agrada mucho.
2. Y a ustedes, ¿les gustan?
3. No tienen otros modelos.
4. ¿Qué le parece?

¿Me prestas la bicicleta?

Un grupo de niños está jugando en un parque.

Luis: — Oye, Antonio, ¿por qué no le pides la bicicleta a tu hermano?

Antonio: — ¿Y por qué no se la pides tú?

Luis: — Porque a mí no me la deja.

Antonio: — Ah, tú sigues teniéndole miedo.

Luis: — Hombre, claro, es tan bruto... Uno le dice algo de buenas maneras y él es capaz de contestar con una bofetada. *(Juan, el hermano de Antonio, se ríe.)* ¿De qué te ríes?

Juan: — Me río de ti. ¿Por qué no me dices a mí lo que le estás diciendo a mi hermano? ¿Te doy miedo?

Luis: — No, no... Bueno, pues, si no te sirve la bicicleta, ¿por qué no me la prestas?

Juan: — Claro que te la presto, si no sales del parque porque si te ve mi padre, seguro que me riñe.

Observez

● La forme verbale **doy** :
¿te doy miedo? (l. 12 et 13), *je te fais* [donne] *peur ?*

● Le verbe **reír** :
Juan se ríe (l. 9 et 10), *Juan rit ;* **¿de qué te ríes?** (l. 10), *de quoi ris-tu ?*

● La phrase **¿por qué no SE LA pides tú?** :
pourquoi ne LA LUI [la = la, lui = se dans cette structure] *demandes-tu pas ?*

Écoutez

¿Por KÉ no lé PI dess la bi thi KLÉ ta a a tu er MA no?

Sachez que...

Dans les pays hispaniques, l'enfant est roi ; du cinéma au restaurant, dans les musées, partout, il a droit de cité.

Me prêtes-tu ta bicyclette ?

Un groupe d'enfants est en train de jouer dans un jardin public.

Luis : — *Écoute [Entends], Antonio, pourquoi ne [lui] demandes-tu pas à ton frère sa [la] bicyclette ?*

Antonio : — *Et pourquoi ne la lui [lui la] demandes-tu pas toi-même ?*

Luis : — *Parce que, moi, il ne me la prête [laisse] pas.*

Antonio : — *Ah, tu continues à avoir peur de lui.*

Luis : — *Évidemment, mon vieux [homme, clair] ! C'est une brute [il est si brute]. On [un] lui dit quelque chose gentiment [de bonnes manières] et lui, il est capable de répondre par une claque. (Juan, le frère d'Antonio rit.) De quoi ris-tu ?*

Juan : — *Je ris de toi. Pourquoi ne me dis-tu pas [à moi] ce que tu es en train de dire à mon frère ? Je te fais [donne] peur ?*

Luis : — *Non, non... Bon, ben [donc], si tu ne te sers pas de ta bicyclette [si la bicyclette ne te sert pas], pourquoi ne me la prêtes-tu pas ?*

Juan : — *Bien sûr [clair] que je te la prête, si tu ne sors pas du jardin, parce que, si mon père te voit, je vais me faire gronder, c'est sûr [sûr qu'il me gronde].*

Prononciation

Tout mot comporte en espagnol une syllabe dite « tonique » qui doit être prononcée plus intensément que les autres :
Ex. : un **gru**po, contes**tar**
La place de cette syllabe tonique est fonction de la terminaison du mot. *(À suivre.)*

Vocabulaire

● *Quelques jeux :*

● *d'enfants*
la ray**ue**la : *la marelle*
la **co**mba : *la corde à sauter*
el **a**ro : *le cerceau*

● *d'adultes*
las **da**mas : *les dames*
el aje**dre**z : *les échecs*
las **ca**rtas : *les cartes*

GRAMMAIRE

LES VERBES À ALTERNANCE

Dans le passage de l'infinitif aux formes conjuguées, le radical de certains verbes subit parfois une transformation. On appelle verbes à alternance ceux pour lesquels cette transformation consiste en un changement de voyelle.

Pensez au verbe *pouvoir* en français : au présent de l'indicatif, à certaines personnes le **o** du radical se transforme en **e** : *je peux, tu peux… nous pouvons… ils peuvent.*

En espagnol une modification de même type affecte quelques verbes tels que : **pedir, seguir, reír, decir**… Pour tous ces verbes le **e** du radical se transforme à certaines personnes en **i**.

	Pedir	Seguir	Reír	Decir
1. yo	pido	sigo	río	digo
2. tú	pides	sigues	ríes	dices
3. él, ella, usted	pide	sigue	ríe	dice
4. nosotros	pedimos	seguimos	reímos	decimos
5. vosotros	pedís	seguís	reís	decís
6. ellos, ellas ustedes	piden	siguen	ríen	dicen

Il est impossible de reconnaître un verbe à alternance s'il n'apparaît pas sous une forme conjuguée. Cela étant, cette leçon contient à peu près l'essentiel de ces verbes.

A. Traduisez
1. Pourquoi ne lui demandes-tu pas la bicyclette ?
2. De quoi ris-tu ?
3. Il me gronde.
4. Il continue à avoir peur de lui.
5. Elles rient beaucoup.
6. Pourquoi ne me prêtes-tu pas le journal ?
7. Si mon père te voit, il va me gronder.

B. Mettez le verbe en italique à la forme qui convient
1. Luis le *pedir* la bicicleta a su hermano.
2. Nosotros *seguir* teniéndole miedo.
3. El *seguir* teniéndole miedo.
4. Juan se *reír* de Luis.
5. Juan y yo le *pedir* el balón a Antonio.
6. ¿Qué *decir* Antonio? ¿y tú, qué *decir*?

C. Quel est l'infinitif de ces verbes ?
1. está (…), jugando (…), pides (…), deja (…), sigues (…), teniendo (…), es (…), dice (…), ríe (…), doy (…), sirve (…), prestas (…), sales (…), ve (…), riñe (…).

D. Ajoutez pour chaque phrase le pronom sujet qui correspond au verbe conjugué
1. … le *pedimos* la bicicleta a Luis.
2. ¿Y …; por qué te *ríes*?
3. ¿Y …; qué *decís*?
4. … *sigo* teniéndole miedo.

E. Choisissez le verbe qui convient
1. (Están, son) jugando en el parque.
2. Tu hermano (está, es) un bruto.
3. Sus padres (están, son) en Segovia.
4. (Estamos, somos) muy amigos.

¡Ya vuelves a las andadas!

Teresa: — ¡Hola, Pablo, voy de compras! ¿Quieres venir conmigo?

Pablo: — ¡Ya vuelves a las andadas! Acabas de cobrar y ya vas a gastarlo todo en trapos. ¿Adónde vamos?

Teresa: — Siempre voy a Las Galerías Inglesas. Tienen de todo. ¿Cuándo vas a venir por casa? Te invito a cenar. Vienes una noche y cenas conmigo.

Pablo: — Por ahora no puedo; por las noches, voy al instituto. Estoy preparando la Selectividad. *(Se encuentran con Felisa que va deprisa.)*

Teresa: — ¡Hola! Vamos de compras, ¿vienes con nosotros?

Felisa: — No. Tengo mucha prisa.

Teresa: — ... Si vamos a tardar muy poco tiempo...

Felisa: — Vale. Siendo así, voy con vosotros.

Observez

● Les *deux constructions* avec **prisa** :
va deprisa (l. 11), *se presse* ; **tengo mucha prisa** (l. 14), *je suis très pressée.*

● La forme **conmigo** *(avec moi)* :
¿quieres venir conmigo? (l. 1 et 2), *veux-tu venir avec moi ?*

● La phrase **vas a gastarLO TODO**, *tu vas TOUT dépenser.*
La préposition **a** : **vas a venir** (l. 7), *vas-tu venir ;* **vamos a tardar** (l. 15), *nous allons tarder.*

Écoutez

¿Kou ANN' do vas a vé nIR poR ka ssa? Té inn bi to a thé naR.

Sachez que...

La **Selectividad** est l'examen d'entrée à l'université. C'est l'équivalent du baccalauréat.

Chassez le naturel !

Teresa : — Salut, Pablo, je vais faire les magasins [je vais d'achats] ! Veux-tu venir avec moi ?

Pablo : — Chassez le naturel !... Tu viens d'être payée et aussitôt tu vas tout dépenser en chiffons. Où allons-nous ?

Teresa : — Je vais toujours aux Galeries Anglaises. Ils ont de tout. Quand vas-tu venir à la [par] maison ? Je t'invite à dîner. Tu passes [viens] un soir et tu dînes avec moi.

Pablo : — En ce moment je ne peux pas ; les soirs, je vais au lycée. Je prépare le baccalauréat. (Ils rencontrent [ils se trouvent avec] Felisa qui est pressée [qui va vite].)

Teresa : — Salut ! Nous allons faire les magasins, tu viens avec nous ?

Felisa : — Non. Je suis très pressée.

Teresa : — Mais nous n'en avons pas pour très longtemps [si nous allons tarder très peu de temps].

Felisa : — Si c'est comme ça [étant ainsi], je vais avec vous.

Prononciation

Dans les mots se terminant par une *voyelle*, un **n** ou un **s**, la syllabe tonique est l'avant-dernière syllabe du mot.
Ex. : **Pa**blo || **tra**pos || **tie**nen.
Dans les mots se terminant par une consonne autre que **n** ou **s**, la syllabe tonique est la dernière syllabe du mot.
Ex. : Sé lec ti vi **dad** || cen**ar**.

Vocabulaire

● *Le système scolaire espagnol :*

Enseñanza General Básica (E.G.B.) : jusqu'à la 4e.
Bachillerato Unificado Polivalente (B.U.P.) : jusqu'à la 1re.
Curso de Orientación Universitaria (C.O.U.) : terminale.

LES VERBES À DIPHTONGUE

Tout comme les verbes à alternance, les verbes à diphtongue subissent lors du passage de l'infinitif à certaines formes conjuguées une modification : la dernière voyelle du radical est remplacée par un groupe de deux voyelles (une diphtongue).

Pensez au verbe français venir : au présent de l'indicatif et à certaines personnes, le **e** du radical venir est remplacé par le groupe **ie** *(je vie*ns)*.

Il existe en espagnol trois types de diphtongue :
le **e** est remplacé par **ie** : c'est le cas de **querer** ;
le **o** est remplacé par **ue** : c'est le cas de **poder** ;
le **u** est remplacé par **ue** : c'est le cas de **jugar** ;

	Querer	Poder	Jugar
1. yo	qui**e**ro	p**ue**do	j**ue**go
2. tú	qui**e**res	p**ue**des	j**ue**gas
3. él, ella, usted	qui**e**re	p**ue**de	j**ue**ga
4. nosotros	queremos	podemos	jugamos
5. vosotros	queréis	podéis	jugáis
6. ellos, ellas, ustedes	qui**e**ren	p**ue**den	j**ue**gan

La diphtongue n'affecte que certaines personnes (1, 2, 3, 6) et ne se produit qu'à certains temvps (présent de l'indicatif, présent du subjonctif, impératif).

EXERCICES

A. Traduisez
1. Je vais faire des courses.
2. Veux-tu venir avec moi ?
3. Tu viens d'inviter Pablo à dîner.
4. Ils ont de tout.
5. Je suis en train de préparer le Bac.
6. Pour l'instant, elle ne peut pas.
7. Nous venons dîner.
8. Je veux aller aux Galeries Anglaises. Vous (*ustedes*) pouvez venir.

B. Mettez le verbe en italique à la forme qui convient
1. Felisa *querer* venir con nosotros.
2. Por ahora, Pablo y Teresa no *poder* cenar con ellas.
3. Teresa y Pablo *encontrarse* con Felisa.
4. Los niños *jugar* en el parque.
5. Usted no *tener* mucho tiempo.
6. Juan *venir* de compras con nosotros.
7. Ustedes *tener* mucha prisa.
8. Yo no *poder* ir contigo.

C. Passez du tutoiement au vouvoiement
1. ¿Queréis tomar algo?
2. No podéis venir.
3. Vosotros tenéis poco tiempo.

D. Passez du vouvoiement au tutoiement
1. Ustedes juegan al póker los lunes.
2. Y ustedes, ¿qué quieren tomar?
3. Ya vuelve a las andadas.

E. Mettez à la forme progressive
1. Juega con los niños.
2. Espero a Felisa.
3. Cenamos.

¡Ya vuelves a las andadas! • Chassez le naturel !

De pies a cabeza

En los grandes almacenes.

Teresa: — Voy a comprarme ropa para vestirme de pies a cabeza. Vamos a empezar por la sección juvenil (...). Quiero unos pantalones vaqueros. Esos no, que me parecen anchos; los prefiero más estrechos, como los de aquel chico. ¿Me los puedo probar? ¿Puede buscarme, mientras tanto, unos pantalones de pana y un chaleco? Me estoy vistiendo para el otoño.

Dependiente: — Este conjunto de chaqueta y pantalón está en oferta. Rebajamos el cincuenta por ciento. ¿No le interesa? También tenemos unas faldas de lana preciosas. Seguro que le sientan muy bien, señorita.

Teresa: — (Vuelve) ¿Qué te parece? ¿Me sienta bien? ¿Te gusta?

Pablo: — El conjunto te sienta de maravilla; me gustan más los pantalones de pana que los vaqueros. La falda de lana no te sienta bien; es demasiado ancha y te hace más bajita.

Observez

L'emploi de la préposition **de** : **pantalones de pana** (l. 8), *pantalon en velours* ; **faldas de lana** (l. 13), *jupes en laine*.

Écoutez

éSoS no, ké mé paRéthen antchos; los pRé fié Ro maS eStRétchos.

Sachez que...

Le marchandage **(el regateo)** est une pratique de moins en moins fréquente. Vous pouvez toutefois vous y essayer sur les marchés.

De pied en cap

Dans les grands magasins.

Teresa : — *Je vais m'acheter des vêtements pour m'habiller de pied en cap [des pieds à la tête]. Nous allons commencer par le rayon jeunes [section juvénile]… Je veux un jean [pantalon vacher]. Pas celui-là, qui me semble trop large ; je le préfère plus étroit, comme celui de ce jeune homme, là-bas. Je peux l'essayer [me l'essayer] ? En attendant, pouvez-vous me chercher un pantalon en velours et un gilet ? Je suis en train de m'habiller pour l'automne.*

Vendeur : — *Cet ensemble veste-pantalon est en promotion. Nous faisons un rabais de 50 %. Ça ne vous intéresse pas ? Nous avons aussi des jupes en laine magnifiques [précieuses]. Je suis certain qu'elles vous iront très bien [sûr qu'elles vous siéent], mademoiselle.*

Teresa : — *(Elle revient.) Qu'en dis-tu [que t'en semble-t-il] ? Ça me va bien ? Ça te plaît ?*

Pablo : — *L'ensemble te va à merveille ; le pantalon en velours me plaît plus que le jean. La jupe en laine ne te va [sied] pas bien ; elle est trop large et elle te fait plus petite.*

Prononciation

Les mots qui suivent la règle énoncée à la leçon 10 ne portent pas d'accent écrit ; ceux qui font exception à cette règle en portent un, signalant la nouvelle syllabe tonique.

Il est impossible de dire a priori si un mot suit ou ne suit pas la règle ; pour le savoir, il vous faudra soit l'entendre, soit le voir écrit.

Vocabulaire

● *Dans les grands magasins :*

la pl**a**nta : *l'étage* el prob**a**dor : *la cabine d'essayage*
la secci**ó**n : *le rayon* la c**a**ja : *la caisse*

● *Les saisons :*

el inv**ie**rno : *l'hiver* el ver**a**no : *l'été*
la primav**e**ra : *le printemps* el ot**o**ño : *l'automne*

LES CONSTRUCTIONS PRONOMINALES

On appelle construction pronominale (cf. leçon 6) celle où le sujet et le pronom réfléchi renvoient à une même personne.
Juan se lava. *Jean se lave.*

Dans cette phrase, **Juan** (le sujet) et **se** (le pronom réfléchi) désignent une même personne, d'où un effet de réflexivité puisque Juan est, à la fois, « laveur » et « lavé ». Mais la pronominalité peut aussi produire l'effet d'une simple mise en valeur.

C'est le cas lorsque vous dites :
Me voy a tomar un café. *Je vais* [me] *prendre un café.*

Cette mise en valeur par le biais d'un pronom est, en espagnol, extrêmement utilisée. Rien d'étonnant donc à ce que vous la rencontriez dans des phrases telles que :
José se bebe una cerveza. *José* [se] *boit une bière.*
Teresa se prueba un pantalón. *Thérèse* [s'] *essaie un pantalon.*

Cette mise en valeur n'est pas propre à l'espagnol ; vous pouvez aussi la rencontrer en français parlé : *Il se prend dix jours de vacances.*

A. Traduisez

1. Je vais m'acheter une jupe.
2. Tu t'habilles pour l'été.
3. Nous allons au rayon jeunes.
4. Vous *(usted)* essayez une jupe en laine.
5. Le gilet lui plaît beaucoup.
6. Le pantalon te va à merveille.
7. L'ensemble en velours me semble trop large.

B. Complétez en ajoutant le pronom réfléchi qui convient

1. Teresa… prueba unos pantalones vaqueros.
2. Juan y Cecilia quieren vestir… de pies a cabeza.
3. Usted… compra ropa para el invierno.
4. Y vosotros, ¿… vais de compras?

C. Mettez le verbe en italique à la forme qui convient

1. Pablo *comprarse* un pantalón vaquero.
2. Las chicas *probarse* faldas de lana.
3. Yo *irse* de compras, ¿y vosotros?
4. Nosotros *quedarse* en casa.

D. Mettez à la forme progressive

1. Me pruebo el de lana.
2. Te espero desde las dos de la tarde.
3. Busca un conjunto de pana.
4. Rebajan la ropa de verano.

E. Transformez selon le modèle

Yo *me compro* un pantalón (él) → *El se compra* un pantalón.

1. Nosotras nos vamos a probar unas faldas. *(vosotras)*
2. Usted se queda en casa. *(ustedes)*
3. Te vas de compras. *(yo)*

¿Quedamos en el Retiro?

Tres amigos: **A1, A2, A3**

A1: — ... Entonces, ¿quedamos el sábado a las cinco en el Parque del Retiro? Si tardo, me esperáis, que yo tengo hora en el hospital a las cuatro.

A2: — Oye, que el Retiro es muy grande, vamos a decidir dónde quedamos citados.

A1: — Paseando por el lago.

A3: — Eh, a mí hay que explicarme porque yo no sé ir.

A1: — Vamos a ver, tú, ¿de dónde vienes?

A3: — Yo vivo en la Plaza Elíptica.

A1: — Sí que está lejos. Mira lo que puedes hacer: te vas a Sol en Metro, allí te quedas y me esperas. Yo, al volver del hospital, paso por Sol y te acompaño hasta el Retiro.

Observez

● Les valeurs de **quedar** :
quedamos el sábado... (l. 2), *nous fixons le rendez-vous samedi...* ; **allí te quedas** (l. 12), *tu restes là.*

Écoutez

É ntonn' thèS ké da moS el Sabado a las thi nko.

Sachez que...

Le Retiro est un parc de 130 ha situé au centre de Madrid. La **Puerta del Sol** (ou **Sol**) est l'une des plus anciennes places de Madrid. On y trouve l'emblème de la capitale : **el oso y el madroño**, *l'ours et l'arbousier.*

Rendez-vous au Retiro ?

Trois amis : **A1, A2, A3**

A1 : — *... Donc, nous fixons le rendez-vous samedi* [nous restons le samedi] *à cinq heures au Parc du Retiro ? Si je suis en retard* [si je tarde] *vous m'attendez, parce que j'ai rendez-vous* [heure] *à l'hôpital, à quatre heures.*

A2 : — *Écoute* [Entends], *le Retiro est très grand, nous allons nous mettre d'accord* [décider] *sur l'endroit où nous nous retrouvons* [nous restons cités].

A1 : — *Autour du lac* [promenant par le lac].

A3 : — *Eh, moi, il faut m'expliquer parce que je ne sais pas comment aller au Retiro.*

A1 : — *Voyons* [Nous allons voir], *toi, d'où viens-tu ?*

A3 : — *Moi, j'habite* [je vis] *place Elíptica.*

A1 : — *Effectivement* [oui que], *c'est loin. Voilà ce que tu peux faire : tu prends le métro jusqu'à Sol* [tu vas à Sol en métro], *tu restes là et tu m'attends. Moi, en revenant de l'hôpital, je passe par Sol et je t'accompagne jusqu'au Retiro.*

Prononciation

• *L'accent écrit :*
– vous avertit que le mot fait *exception à la règle*
– vous indique quelle est la *syllabe tonique*
Le mot **pantalón** devrait, selon la règle, être accentué — « toniquement » — sur la syllabe **ta**, mais puisque ce n'est pas le cas il faut le signaler par un accent écrit.

Vocabulaire

• *Les rendez-vous :*

qued**a**r con **a**lguien : *avoir rendez-vous avec quelqu'un* (suppose l'existence de rapports amicaux).
ten**e**r c**i**ta con **a**lguien : *avoir rendez-vous avec quelqu'un* (n'implique pas que vous ayez des rapports amicaux).
cit**a**r a **a**lguien : *donner rendez-vous à quelqu'un.*
ped**i**r c**i**ta a **a**lguien : *demander rendez-vous à quelqu'un.*
ped**i**r h**o**ra : *demander rendez-vous* (chez le médecin, chez le coiffeur.)

GRAMMAIRE

LES PRINCIPAUX VERBES DE MOUVEMENT

	Ir	Venir	Volver	Pasar	Entrar
Yo	voy	vengo	vuelvo	paso	entro
Tú	vas	vienes	vuelves	pasas	entras
El, ella, Usted	va	viene	vuelve	pasa	entra
Nosotros	vamos	venimos	volvemos	pasamos	entramos
Vosotros	vais	venís	volvéis	pasáis	entráis
Ellos/as, Ustedes	van	vienen	vuelven	pasan	entran

Verbes de mouvement et prépositions
ir a, tú vas a Sol
venir de, ¿de dónde vienes?
pasar por, paso por Sol
entrar en, entra en el Parque del Retiro

A. Traduisez

1. Je vais au jardin du Retiro.
2. Tu as rendez-vous à l'hôpital.
3. Nous revenons à cinq heures.
4. Si vous passez par Sol, vous m'attendez. *(vosotros)*
5. Elles viennent avec nous.
6. Il a rendez-vous avec son ami.
7. Tu entres dans le jardin.

B. Complétez en ajoutant la préposition qui convient

1. Vamos… ver a Juan.
2. Voy… hospital.
3. ¿… dónde venís?
4. Vuelvo… casa de Luis. (Je retourne chez Luis.)
5. ¿Cuándo pasas… casa?
6. Entramos… el parque.

C. Mettez le verbe en italique à la forme qui convient

1. Nosotros *venir* del Retiro.
2. Tú *volver* del hospital.
3. Usted *ir* al parque.
4. Vosotros *entrar* en aquel bar.
5. Yo *pasar* por allí.

D. Mettez à la forme progressive

1. Le explica cómo ir al Retiro.
2. Nos esperáis en Sol.
3. ¿Qué hacéis?

E. Choisissez la forme qui convient

1. A Pedro no le *(gusta, gustan)* tomar el metro.
2. Nos *(encanta, encantan)* los parques.
3. A Juan no le *(importa, importan)* esperarnos en Sol.

¿Prefieres la playa o la montaña?

Roldán: — ¿Qué? ¿Cuándo te vas de vacaciones?

Carlos: — Me voy el mes de julio. Voy a hacer un periplo por Andalucía con unos amigos. Salgo el 3. ¿Y tú?

Roldán: — No tengo ni idea. Precisamente ahora, vengo de una agencia de viajes, pero ya está todo completo. Reconozco que es un poco tarde y que va a resultarme difícil encontrar algo.

Carlos: — ¿Prefieres la playa o la montaña? Te lo digo porque conozco a un señor que alquila apartamentos en la montaña, en los Pirineos. Si quieres, te doy su número de teléfono y tú lo llamas de mi parte.

Roldán: — No sabes cómo te lo agradezco.

Observez

Les différentes valeurs de **lo** :
te lo digo (l. 9), *je te le dis* ; **tú lo llamas** (l. 12 et 13), *tu l'appelles.*

Écoutez

¿Ké? ¿Koua ndo té baS de bakathio nèS?

Sachez que...

Si l'Espagne est un pays de plages et de soleil, c'est aussi un pays de montagnes et de neige (La Sierra Nevada, La Sierra de Guadarrama, Los Pirineos).

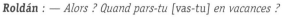

Préfères-tu la plage ou la montagne ?

Roldán : — *Alors ? Quand pars-tu* [vas-tu] *en vacances ?*

Carlos : — *Je pars au mois de juillet. Je vais faire un périple en Andalousie avec des amis. Je pars* [je sors] *le 3. Et toi ?*

Roldán : — *Je n'en ai aucune idée* [je n'ai ni idée]. *Précisément je reviens à l'instant* [précisément maintenant je viens] *d'une agence de voyages, mais tout est déjà complet. Je reconnais que c'est un peu tard et qu'il va m'être* [me résulter] *difficile de trouver quelque chose.*

Carlos : — *Préfères-tu la plage ou la montagne ? Je te demande ça* [je te le dis] *parce que je connais un monsieur qui loue des studios à la montagne, dans les Pyrénées. Si tu veux, je te donne son numéro de téléphone et tu l'appelles de ma part.*

Roldán : — *Tu n'imagines pas* [tu ne sais pas] *combien je t'en suis reconnaissant.*

Prononciation

● *Les accents grammaticaux.*

Ils permettent de distinguer des mots qui *se prononcent de la même façon*, mais qui ont une *fonction grammaticale différente* :

tu, lorsqu'il ne porte pas d'accent écrit est un adjectif possessif :
Ex. : **Roldán es tu amigo**. *Roldán est ton ami.*

tú, lorsqu'il porte un accent écrit est un pronom personnel sujet :
Ex. : **Tú lo llamas**. *Tu l'appelles.*

Vocabulaire

● *Logements :*

el aparta**me**nto : *le studio*   la **ca**sa : *la maison*
el **pi**so : *l'appartement*   la por**te**ra : *la gardienne*

GRAMMAIRE

VERBES EN -GO, EN -OY, ET EN -ZCO

Certains verbes, à la 1ʳᵉ personne du singulier du présent de l'indicatif, présentent une irrégularité particulière :

- Verbes en **-go**

	Decir	Poner	Tener	Venir
1.	**digo**	**pongo**	**tengo**	**vengo**
2.	dices	pones	tienes	vienes
3.	dice	pone	tiene	viene
4.	decimos	ponemos	tenemos	venimos
5.	decís	ponéis	tenéis	venís
6.	dicen	ponen	tienen	vienen

- Verbes en **-oy**

	Dar	Estar	Ir	Ser
1.	**doy**	**estoy**	**voy**	**soy**
2.	das	estás	vas	eres
3.	da	está	va	es
4.	damos	estamos	vamos	somos
5.	dais	estáis	vais	sois
6.	dan	están	van	son

- Verbes en **-zco**

	Agradecer	Conocer	Parecer
1.	**agradezco**	**conozco**	**parezco**
2.	agradeces	conoces	pareces
3.	agradece	conoce	parece
4.	agradecemos	conocemos	parecemos
5.	agradecéis	conocéis	parecéis
6.	agradecen	conocen	parecen

A. Traduisez

1. Je m'en vais au mois de juillet, et toi ?
2. Je n'en ai aucune idée.
3. Je reviens de la montagne.
4. Je ne connais pas les Pyrénées.
5. Je te donne le numéro de l'agence de voyages.
6. Je vous *(vosotros)* en suis reconnaissant.
7. Je vais faire un périple en Espagne.

B. Retrouvez l'infinitif des verbes en italique

1. *Preferimos* pasar las vacaciones en la montaña.
2. *Voy* a alquilar un apartamento.
3. ¿Cuándo os *vais*? *Salimos* el 3 del mes que *viene*.
4. No *sabe* cuánto se lo *agradezco*.
5. Si *quieres* te *doy* su número de teléfono.
6. *Conozco* a un señor que *vive* en los Pirineos.
7. No *tengo* tiempo.
8. *Vengo* de una agencia de viajes y todo *está* completo.

C. Mettez le verbe entre parenthèses à la forme qui convient

1. *(Ir, yo)* de compras; ¿*(Venir, tú)* conmigo?
2. Si te gusta te lo *(dar, yo)*.
3. El no *(decir)* nada, y tú ¿qué *(decir)*?
4. Usted no lo *(conocer)*.

D. Transformez selon le modèle

Dice que te lo *agradece* mucho. → Te lo *agradezco* mucho.

1. Dice que te va a dar el número de teléfono.
2. Dice que te conoce.
3. Dice que sale el 5 de mayo.
4. Dice que no tiene tiempo.

¡Tienes una cara!

Tomás: — ¡Hola! ¿Qué tal el fin de semana?

Pedro: — Muy bien. He estado en casa de unos amigos, y me lo he pasado fenómeno... ¿Y tú?

Tomás: — Yo me he quedado en casa. He ido al cine con Mari Carmen. Ha sido un fin de semana muy agradable.

Pedro: — Pues no lo parece. ¡Tienes una cara!

Tomás: — Es que esta mañana he perdido la cartera con el carnet de identidad, la chequera y 30 Euros.

Pedro: — ¡Vaya hombre! ¿Tu crees que te la han robado? ¿Qué vas a hacer ahora? ¿Vas a denunciar el robo a la policía?

Tomás: — Ya he ido a la policía a declarar la pérdida. No han estado muy simpáticos.

Observez

L'usage de l'article :

la cartera (l. 8), *le portefeuille* ; la **chequera** (l. 9), *le chéquier*... là où en français on utiliserait plus volontiers un adjectif possessif.

Sachez que...

S'il vous arrivait de perdre vos papiers, adressez-vous au bureau de la gendarmerie (el cuartel de la guardia civil) ou au commissariat de police (la comisaría de policía).

Tu en fais une tête !

Tomás : — *Bonjour ! Comment s'est passé [comment est] ce week-end [cette fin de semaine] ?*

Pedro : — *Très bien. J'ai été chez des amis et j'ai passé un week-end excellent [je me le suis passé phénomène]. Et toi ?*

Tomás : — *Moi, je suis resté à la maison. Je suis allé au cinéma avec Mari Carmen. Ça a été un week-end très agréable.*

Pedro : — *Eh bien, on ne le dirait pas [cela ne semble pas]. Tu en fais une tête !*

Tomás : — *C'est que ce matin j'ai perdu mon portefeuille avec ma carte d'identité, mon chéquier et 30 euros.*

Pedro : — *Eh bien, mon vieux ! Tu crois qu'on [ils] te l'a [ont] volé ? Que vas-tu faire maintenant ? Tu vas déclarer [dénoncer] le vol à la police ?*

Tomás : — *Je suis déjà allé déclarer la perte à la police. Ils n'ont pas été très aimables.*

Vocabulaire

● **Las fuerzas de seguridad**, *Les forces de sécurité* :

la gu**a**rdia civ**i**l, *la gendarmerie*

la polic**í**a nacion**a**l, *la police nationale*

la polic**í**a municip**a**l, *la police municipale*

la polic**í**a aut**ó**noma, *corps de police qui dépend de la région.*

¡la par**e**ja!, *le couple* (ce cri annonce l'arrivée de deux gardes civils)

GRAMMAIRE

LES PARTICIPES PASSÉS

Ils se forment de la façon suivante :

	Comprar	Perder	Vivir
Masculin sing.	compr**ado**	perd**ido**	viv**ido**
Masculin plur.	compr**ados**	perd**idos**	viv**idos**
Féminin sing.	compr**ada**	perd**ida**	viv**ida**
Féminin plur.	compr**adas**	perd**idas**	viv**idas**

LE PASSÉ COMPOSÉ

Contrairement au français, l'espagnol n'a qu'un seul auxiliaire **(haber)** pour former tous les temps composés de la conjugaison. Cela étant, le passé composé se construit en espagnol de la même façon qu'en français : à l'auxiliaire **haber** (présent de l'indicatif) on ajoute le participe passé du verbe que l'on désire utiliser.

1.	he estado	he perdido	he ido
2.	has estado	has perdido	has ido
3.	ha estado	ha perdido	ha ido
4.	hemos estado	hemos perdido	hemos ido
5.	habéis estado	habéis perdido	habéis ido
6.	han estado	han perdido	han ido

Attention !
Il est impossible de séparer l'auxiliaire du participe.

Ha comido **bien** (et non : **ha bien comido**). *Il a bien mangé.*

Le participe passé employé avec l'auxiliaire **haber** apparaît toujours sous la forme masculin singulier.
La ha llamado. *Il l'a appelée.*

Il existe deux verbes *avoir* en espagnol :
● **Haber :** qui n'est utilisé que comme auxiliaire.
Ha comido bien. *Il a bien mangé.*

● **Tener :** qui exprime la possession.
Tiene una cartera. *Il a un portefeuille.*

A. Traduisez
1. Comment s'est passé le week-end ?
2. Tu as été chez des amis ?
3. Il est resté à la maison.
4. Vous *(usted)* avez perdu votre *(su)* portefeuille.
5. Nous avons été déclarer le vol à la police.
6. Elles ont été très aimables.

B. Mettez les verbes en italique au passé composé
1. No *encuentro* la cartera.
2. *Son* muy simpáticos.
3. *Quiero* ir al cine.
4. *Pasa* el fin de semana con unos amigos.
5. *Vas* a denunciar el robo.

C. Complétez en ajoutant le pronom sujet qui convient
1. … me he quedado en casa.
2. … hemos ido al cine.
3. ¿Y…? ¿Dónde habéis pasado el fin de semana?

D. Passez du tutoiement au vouvoiement
1. ¿Te has quedado en casa?
2. ¿Habéis ido a la policía?
3. Os han robado la cartera.

E. Passez du vouvoiement au tutoiement
1. Y a usted ¿qué le han robado?
2. Han sido ustedes muy simpáticos.
3. ¿Ha ido usted al cine?

F. Choisissez le verbe qui convient
1. (He, tengo) estado en casa de Juan.
2. (Hemos, tenemos) vacaciones en julio.
3. Usted (ha, tiene) ido a la montaña.

¿Diga?

(Suena el teléfono.)

Felisa:	— ¿Diga? Ah, hola Alberto, ¿qué hay?
Alberto:	— Te llamo para decirte que no puedo ir a cenar esta noche a tu casa. Tengo que quedarme a esperar a unos amigos que deben pasar a recoger unos libros.
Felisa:	— ¡Qué pena! ¿No puedes dejarles una nota?
Alberto:	— No, tienen que recoger los libros esta noche sin falta. Lo siento. Otra vez será. Adiós. Hasta pronto.
Felisa *(a los otros)*:	— Hay que ver lo atareado que está Alberto. Cuando no tiene que estudiar, debe hacer algo urgente o tiene que trabajar. En fin, Pablo tiene más tiempo libre (...) ¿Por qué no vamos al cine el domingo que viene?
Teresa:	— Pablo no puede; tiene que estudiar para los exámenes de B.U.P.

Observez

● L'utilisation de la préposition **a** (l. 5) :
pasar a recoger.
● L'absence d'article devant **otra** (l. 11) :
otra vez será, *ce sera pour une autre fois*.

Sachez que...

Allô au début d'une conversation téléphonique se traduira en espagnol de deux façons différentes :
• si vous êtes celui qui téléphone, vous direz : **oiga** *(écoutez)* ;
• si vous êtes celui qui décroche, vous direz : **diga** *(dites)*.

Allô ?

(Le téléphone sonne.)

Felisa : — *Allô ? Ah, bonjour, Alberto, qu'y a-t-il ?*

Alberto : — *Je t'appelle pour te dire que je ne peux pas aller dîner chez toi ce soir. Je dois rester pour attendre des amis qui doivent passer prendre des livres.*

Felisa : — *Quel dommage ! Tu ne peux pas leur laisser un mot ?*

Alberto : — *Non, ils doivent prendre les livres ce soir sans faute. Je regrette. Ce sera pour une autre fois* [autre fois sera]. *Au revoir. À bientôt.*

Felisa (aux autres) : — *Faut voir ce qu'Alberto peut être occupé ! Lorsqu'il ne doit pas étudier, il doit faire quelque chose d'urgent ou il doit travailler. Enfin, Pablo a plus de temps libre (…). Pourquoi n'allons-nous pas au cinéma dimanche prochain ?*

Teresa : — *Pablo ne peut pas, il doit étudier pour ses examens de B.U.P.*

Vocabulaire

● *Chez moi, chez toi :*

« *chez* » se traduira en espagnol par **casa** *(maison)*.
¿**Vie**nes a c**a**sa de Ju**a**n? *Tu viens chez Juan ?*
Me p**a**so por tu c**a**sa. *Je passe chez toi.*

> **Attention :** si c**a**sa n'est accompagné d'aucune précision, cela équivaudra à *chez moi*.

V**ue**lvo a c**a**sa. *Je reviens chez moi.*

GRAMMAIRE

L'OBLIGATION

L'espagnol distingue deux cas selon que l'obligation est personnelle (l'identité de la personne soumise à l'obligation est connue) ou impersonnelle (l'identité de la personne soumise à l'obligation est indéterminée).

Dans le premier cas, l'espagnol aura recours à deux constructions :

- **Tener que** + infinitif
  Tiene que estudiar. *Il doit étudier.*

- **Deber** + infinitif
  Debo esperar. *Je dois attendre.*

> **Attention !**
> Lorsque **deber** est suivi de la préposition **de** et d'un infinitif, il exprime non pas l'obligation, mais la probabilité :
> **Deben de ser las dos.** *Il doit être deux heures.*

Dans le deuxième cas, il aura recours à la construction suivante :

- **Hay** (haber) **que** + infinitif
  Hay que ver. *Il faut voir.*

Haber et tener

Comme nous vous l'avons signalé dans la leçon précédente, il existe en espagnol deux verbes *avoir* : **haber** et **tener**.

- Le verbe **tener** permet d'exprimer :
- La possession : **Tengo un libro.** *J'ai un livre.*
- L'obligation : **Tengo que verte.** *Je dois te voir.*

- Le verbe **haber** permet quant à lui :
- De former les temps composés : **Se ha ido**. *Il est parti.*
- De dire l'obligation : **Hay que hablarle.** *Il faut lui parler.*
- De décrire : **Hay un libro.** *Il y a un livre.*

> **Attention :** dans les deux derniers cas, le verbe **haber** adopte une forme particulière : **hay** *(il y a)* et non pas **ha**.

A. Traduisez
1. Tu passes chez moi ?
2. Non, je vais chez Felisa.
3. Ils doivent travailler. *(2 possibilités.)*
4. Vous *(vosotros)* devez dîner chez moi sans faute.
5. J'ai beaucoup de travail.
6. Il y a des livres.

B. Transformez en obligation personnelle (2 possibilités)
1. Hay que ver a Alberto (tú).
2. Hay que cenar (nosotros).
3. Hay que dejarles una nota (yo).
4. Hay que ir al cine (usted).

C. Transformez en obligation impersonnelle
1. Tengo que denunciar el robo.
2. Debes estudiar.
3. Tenéis que recoger unos libros.
4. Debe preparar el examen.

D. Mettez au passé composé
1. No *(poder, yo)* ir a tu casa.
2. *(Estudiar, nosotros)* hasta las diez de la noche.
3. *(Cenar, vosotros)* muy temprano.
4. ¿*(Recoger, tú)* los libros de Pedro?
5. *(Tener, yo)* que pasar por su casa.

E. Choisissez le verbe qui convient
1. No *(ha, tiene)* podido verlos.
2. *(Hemos, tenemos)* que ver a Felisa.
3. *(He, tengo)* que cenar.
4. Lo *(has, tienes)* esperado en Sol.
5. No *(ha, tiene)* pasado por la farmacia.

¡Qué despistada!

En una tienda.

Cliente: — Oiga, se ha olvidado de darme la vuelta.
Vendedor: — ¿Perdón? ¿Qué me dice de la vuelta?
Cliente: — Que me la tiene que dar.

Dos amigos.

Tomás: — Oye, ¿me puedes prestar tu mapa de carreteras?
Luis: — Sí, pero tienes que devolvérmelo para el fin de semana porque voy a necesitarlo el sábado.

¡Qué despistada!

Carmen: — ¿Y la agenda? Estoy buscándola desde hace tres horas.
Antonio: — ¡Qué despistada! ¿No la ves? La tienes delante de ti. Yo la estoy viendo.
Carmen: — El grifo gotea. ¿Puedes darme el número de teléfono del fontanero? Lo voy a llamar.
Antonio: — A estas horas, no debe de estar en su casa. ¿Por qué no cierras la llave de paso?
Carmen: — La estoy buscando desde hace tres horas pero no la encuentro.

Observez

- L'emploi de l'article **el** : **el sábado** (l. 9 et 10), *samedi prochain*.
- L'emploi du verbe **hacer** : **desde hace** (l. 12), *depuis*.
- La place des pronoms compléments en espagnol et en français : **Tienes que devolvérMELO** (l. 8). *Tu dois me le rendre.*

Sachez que...

En été, dans le sud de l'Espagne, l'approvisionnement en eau devient parfois un véritable problème ; dans certaines régions côtières, on traite l'eau de mer pour la rendre propre à la consommation.

Quelle étourdie !

Dans un magasin.

Client : — *Eh [Écoutez], vous avez oublié de me rendre la monnaie [le retour].*
Vendeur : — *Pardon [que dites-vous de...] ? La monnaie ?*
Client : — *[Que] Vous devez me la rendre [donner].*

Deux amis.
Tomás : — *Eh, peux-tu me prêter ta carte routière ?*
Luis : — *Oui, mais tu dois me la rendre pour ce [le] week-end, car je vais en avoir besoin samedi.*

Quelle étourdie !
Carmen : — *Et l'agenda ? Ça fait trois heures que je le cherche [suis en train de le chercher].*
Antonio : — *Quelle étourdie ! Tu ne le vois pas ? Tu l'as devant toi. Je le vois [suis en train de le voir].*
Carmen : — *Le robinet coule [goutte]. Peux-tu me donner le numéro du plombier ? Je vais l'appeler.*
Antonio : — *À cette heure-ci [ces heures] il ne doit pas être chez lui. Pourquoi ne coupes-tu pas l'arrivée d'eau ?*
Carmen : — *Ça fait trois heures que je la cherche [suis en train de la...] mais je ne la trouve pas.*

Vocabulaire

● *Depuis...*

Depuis se traduit de deux façons différentes :
– Si vous le faites suivre d'une heure ou d'une date, vous le traduirez par d**e**sde :
La b**u**sco d**e**sde las d**ie**z de la ma**ñ**ana *(depuis dix heures).*
La b**u**sco d**e**sde ay**e**r *(depuis hier).*
– Si vous le faites suivre d'une durée, vous le traduirez par d**e**sde h**a**ce :
Est**o**y busc**a**ndo la ag**e**nda d**e**sde h**a**ce tres h**o**ras.

GRAMMAIRE

LA PLACE DU PRONOM COMPLÉMENT

La place du pronom complément par rapport au verbe est fonction de la forme verbale.

Il se placera derrière le verbe (accroché au verbe) lorsque le verbe sera :

– à l'infinitif :

Se ha olvidado de dar*me* la vuelta.

– au gérondif :

Estoy buscánd*ola* desde hace tres horas.

– à l'impératif (cf. leçon 22) :

Da*me* la agenda *(donne-moi l'agenda).*

Il se placera devant le verbe, dans tous les autres cas.
No *la* encuentro.

| Attention !
| Lorsque certaines structures mettent en jeu deux formes verbales
| (obligation, forme progressive…), vous pouvez placer le pronom
| en fonction de l'une ou de l'autre de ces formes :

Tienes que devolver*lo* ou ***lo* tienes** que devolver.
Tu dois le rendre.

Voy a llamar*lo* ou ***lo* voy a llamar.** *Je vais l'appeler.*

¿Puedes dar*me* la agenda? ou *¿me* **puedes dar la agenda?**
Peux-tu me passer l'agenda ?

Está buscánd*ola* ou ***la* está buscando.**
Il ou *elle est en train de la chercher.*

Dans tous ces exemples, le pronom est soit devant le verbe conjugué, soit derrière l'infinitif ou le gérondif, mais jamais entre les deux formes verbales.

Toutes ces règles sont applicables que vous ayez un ou deux pronoms compléments :
Tienes que devolvér*melo* ou *me lo* **tienes que devolver.**

A. Traduisez

1. Peux-tu me prêter ta carte routière ? *(2 possibilités.)*
2. Je vais le voir. *(2 possibilités.)*
3. Nous sommes en train de le voir. *(2 possibilités.)*
4. Vous *(vosotros)* devez le donner. *(2 possibilités.)*
5. Vous *(vosotros)* devez me le donner. *(2 possibilités.)*
6. Elles cherchent l'agenda depuis deux heures.
7. Elles cherchent l'agenda depuis ce matin.

B. Mettez le pronom à la place qui convient (2 possibilités)

1. Está buscando *(la)*.
2. Puedes prestar el mapa *(me)*.
3. Voy a llamar por teléfono *(los)*.
4. Tenéis que devolver *(la)*.

C. Remplacez le mot en italique par un pronom

1. ¿Por qué no cierra *la llave de paso*?
2. Llaman *al fontanero*.
3. Me han prestado *el mapa de carreteras*.
4. Se ha olvidado de darnos *la vuelta*.

D. Mettez au passé composé

1. Te lo presto.
2. El grifo gotea.
3. Me olvido el mapa.
4. Lo necesito el sábado.

E. Transformez selon le modèle

Debes llamarlo → Tienes que llamarlo.

1. He debido prestárselo a Juan.
2. Debemos ir a buscarlos.
3. Debe darme su número.

El tren

En las oficinas de la R.E.N.F.E.

Luis:	— ¿A qué hora sale el tren para París?
Empleado:	— ¿Cuál? ¿El Talgo o el Puerta del Sol?
Luis:	— El Puerta del Sol.
Empleado:	— Tiene su salida a las seis, pero saldrá como de costumbre con diez minutos de retraso.
Luis:	— ¿A qué hora llegaremos a la frontera?
Empleado:	— A las dos de la madrugada, pero no se preocupe, usted seguirá durmiendo mientras le cambian las ruedas al tren.
Luis: *(A su amigo)*	— ¿Me acompañarás a la estación? Tendré mucho equipaje.
Carlos:	— Sí, hombre. A las cinco en punto estaré en tu casa.
Al día siguiente.	
Julia:	— ¿Crees que Luis estará en el hotel?
Ramón:	— Si no ha llegado, estará al llegar. Estoy seguro de que le gustará París. ¿Lo llamamos?

Observez

Les équivalents de *on* :
le cambian las ruedas (l. 13 et 14), *on lui change les roues* ;
lo llamamos (l. 23), *on l'appelle*.

Sachez que...

La **R.E.N.F.E.** (Red Nacional de Ferrocarriles Españoles) est l'équivalent de la S.N.C.F.
L'écartement des rails n'étant pas semblable en France et en Espagne, on est tenu, pour les trains internationaux, de procéder à un changement de roues lors du passage de la frontière.

Le train

Dans un bureau de la R.E.N.F.E.

Luis :	— *À quelle heure part le train pour Paris ?*
Employé :	— *Lequel ? Le Talgo ou le Puerta del Sol ?*
Luis :	— *Le Puerta del Sol.*
Employé :	— *Le départ est [il a son départ] à six heures, mais il partira comme d'habitude avec dix minutes de retard.*
Luis :	— *À quelle heure arriverons-nous à la frontière ?*
Employé :	— *À deux heures du matin, mais ne vous inquiétez pas, vous continuerez à dormir tandis qu'on [ils] change [changent] les roues du [au] train.*
Luis : *(à son ami)*	— *Tu m'accompagnes à la gare ? J'ai beaucoup de bagages.*
Carlos :	— *Bien sûr [oui, homme]. À cinq heures tapantes je serai chez toi.*

Le lendemain [au jour suivant].

Julia :	— *Crois-tu que Luis soit [sera] à l'hôtel ?*
Ramón :	— *S'il n'est pas arrivé, il doit être sur le point d'arriver. Je suis sûr que Paris lui plaira. On l'appelle [nous l'appelons] ?*

Vocabulaire

● *Dans le train :*

el **co**che : *la voiture*
el **co**che-**ca**ma : *le wagon-lit*
la lit**e**ra : *la couchette*
el compartim**e**nto : *le compartiment*
el as**ie**nto : *la place*
la res**e**rva : *la réservation*

LE FUTUR

Si l'auxiliaire **haber** sert à former le passé composé (cf. leçon 15), il sert aussi à former le **futur**. Pour cela, il suffit d'ajouter à l'infinitif les terminaisons de **haber** (présent de l'indicatif).

	Estar	Creer	Ir
1.	estar**é**	creer**é**	ir**é**
2.	estar**ás**	creer**ás**	ir**ás**
3.	estar**á**	creer**á**	ir**á**
4.	estar**emos**	creer**emos**	ir**emos**
5.	estar**éis**	creer**éis**	ir**éis**
6.	estar**án**	creer**án**	ir**án**

Attention !
Certains verbes présentent une irrégularité au futur.

Quelques exemples :

	Tener	Salir	Haber
1.	ten**dré**	sal**dré**	ha**bré**
2.	ten**drás**	sal**drás**	ha**brás**
3.	ten**drá**	sal**drá**	ha**brá**
4.	ten**dremos**	sal**dremos**	ha**bremos**
5.	ten**dréis**	sal**dréis**	ha**bréis**
6.	ten**drán**	sal**drán**	ha**brán**

Outre sa valeur d'anticipation, le futur peut avoir en espagnol une valeur hypothétique. Dans ce cas vous le traduirez par *devoir*.

Estará al llegar. *Il* doit être *sur le point d'arriver.*

A. Traduisez

1. À quelle heure partira le train ?
2. Je t'accompagnerai chez toi.
3. Le train arrivera avec une heure de retard.
4. Comme d'habitude, tu auras beaucoup de bagages.
5. Crois-tu qu'elles aimeront la peinture ?
6. Nous sortirons à trois heures du matin.

B. Mettez les phrases suivantes au futur

1. Yo tengo un coche.
2. Luis ha viajado en coche cama.
3. Reservamos literas hasta Madrid.
4. El compartimento está completo.
5. Compráis un billete de primera.
6. Sales de compras con tu hermana.
7. No tengo tiempo.
8. Antonio y tú viajáis en el coche 24.

C. Mettez le verbe au singulier

1. *Llegarán* al día siguiente a Madrid.
2. *Estaremos* en la frontera a las dos.
3. *Tendremos* dos horas de retraso.
4. *Saldréis* en el tren de las cinco.
5. *Dormiremos* en París.

D. Transformez selon le modèle

Comprarán *un billete para Sevilla* → Han comprado *un billete para Sevilla*.

1. Te acompañará a la estación.
2. Llegaré a las dos.
3. Saldréis el viernes.
4. Seguiremos durmiendo.
5. ¿Lo llamarás?

Espero que...

Tomás: — ¿Dígame? ¡Ah, hola Juan! ¿Cómo? Sí, te oigo bien. El viaje, ... un poco cansado.

Juan: — Te has olvidado los contratos de las computadoras, ya te los he enviado por correo urgente. Espero que lleguen a tiempo para la reunión. En cuanto lleguen me das un telefonazo y me avisas. En fin, ya verás como todo sale bien.

Tomás: — Oye, ¿tu amiga Matilde no vive en París? Dame su dirección, si quieres que pase a visitarla.

Juan: — Matilde está de viaje en Bruselas. No creo que vuelva antes del domingo. Ah, a propósito de las computadoras, es menester que subrayes la importancia del servicio postventa y que mantengas las exigencias de calidad. No olvides que, aunque no te conozcan, los vendedores conocen la importancia de nuestra empresa.

Observez

- L'emploi et la valeur du présent du subjonctif :
no olvides (l. 15), *n'oublie pas*.
- La construction : **aunque no te conozcan** (l. 16), *même s'ils ne te connaissent pas*.
- Le suffixe **-azo** :
me das un telefonazo (l. 6 et 7), *tu me passes un coup de fil*.

Sachez que...

Correos (Les Postes) et **Teléfonos** (Les Télécommunications) sont en Espagne comme en France des monopoles d'État.

J'espère que...

Tomás : — *Allô ? Ah, bonjour, Juan ! Oui, je t'entends bien. Le voyage... un peu fatigant.*

Juan : — *Tu as oublié les contrats des ordinateurs, je te les ai déjà envoyés en urgence [par courrier urgent]. J'espère qu'ils arriveront à temps pour la réunion. Dès qu'ils arriveront tu me passes [donnes] un coup de fil et tu me préviens. Enfin, tu verras comme tout se passe [sort] bien.*

Tomás : — *Eh [Écoute], ton amie Matilde ne vit-elle pas à Paris ? Donne-moi son adresse si tu veux que je passe lui rendre visite.*

Juan : — *Matilde est en voyage à Bruxelles. Je ne crois pas qu'elle revienne avant dimanche. Ah, à propos des ordinateurs, il est nécessaire que tu soulignes l'importance du service après-vente et que tu maintiennes les exigences de qualité. N'oublie pas que, même s'ils ne te connaissent pas, les vendeurs connaissent l'importance de notre entreprise.*

Vocabulaire

● *Avant* ou *après* :

Lorsque **a**ntes *(avant)* ou desp**ué**s *(après)* sont accompagnés d'une précision temporelle, il faut les faire suivre de la préposition **de**.
No cr**e**o que v**e**nga **a**ntes.
No cr**e**o que v**e**nga **a**ntes del dom**i**ngo.

LE PRÉSENT DU SUBJONCTIF

Le présent du subjonctif se forme en espagnol à partir de la 1re personne du présent de l'indicatif.

		Pasar	Leer	Vivir
INDICATIF	1.	pas**o**	le**o**	viv**o**
SUBJONCTIF	1.	pas**e**	le**a**	viv**a**
	2.	pas**es**	le**as**	viv**as**
	3.	pas**e**	le**a**	viv**a**
	4.	pas**emos**	le**amos**	viv**amos**
	5.	pas**éis**	le**áis**	viv**áis**
	6.	pas**en**	le**an**	viv**an**

Le rôle de la 1re personne du singulier de l'indicatif se manifeste de façon bien plus évidente pour tous les verbes qui présentent une irrégularité.

	Volver	Pedir	Tener	Conocer
INDICATIF 1.	v**ue**lvo	p**i**do	ten**go**	cono**zco**
SUBJONCTIF 1.	v**ue**lva	p**i**da	ten**ga**	cono**zca**
2.	v**ue**lvas	p**i**das	ten**gas**	cono**zcas**
3.	v**ue**lva	p**i**da	ten**ga**	cono**zca**
4.	volvamos	pidamos	ten**gamos**	cono**zcamos**
5.	volváis	pidáis	ten**gáis**	cono**zcáis**
6.	v**ue**lvan	p**i**dan	ten**gan**	cono**zcan**

Attention !
Au présent du subjonctif, comme au présent de l'indicatif, la diphtongue n'affecte que certaines personnes.

Après une conjonction temporelle, pour exprimer une action à venir, l'espagnol emploiera un présent du subjonctif et non un futur :
En cuanto lleguen. *Dès qu'ils arriveront.*

A. Traduisez

1. J'espère que tu arriveras bientôt.
2. Dès que vous *(vosotros)* arriverez, nous le préviendrons.
3. Quand Matilde vivra à Paris, j'irai la voir.
4. Je ne crois pas qu'elle soit chez elle.
5. Tu veux que nous passions te voir.
6. Il est nécessaire que vous *(usted)* soyez à Bruxelles avant lundi.
7. Je ne crois pas qu'il revienne avant.

B. Mettez les verbes en italique à la forme qui convient

1. Es menester que Juan *volver* pronto.
2. No creo que Tomás y Luisa *estar* en casa.
3. Esperamos que *llegar, (tú)* a tiempo.
4. ¿Quieres que *pasar, (nosotros)* a verte?

C. Transformez selon le modèle

¿Estará en casa? → No creo que *esté en casa*.

1. ¿Llegarán a tiempo?
2. ¿Pasaremos a veros?
3. ¿Tendréis tiempo?
4. ¿Lo conocerás?

D. Passez du tutoiement au vouvoiement

1. Es menester que me avises.
2. Espero que lleguéis a tiempo.
3. Quiere que vuelvas el martes.
4. No creo que podáis verla.

E. Passez du vouvoiement au tutoiement

1. No creo que tenga tiempo.
2. Espero que pasen a verme.
3. ¿Quiere usted acompañarme?
4. Es menester que lo conozcan.

Pisos para alquilar

Eduardo: — Oye, ¿quieres que entremos aquí? Puede que alquilen pisos. *(Entran.)* Buenas, ¿tienen pisos para alquilar?

Empleado: — Sí, ¿cómo lo quieren? Tenemos pisos amueblados y sin amueblar.

Susana: — Buscamos uno que no sea demasiado caro, que tenga por lo menos dos habitaciones y que no esté lejos de la Universidad.

Eduardo: — Que no esté tampoco lejos del centro, y que esté en una zona tranquila.

Empleado: — Miren, en esas condiciones, no creo que consigan un piso barato. (…) Espero que encuentren lo que necesitan. Vayan con Dios.

Observez

• L'emploi de la préposition **para** :
pisos para alquilar (l. 3), *des appartements à louer.*
• L'emploi du subjonctif :
espero que encuentren (l. 12 et 13), *j'espère que vous trouverez.*

Sachez que...

L'architecture occupe une place importante dans la vie catalane (chaque année, Barcelone décerne un prix à l'architecte ayant conçu la plus belle façade). C'est en Catalogne que sont nés les plus grands architectes espagnols (Gaudí, Bofil,…).

Appartements à louer

Eduardo : — *Eh [Écoute], veux-tu que nous entrions ici ? Il se peut qu'ils louent des appartements. (Ils entrent.) Bonjour, avez-vous des appartements à louer ?*

Employé : — *Oui, dans quel genre [comment le voulez-vous] ? Nous avons des appartements meublés et non meublés [sans meubler].*

Susana : — *Nous en cherchons un qui ne soit pas trop cher, qui ait au moins deux chambres et qui ne soit pas trop loin de l'Université.*

Eduardo : — *Qu'il ne soit pas non plus trop éloigné du centre ville et qu'il soit dans un quartier tranquille.*

Employé : — *Eh bien [Regardez], vu vos exigences [dans ces conditions-ci], je ne crois pas que vous trouviez [obteniez] d'appartements bon marché. (…) J'espère que vous trouverez ce qu'il vous faut [ce qui vous est nécessaire]. Au revoir et bonne journée. [Allez avec Dieu.]*

Vocabulaire

● *Les pièces de la maison :*

el vest**í**bulo, *le vestíbule*
el comed**o**r, *la salle à manger*
la s**a**la de est**a**r (el salón), *la salle de séjour* (le salon)
el c**ua**rto de b**a**ño, *la salle de bains*
la coc**i**na, *la cuisine*
la habitac**ió**n (el dormitorio), *la chambre à coucher*

GRAMMAIRE

LE PRÉSENT DU SUBJONCTIF

Certains **verbes fondamentaux** sont tout à fait irréguliers :

	Haber	Saber	Ser	Ir
1.	**hay**a	**sep**a	**se**a	**vay**a
2.	**hay**as	**sep**as	**se**as	**vay**as
3.	**hay**a	**sep**a	**se**a	**vay**a
4.	**hay**amos	**sep**amos	**se**amos	**vay**amos
5.	**hay**áis	**sep**áis	**sé**áis	**vay**áis
6.	**hay**an	**sep**an	**se**an	**vay**an

En espagnol, le *présent du subjonctif* est généralement utilisé pour exprimer une action non encore accomplie et dont la réalisation est de ce fait hypothétique.

Les exemples qui suivent vous permettront de mieux saisir les conditions d'emploi de ce mode :

Quiero que Juan venga conmigo.
Je veux que Juan vienne avec moi.
La venue de Juan n'est pas une réalité. Il peut venir ou ne pas venir.

En cuanto haga buen tiempo, saldremos.
Dès qu'il fera beau, nous sortirons.
Il se peut que le beau temps n'arrive pas avant longtemps.

Es menester que Tomás trabaje.
Il est nécessaire que Tomás travaille.
Il n'est pas certain que Tomás travaillera.

Aunque Luis vuelva pronto, no lo veré.
Même si Luis revient tôt, je ne le verrai pas.
Luis peut tout aussi bien revenir tard.

A. Traduisez

1. Même si l'appartement est loin du centre, il me plaît.
2. Elle aime que tu ailles la voir.
3. Dès que nous saurons ce qu'il faut faire, nous te préviendrons.
4. Vous *(usted)* voulez qu'il soit dans un quartier tranquille.

B. Transformez selon le modèle

Si viene *lo veré* → En cuanto venga *lo veré*

1. Si hay pisos para alquilar, le avisaré.
2. Si es posible, lo alquilaremos.
3. Si podemos, alquilaremos uno más grande.
4. Si tiene tiempo, pasará a vernos.

C. Transformez selon le modèle

Tiene *que* trabajar → Es menester *que* trabaje

1. Tenemos que alquilar un piso.
2. Tengo que ir a la universidad.
3. Tienes que amueblar el piso.
4. Tenéis que conseguirlo.

D. Transformez selon le modèle

Es *barato* pero *no me gusta* → Aunque sea *barato no me gusta*.

1. Está bien situado pero es pequeño.
2. Es bonito pero está demasiado lejos del centro.
3. Está en el centro pero es muy tranquilo.
4. Está amueblado pero es barato.

Recuerdo que...

Jorge: — Recuerdo que a mi padre no le gustaba verme leer; en cuanto me veía con un libro en las manos, me decía: «¿No tienes nada mejor que hacer?» y yo, que era tímido, lo cerraba y sonreía sin decir nada. Cuando el hambre de lectura apretaba, fingía enfermedades para quedarme en la cama.

Gabriel: — ¿Y qué leías? ¿Libros, periódicos o revistas?

Jorge: — Lo que me caía entre las manos, lo que había en casa. Mi padre tenía un libro de cuentos de Grimm, yo se lo cogía a hurtadillas. Cuando iba a la barbería, ojeaba los periódicos porque en casa no los había.

Gabriel: — ¿Y no te aburrías?

Jorge: — ¡No! ¡Qué va! Eran otros tiempos.

Observez

• La structure **lo que** :
lo que me caía entre las manos (l. 9), *ce qui me tombait sous la main.*

• La valeur du pronom **se** :
se lo cogía (l. 11), *je le lui prenais.*

Sachez que...

Les principaux quotidiens espagnols sont : *El País, El Mundo, La Vanguardia, A.B.C.* et les principaux hebdomadaires sont : *Cambio 16* et *Interviú.*

Je me souviens que...

Jorge : — *Je me souviens que mon père n'aimait pas me voir lire ; dès qu'il me voyait un livre à la main, il me disait : « Tu n'as rien de mieux à faire ? » et moi, qui étais timide, je fermais mon livre [je le fermais] et je souriais sans rien dire. Quand la soif [la faim] de lecture était trop intense [serrait], je feignais d'être malade [des maladies] pour rester au lit.*

Gabriel : — *Et que lisais-tu ? Des livres, des journaux ou des revues ?*

Jorge : — *Ce qui me tombait sous la main, ce qu'il y avait à la maison. Mon père avait un livre de contes de Grimm, je le lui prenais en cachette. Quand j'allais chez le coiffeur [à la boutique du barbier], je jetais un coup d'œil aux journaux, parce que chez nous il n'y en [ne les] avait pas.*

Gabriel : — *Et tu ne t'ennuyais pas ?*

Jorge : — *Non ! Pas du tout ! C'était une autre époque [d'autres temps].*

Vocabulaire

● *Chez le coiffeur :*

la barbería, *le salon de coiffure pour hommes*
la peluquería, *le salon de coiffure pour dames*
un corte de pelo, *une coupe de cheveux*
una permanente, *une permanente*
afeitar, *raser*
peinar, *coiffer*

GRAMMAIRE

L'IMPARFAIT DE L'INDICATIF

L'imparfait de l'indicatif se forme de la façon suivante :

	Jugar	Leer	Aburrir
1.	Jug**aba**	le**ía**	aburr**ía**
2.	Jug**abas**	le**ías**	aburr**ías**
3.	Jug**aba**	le**ía**	aburr**ía**
4.	Jug**ábamos**	le**íamos**	aburr**íamos**
5.	Jug**abais**	le**íais**	aburr**íais**
6.	Jug**aban**	le**ían**	aburr**ían**

À l'imparfait de l'indicatif, seuls trois verbes sont irréguliers :

	Ser	Ver	Ir
1.	**era**	**veía**	**iba**
2.	**eras**	**veías**	**ibas**
3.	**era**	**veía**	**iba**
4.	**éramos**	**veíamos**	**íbamos**
5.	**erais**	**veíais**	**ibais**
6.	**eran**	**veían**	**iban**

Attention !
Les hypothèses faites au passé se construisent différemment en français et en espagnol.

Ex. : *Si je lisais, il me gronderait.*

En espagnol, il est impossible d'utiliser dans une phrase de ce type l'imparfait de l'indicatif. Pour construire une hypothèse « passée », l'espagnol a systématiquement recours à l'imparfait du subjonctif (cf. leçons 78 et 84) : **Si yo leyera, me reñiría.**

EXERCICES

A. Traduisez

1. Ton père n'aimait pas te voir lire.
2. Je le voyais chez le coiffeur.
3. Vous *(usted)* n'aviez rien à faire.
4. Que lisiez-vous *(vosotros)* ?
5. Nous feignions d'être malades.
6. Parfois, il souriait sans rien dire.
7. J'avais des livres de Grimm.
8. Elle jetait un coup d'œil aux journaux chez le coiffeur.

B. Mettez à l'imparfait

1. Cierras el libro.
2. Te sonríe.
3. ¿Qué libros hay en casa?
4. Está ojeando los periódicos.
5. Voy a la peluquería. Y tú, ¿a dónde vas?

C. Mettez le verbe en italique à l'imparfait de l'indicatif

1. Cuando yo *ser* niño, *ser* muy tímido.
2. Ella *leer* muchos libros de cuentos.
3. Nosotros no nos *aburrir*.

D. Transformez selon le modèle

Leía *mucho*. → Ha leído *mucho*.
1. ¿A dónde ibas?
2. Estaban con Juan.
3. Le gustaba el libro.

E. Mettez les verbes aux temps indiqués

1. No puedo (futur) ir a la barbería.
2. ¿Te aburres (passé composé)?
3. Lo está (imparfait) amueblando.

Nos hemos perdido

Dos amigos se dirigen a pie hacia La Puerta del Sol.

Pablo:	— Nos hemos perdido.
Julián:	— ¿Por qué no le preguntas a aquel guardia mientras que yo compro el periódico?
Pablo *(al guardia):*	— Buenas tardes, por favor, ¿me podría indicar cómo se va a La Puerta del Sol?
Guardia:	— Mire, tome aquella calle de enfrente y siga recto unos trescientos metros. Al llegar a una plazoleta, tuerza a la izquierda. En la acera de la derecha se encontrará la parada del autobús letra G. Tome el autobús y diga que le avisen al llegar a Cibeles. Apéese y pregunte por el ministerio de Defensa. Frente al Ministerio, hallará usted la boca de metro Banco. Tome el metro y apéese en Callao. Baje por la calle Preciados y llegará a Sol... Si se vuelve a perder, pregunte a cualquier transeúnte.

Observez

● La valeur de la structure **al** + infinitif : **al llegar** (l. 11), *en arrivant*.
● La valeur de la structure **volver a** + infinitif : **si se vuelve a perder** (l. 22), *si vous vous perdez à nouveau*.

Sachez que...

La Puerta del Sol est non seulement le centre névralgique de Madrid mais aussi celui de l'Espagne entière. C'est en effet sur cette place que se trouve le kilomètre zéro des routes espagnoles.
La *Cibeles* est une place de Madrid où se trouve l'une des plus belles fontaines de la capitale.

Nous nous sommes perdus

Deux amis se dirigent à pied vers La Puerta del Sol.

Pablo : — *Nous nous sommes perdus.*

Julián : — *Pourquoi ne demandes-tu pas à cet agent pendant que j'achète le journal ?*

Pablo (à l'agent) : — *Bonjour, pourriez-vous m'indiquer, s'il vous plaît, comment faire pour aller [comment va-t-on] à La Puerta del Sol ?*

Agent : — *Voilà [Regardez], prenez cette rue en face et continuez tout droit pendant trois cents mètres environ. Quand vous arriverez à une petite place, prenez [tordez] à gauche. Sur le trottoir de droite, vous trouverez l'arrêt de l'autobus [lettre] G. Prenez le bus et dites que l'on vous prévienne en arrivant à Cibeles. Descendez et demandez où se trouve le ministère de la Défense. Face au ministère vous trouverez la station de métro Banco. Prenez le métro et descendez à Callao. Descendez la rue Preciados et vous arriverez à Sol… Si vous vous perdez à nouveau, demandez à n'importe quel passant.*

Vocabulaire

● *Descendre :*

Le verbe apearse implique l'existence d'un moyen de transport (cheval, voiture, train,…) duquel vous descendez :
Usted se apea del autobús. *Vous descendez du bus.*

Le verbe bajar en revanche a une valeur plus générale équivalant à celle du verbe français *descendre* :
Bajamos por la calle. *Nous descendons la rue.*

GRAMMAIRE

L'IMPÉRATIF NÉGATIF

● **Les personnes de l'impératif**

Alors qu'en français l'impératif ne comporte que trois personnes (tu, nous, vous), en espagnol, il en comporte cinq. Cette différence s'explique par le fait que « vous » a, en espagnol, trois équivalents possibles : **usted, vosotros, ustedes** (cf. leçons 3 et 5).

● **La formation de l'impératif négatif**

L'impératif négatif est entièrement formé à partir du présent du subjonctif.

Pour exprimer une interdiction, une défense ou une mise en garde, il vous suffira donc d'utiliser les formes du présent du subjonctif et de les faire précéder de la négation no :

	Parar	**Meter**	**Escribir**
Tú	No pares	No metas	No escribas
Usted	No pare	No meta	No escriba
Nosotros (as)	No paremos	No metamos	No escribamos
Vosotros (as)	No paréis	No metáis	No escribáis
Ustedes	No paren	No metan	No escriban

Remarque : Il est bien évident qu'un verbe irrégulier au présent du subjonctif sera irrégulier à l'impératif négatif.

No quiero que vayas a pie. ¡No vayas a pie!
Je ne veux pas que tu ailles à pied. Ne va pas à pied !

No quiero que duerma (usted). ¡No duerma!
Je ne veux pas que vous dormiez. Ne dormez pas !

No quiero que seas imprudente. ¡No seas imprudente!
Je ne veux pas que tu sois imprudent. Ne sois pas imprudent !

A. Traduisez

1. Demande à cet agent comment faire pour aller à Sol.
2. Prenons cette rue en face.
3. Descendez *(vosotros)* cette rue.
4. En arrivant à la petite place, prenez *(usted)* à droite.
5. Dites *(ustedes)* que l'on vous prévienne.
6. Si tu te perds à nouveau, demande à un passant.

B. Transformez selon le modèle

No quiero que tomes *el metro*. → No tomes *el metro*.
1. No quiero que siga todo recto.
2. No quiero que se apeen en Cibeles.
3. No quiero que bajéis por esta calle.
4. No quiero que tuerzas a la derecha.

C. Transformez les impératifs suivants selon les indications données

1. No tome el autobús. *(tú)*
2. No se apee en Callao. *(ustedes)*
3. No me esperes en Sol. *(usted)*
4. No bajen por esta calle. *(vosotros)*

D. Mettez les verbes aux temps indiqués

1. Va (futur) al Ministerio de Defensa.
2. Tomo (passé composé) el autobús letra G.
3. ¿Qué dices? (imparfait)
4. Le pregunta (passé composé) cómo ir.

E. Mettez les phrases suivantes à la forme progressive

1. Espero el autobús.
2. Bajabas la calle Preciados.
3. Llegará a Cibeles.
4. Compran el periódico.

En carretera

Dos amigos van en coche; de pronto, el vehículo empieza a tirar hacia la derecha.

Miguel: — A este coche le pasa algo. Se va hacia la cuneta.

Ángel: — La carretera es tan mala que puede que hayamos pinchado. No te pares aquí. Párate cuando pasemos la curva. (...) Voy a echar un vistazo. (...) ¡Vaya suerte! Tenemos la rueda derecha pinchada.

Miguel: — Vamos a cambiarla. Ayúdame. Levanta el capó y pásame el gato. Cierra las portezuelas, que no tengamos un accidente. Dame la llave inglesa, que está en la guantera... ¡Ya me he manchado! No metas la rueda en el capó, tendremos que pararnos en el primer garaje que encontremos para que nos la reparen.

Ángel: — No te pongas nervioso, hombre. Esto no tiene importancia ninguna.

Observez

• La place des pronoms compléments dans **páraTE** (l. 6) et **ayúdaME** (l. 10), *arrête-toi, aide-moi.*
• La structure de la phrase : *a* **este coche** *le* **pasa algo** (l. 3), *cette voiture a quelque chose.*

Sachez que...

En Espagne, la commercialisation de l'essence est soumise au contrôle de l'État. Il existe deux raffineries d'État : l'une à Puer-tollano (Cuidad Real) l'autre à Tenerife (Canaries).

Sur la route

Deux amis circulent en voiture ; soudain, le véhicule commence à se déporter [*tirer*] vers la droite.

Miguel : — *Cette voiture a quelque chose. Elle a tendance à partir vers le fossé.*

Ángel : — *La route est si mauvaise qu'il se peut que nous ayons crevé. Ne t'arrête pas ici. Arrête-toi quand nous aurons dépassé le virage. Je vais jeter un coup d'œil. (…) C'est bien notre veine !* [Nous avons] *La roue droite est crevée.*

Miguel : — *Nous allons la changer. Aide-moi. Soulève le capot et passe-moi le cric. Ferme les portières, que nous n'ayons pas d'accident. Donne-moi la clé anglaise qui est dans la boîte à gants… Et voilà, je me suis taché ! Ne mets pas la roue dans le coffre avant. Il nous faudra nous arrêter au premier garage que nous rencontrerons pour qu'on nous la répare.*

Ángel : — *Ne t'énerve pas* [ne te mets pas nerveux], *mon vieux* [homme]. *Tout ça n'a aucune importance.*

Vocabulaire

● *Les routes :*

una auto**pi**sta (peaje), *une autoroute* (péage)
una carre**te**ra, *une route nationale*
una carre**te**ra comar**ca**l, *une route départementale*
un ca**mi**no veci**nal**, *un chemin vicinal*
una **se**nda, *une sente*
un sen**de**ro, *un sentier*
una ve**re**da, *un chemin de terre*
entr**ar** (me**te**r) en ve**re**da, *prendre* (faire prendre) *le droit chemin*

GRAMMAIRE

L'IMPÉRATIF AFFIRMATIF

L'impératif affirmatif emprunte ses formes :
– au présent de l'indicatif ;
– au présent du subjonctif ;
– à l'infinitif.

● **Formation :**

Tú	2ᵉ personne du présent de l'indicatif moins le **s** final
Usted	3ᵉ pers. du présent du subjonctif
Nosotros	4ᵉ pers. du présent du subjonctif
Vosotros	infinitif moins le **r** final plus **d**
Ustedes	6ᵉ pers. du présent du subjonctif

● **Exemples :**

	Comprar	Leer	Abrir
Tú	compr**a**	le**e**	abr**e**
Usted	compr**e**	le**a**	abr**a**
Nosotros	compr**emos**	le**amos**	abr**amos**
Vosotros	compr**ad**	le**ed**	abr**id**
Ustedes	compr**en**	le**an**	abr**an**

● **L'impératif et les pronoms compléments :**
Comme nous l'avons signalé lors de la leçon 16, la place des pronoms compléments dépend des formes verbales auxquelles ils sont associés :
– Lorsqu'ils sont associés à un impératif affirmatif, ils se placent derrière le verbe et s'accrochent à lui :
Apéese en Callao. *Descendez à Callao.*
Préstamela. *Prête-la-moi.*

– Lorsqu'ils sont associés à un impératif négatif, ils se placent devant le verbe :
No se apee en Callao. *Ne descendez pas à Callao.*
No me la prestes. *Ne me la prête pas.*

EXERCICES

A. Traduisez

1. La route est si mauvaise qu'il se peut que nous ayons crevé.
2. Ne t'arrête pas.
3. Ne vous *(vosotros)* énervez pas.
4. Ne ferme pas la portière.
5. Ne vous *(ustedes)* salissez pas.

B. Transformez les impératifs selon les indications entre parenthèses

1. No cambies la rueda. *(usted)*
2. No cerremos las puertas. *(vosotros)*
3. No os paréis. *(tú)*
4. No metas la rueda en el maletero. *(ustedes)*

C. Transformez selon le modèle

No quiero que vayas *en coche* → *No* vayas *en coche*

1. No quiero que conduzca. *(usted)*
2. No queremos que vayáis de prisa.
3. No quiero que sean imprudentes.
4. No quiero que nos paremos aquí.

D. Transformez ces impératifs négatifs en impératifs affirmatifs

1. No me dejes la llave.
2. No abra las portezuelas.
3. No se paren aquí.
4. No vayas al garaje.

E. Transformez ces impératifs affirmatifs en impératifs négatifs

1. Dale la llave.
2. Ayúdadle a cambiar la rueda.
3. Párese en ese garaje.
4. Guarda la rueda en el maletero.

Buscando un taller

Por teléfono.

Voz: — Talleres López: chapa, pintura, mecánica y electricidad del automóvil, ¿qué desea?

Cliente: — Querría saber cuándo podría llevarles mi coche.

Voz: — Dígame qué quiere que le hagamos.

Cliente: — Necesita una revisión completa y un cambio de aceite. También me gustaría ponerle un radiolector de CD. ¿Cuánto tiempo cree usted que echarían en hacerlo todo?

Voz: — Tendría usted que dejarnos el coche un día entero. Si trae el coche el jueves a mediodía, podría usted recogerlo el sábado por la mañana; los del taller se ocuparían de él las tardes del jueves y del viernes. ¿Cómo dice? ¿No puede traerlo el jueves? ¿El viernes tampoco? En ese caso, tendría usted que esperar hasta el martes que viene.

Observez

- L'emploi du pronom **lo** :
hacerlo todo (l. 10), *tout faire.*
- L'*article défini* devant les jours de la semaine :
el jueves… (l. 12), *jeudi*…

Sachez que...

La seule compagnie espagnole d'automobiles est la *S.E.A.T.* (Sociedad Española de Automóviles de Turismo). Les marques françaises ont, par ailleurs, des filiales en Espagne.

À la recherche d'un garage

Au téléphone.

Voix : — *Ateliers López : carrosserie, peinture, mécanique et électricité de l'automobile, que désirez-vous ?*

Client : — *Je voudrais savoir quand je pourrais vous apporter ma voiture.*

Voix : — *Dites-moi ce qu'il faut lui faire [ce que vous voulez que nous lui fassions].*

Client : — *Elle a besoin d'une révision générale et d'une vidange. J'aimerais aussi y faire installer un radio-lecteur de CD. À votre avis, combien de temps vous faudra-t-il pour tout faire ?*

Voix : — *Il vous faudrait nous laisser la voiture toute une journée. Si vous l'apportez jeudi midi, vous pourrez la reprendre samedi matin. Les ouvriers s'en occuperaient jeudi et vendredi après-midi. Comment ? Vous ne pouvez pas l'apporter jeudi ? Vendredi non plus ? Dans ce cas-là vous devrez [devriez] attendre jusqu'à mardi prochain.*

Vocabulaire

● El c**o**che, *la voiture*

el malet**e**ro, *le coffre*
el embr**a**gue, *l'embrayage*
dar m**a**rcha atr**á**s, *faire marche arrière*
la c**a**ja de c**a**mbios, *la boîte de vitesses*
llen**a**r el dep**ó**sito de gasol**i**na, *faire le plein d'essence*
el parabr**i**sas, *le pare-brise*
el fr**e**no, *le frein*

LE CONDITIONNEL

Le conditionnel, tout comme le futur (cf. Leçon 17), se construit à l'aide de l'auxiliaire **haber**. Pour former ce temps verbal, il vous suffit d'ajouter à l'infinitif du verbe les terminaisons de l'imparfait de l'indicatif du verbe **haber**.

	Ocupar	Traer	Escribir
1.	ocupar**ía**	traer**ía**	escribir**ía**
2.	ocupar**ías**	traer**ías**	escribir**ías**
3.	ocupar**ía**	traer**ía**	escribir**ía**
4.	ocupar**íamos**	traer**íamos**	escribir**íamos**
5.	ocupar**íais**	traer**íais**	escribir**íais**
6.	ocupar**ían**	traer**ían**	escribir**ían**

Attention !
Les verbes qui présentent une irrégularité au futur conservent cette irrégularité au conditionnel :

	Venir		Querer		Hacer	
	futur	condition-nel	futur	condition-nel	futur	condition-nel
1.	vend**ré**	vend**ría**	querr**é**	querr**ía**	har**é**	har**ía**
2.	vend**rás**	vend**rías**	querr**ás**	querr**ías**	har**ás**	har**ías**
3.	vend**rá**	vend**ría**	querr**á**	querr**ía**	har**á**	har**ía**
4.	vend**re-mos**	vend**ría-mos**	querr**e-mos**	querr**ía-mos**	har**emos**	har**íamos**
5.	vend**réis**	vend**ríais**	querr**éis**	querr**íais**	har**éis**	har**íais**
6.	vend**rá**	vend**rían**	querr**án**	querr**ían**	har**án**	har**ían**

	Poder		Poner		Decir	
1.	pod**ré**	pod**ría**	pond**ré**	pond**ría**	di**ré**	di**ría**
2.	pod**rás**	pod**rías**	pond**rás**	pond**rías**	di**rás**	di**rías**
3.	pod**rá**	pod**ría**	pond**rá**	pond**ría**	di**rá**	di**ría**
4.	pod**re-mos**	pod**ríamos**	pond**re-mos**	pond**ría-mos**	di**remos**	di**ríamos**
5.	pod**réis**	pod**ríais**	pond**réis**	pond**ríais**	di**réis**	di**ríais**
6.	pod**rán**	pod**rían**	pond**rán**	pond**rían**	di**rán**	di**rían**

EXERCICES

A. Traduisez

1. Je voudrais savoir si je peux vous *(ustedes)* apporter ma voiture.
2. Pourriez-vous *(usted)* me dire ce qu'il faut lui faire ?
3. Il aimerait installer un autoradio.
4. Combien de temps mettrais-tu à le faire ?
5. Pourriez-vous *(vosotros)* venir mardi prochain ?
6. Il faudrait s'occuper de la voiture de Juan.
7. Je veux que vous fassiez la vidange.

B. Mettez au conditionnel les verbes en italique

1. En ese caso, Juan *tener* que dejarnos el coche.
2. Nosotros *ocuparse* de él.
3. Y vosotros ¿*poder* venir?
4. A ti te *gustar* cambiar de coche.
5. Isabel ha dicho que *hacer* lo posible por venir.

C. Transformez selon le modèle

Dice *que* vendrá. → Ha dicho *que* vendrí*a*.

1. Dicen que no podrán esperar.
2. Dices que te ocuparás de él.
3. Digo que lo dejaré el martes.
4. Decís que pasaréis por el taller.

D. Indiquez le temps des verbes en italique

1. *Tendrás* que esperar hasta el lunes.
2. *Podrían* ponerle un radiocassette.
3. *Iba* al taller.

E. Mettez les phrases suivantes à l'imparfait

1. Necesita una revisión completa.
2. Tiene que traerlo antes del lunes.
3. Voy a recogerlo.

El mantón de Manila

Cliente: — Esta tienda tiene fama por sus mantones de Manila.

Vendedor: — Tenemos un gran surtido en mantones. Este es el más barato. Es de seda con un bordado de flores muy discreto. ¿Quiere probárselo?

Cliente: — Sí, después... ¿me puede traer aquel que está en el escaparate?, ...No, ése, no..., el que tiene estas mismas flores combinadas con pájaros. Es curioso, visto de cerca, éste no me parece tan bonito; los flecos son demasiado largos.

Vendedor: — ¿Quiere usted que le traiga otros modelos? Ahora mismo se los traigo, (...) Antonio ¿puedes pasarme ese mantón que está a tu izquierda? gracias. *(A la cliente.)* Mire, es el último modelo que hemos recibido. Observe lo primoroso del bordado y la calidad del tejido.

Cliente: — Sí que es bonito, vamos a ver qué tal me queda.

Observez

L'ordre des pronoms compléments : ¿**quiere probárselo?** (l. 5), *voulez-vous l'essayer ?* ; **se los traigo** (l. 13), *je vous les apporte.*

Sachez que...

Vous le savez, Manille est la capitale des Philippines, mais peut-être ignorez-vous que ces îles ont été une colonie espagnole jusqu'à la fin du XIXᵉ siècle, et qu'elles doivent leur nom à un roi d'Espagne (Philippe II).

Le châle de Manille

Cliente : — *Cette boutique est réputée pour ses châles de Manille.*

Vendeur : — *Nous avons un grand choix de châles. C'est le moins cher. Il est en soie avec une broderie de fleurs très discrète. Voulez-vous l'essayer ?*

Cliente : — *Oui, tout à l'heure. Pouvez-vous m'apporter celui qui est en vitrine, … non pas celui-là, … celui qui a ces mêmes fleurs [combinées] avec des oiseaux (…) C'est curieux, vu de près, celui-ci ne me semble pas aussi joli ; les franges sont trop longues.*

Vendeur : — *Voulez-vous que je vous montre d'autres modèles ? Je vous les apporte immédiatement (…) Antonio, peux-tu me passer ce châle qui est sur ta gauche ? Merci.* (S'adressant à la cliente :) *Voilà, c'est le dernier modèle que nous ayons [avons] reçu. Observez la finesse de la broderie et la qualité du tissu.*

Cliente : — *C'est vrai qu'il est joli, voyons comment il me va.*

Vocabulaire

● *Quelques tissus, objets et vêtements :*

la seda, *la soie*
la lana, *la laine*
el algodón, *le coton*
el terciopelo, *le velours*
la peineta, *le peigne* (barrette)
la mantilla, *la mantille*
un abrigo, *un manteau*
un pañuelo, *un foulard* ou *un mouchoir*
una falda de volantes, *une jupe à volants*

LES DÉMONSTRATIFS

Pour désigner un être ou une chose, dans l'espace ou dans le temps, l'espagnol peut adopter trois attitudes selon que cet être ou cette chose est plus ou moins proche de lui *(ici, là, là-bas)*.

1. S'il considère que l'être ou la chose est proche de lui (ici), il utilisera l'une des formes suivantes :

este	estos	esta	estas

Esta tienda tiene fama. *Cette boutique*(-ci) *est réputée.*

2. S'il considère que l'être ou la chose est plus proche de son interlocuteur que de lui (là), il utilisera l'une des formes suivantes :

ese	esos	esa	esas

¿Puedes pasarme ese mantón? *Peux-tu me passer ce châle*(-là) ?

3. S'il considère que l'être ou la chose est très éloigné de lui (là-bas), il utilisera l'une des formes suivantes :

aquel	aquellos	aquella	aquellas

Aquel mantón es muy bonito. *Ce châle* (là-bas) *est très joli.*

Adjectifs et pronoms démonstratifs :
Les mêmes formes peuvent être soit adjectif, soit pronom, selon qu'elles sont ou non suivies d'un nom. Mais attention, les pronoms portent un accent écrit, pas les adjectifs :
Éste es muy bonito. *Celui-ci est très joli.*
Este mantón es muy bonito. *Ce châle-ci est très joli.*

A. Traduisez

1. Le moins cher, c'est celui-ci.
2. Dans cette boutique, il y a un grand choix de châles.
3. Celui-ci est en soie, celui-là est en coton.
4. Peux-tu m'apporter celui qui est en vitrine ?
5. Celui-ci me plaît davantage.
6. Il vous (usted) va très bien.
7. Je vous (usted) l'apporte immédiatement.
8. Avez-vous (usted) vu la finesse de la broderie ?

B. Transformez selon le modèle

Este mantón *es muy bonito*. → Éste es *muy bonito*.

1. Aquel vestido es de seda.
2. Esos zapatos son de piel.
3. Aquellas faldas son demasiado anchas.
4. Esta tienda es muy barata.

C. Ajoutez le démonstratif qui convient en vous aidant des indications entre parenthèses

1. … (ici) mantón es muy bonito, pero … (là-bas) me gusta más.
2. Prefiero ir a … (là) tienda porque en … (ici) no tienen tanto surtido.
3. … (là-bas) vendedor es más simpático que … (ici).

D. Conjuguez les verbes en italique selon les indications données

1. *Poder* (tú, conditionnel) probarte éste.
2. Le *traer* (yo, présent) aquel.
3. *Estar* (él, imparfait) en el escaparate.

E. Transformez chaque impératif négatif en un impératif affirmatif

1. No te pruebes ése.
2. No le presentéis aquel.
3. No miren éste.

¿Qué pasó?

En la comisaría de policía.

Agente: — Bueno, señora, cuénteme lo que pasó.

Señora: — Yo estaba mirando tan tranquila los escaparates cuando llegó este joven y me preguntó si había visto pasar a una chica vestida de azul. Yo le contesté que no. El me dio las gracias y empezó a atravesar la calle. De repente, una moto que venía a toda velocidad se subió a la acera. Al principio creí que lo había hecho para no atropellar a este joven, pero cuando pasó a mi altura, el que iba en el asiento trasero alargó la mano y me quitó el bolso de un tirón. Yo entonces empecé a gritar. Los vecinos salieron a la calle; aquel señor, el de la gorra, les cortó el camino. Los sinvergüenzas, al verse acorralados, huyeron abandonando la moto. Yo eché a correr detrás de ellos, pero se me perdieron entre la gente. Ya había perdido la esperanza de pescarlos cuando me encontré con ése que está ahí. Estaba en un zaguán y tenía el bolso en las manos.

Observez

- La valeur de **tan** : **tan tranquila** (l. 3), *bien tranquille.*
- La valeur de **este** : **este joven** (l. 4 et 10), *ce jeune homme.*
- La forme progressive : **estaba mirando** [j'étais regardant] (l. 3), *j'étais en train de regarder.*

Sachez que...

La maîtrise de l'espagnol passe aussi par l'apprentissage de certaines expressions particulières qu'il est impossible de traduire mot à mot :
Ex. : **quitar de un tirón** (enlever d'un coup sec), *arracher.*

Que s'est-il passé ?

Au commissariat.

L'agent : — Bon, racontez-moi ce qui est arrivé, madame.

La femme : — Je regardais bien tranquillement les vitrines lorsque ce jeune homme est arrivé et m'a demandé si j'avais vu passer une jeune fille vêtue de bleu. Je lui ai répondu que non ; il m'a remerciée et s'est mis à traverser la rue. Soudain, une moto qui venait à toute vitesse est montée sur le trottoir. Au début, j'ai cru qu'elle l'avait fait pour ne pas heurter ce jeune homme, mais quand elle est passée à ma hauteur, celui qui était sur le siège arrière a allongé le bras et m'a arraché mon sac. Moi alors je me suis mise à crier. Les voisins sont sortis dans la rue ; ce monsieur, celui à la casquette, leur a barré la route. Ces vauriens, dès qu'ils ont vu qu'ils étaient cernés, ont pris la fuite en abandonnant la moto. Moi je me suis lancée à leur poursuite, mais je les ai perdus dans la foule. J'avais perdu tout espoir de les rattraper lorsque je me suis trouvée face à celui qui est là. Il était dans un hall d'entrée et il avait mon sac dans les mains.

Vocabulaire

• *Quand… :*

al principio, *au début*
después, *après*
al final, *à la fin*
de repente, *súbitamente, tout d'un coup, subitement*
entonces, *alors*
luego, *après*
al mismo tiempo, *à la fois, en même temps*

GRAMMAIRE

LE PASSÉ SIMPLE

Il se forme de la façon suivante :

	Pasar	Perder	Subir
1.	pas**é**	perd**í**	sub**í**
2.	pas**aste**	perd**iste**	sub**iste**
3.	pas**ó**	perd**ió**	sub**ió**
4.	pas**amos**	perd**imos**	sub**imos**
5.	pas**asteis**	perd**isteis**	sub**isteis**
6.	pas**aron**	perd**ieron**	sub**ieron**

Contrairement au français le passé simple espagnol est utilisé de façon courante.

Pour exprimer une action passée, vous disposez donc maintenant de trois temps de base : l'imparfait, le passé composé et le passé simple. Comment choisir entre les trois ?

● Passé composé ou passé simple ?
Si, pour quelque raison que ce soit, vous considérez que l'action passée a un lien avec le présent, vous utiliserez le passé composé :
He empezado este año a estudiar español.
J'ai commencé à étudier l'espagnol cette année.

Si, par contre, vous considérez que cette action n'a plus aucun lien avec le présent, utilisez le passé simple :
Empecé en septiembre a estudiar español.
J'ai commencé [je commençai] *en septembre à étudier l'espagnol.*

● Passé simple ou imparfait ?
Si l'action était en train de s'accomplir vous utiliserez l'imparfait ; si elle est achevée et sans rapport avec le présent, utilisez le passé simple :
Cuando llegó este joven, yo estaba mirando los escaparates.
Quand ce jeune homme arriva, moi j'étais en train de regarder les vitrines.

A. Traduisez

1. Tu regardais bien tranquillement les vitrines.
2. Il lui répondit qu'il ne l'avait pas vu.
3. Soudain la moto monta sur le trottoir.
4. Alors ils m'arrachèrent mon sac.
5. Vous *(usted)* vous êtes mis à crier.
6. Au début je crus qu'ils allaient heurter ce jeune homme.

B. Mettez au passé simple les verbes en italique

1. Cuando *lleguen* estos jóvenes, les *preguntaré* la hora.
2. Tú les *has dado* la hora.
3. *Empezábamos* a atravesar la calle.
4. Al principio *creíais* que os iba a atropellar.

C. Mettez le verbe à la personne indiquée

1. Usted pensó (tú) que no se subiría a la acera.
2. Ustedes les dieron (vosotros) las gracias.
3. Empecé a gritar (nosotros).
4. Pasó (yo) por esta calle.
5. Llegué (él) un poco tarde.

D. Transformez selon le modèle

He pensado *que no* podré *venir*. → Pensé *que no* podría *venir*.

1. Le hemos avisado que pasaremos.
2. Le has preguntado si vendrá.
3. Habéis pensado que tendremos mucho equipaje.

E. Transformez selon le modèle

Dice *que no* es *él*. → Dijo *que no* era *él*.

1. Dice que le ha robado el bolso.
2. Dice que venís a toda velocidad.
3. Dice que empiezas mañana.

¡Defiéndete!

Agente: — Bueno, joven, ¿qué puede usted decir en su defensa?

Joven: — Agente, esta señora está confundida. El que le robó su bolso no fui yo. Yo salía de mi casa cuando un chico que pasaba corriendo me tiró un bolso vacío y me dijo: «Toma, un regalo para ti». Fue tan deprisa que no tuve tiempo de contestarle, ni siquiera pude verle la cara. Salí corriendo, pero no pude alcanzarlo.

Entonces hice lo que haría cualquier persona sensata. Abrí el bolso. En ese momento vino esta señora hecha una furia. Me trató de ladrón. Yo quise contarle lo sucedido pero no hubo modo de convencerla. Estuvo a punto de pegarme. Pidió ayuda a estos señores que me agarraron y me trajeron aquí, pero yo le juro, señor policía, que soy inocente.

Un testigo: — Oiga, agente, a mí me parece que este chico tiene razón; que me perdone esta señora, pero el de la moto era rubio y este es calvo.

Observez

- La valeur du pronom **ti** : **para ti** (l. 7), *pour toi*.
- La structure **tan... que** : **tan deprisa que** (l. 8), *si vite que*.
- La construction : **lo sucedido** (l. 15), *ce qui est arrivé*.
- La construction : **el de la moto** (l. 22), *celui à la moto*.

Sachez que...

La constitution espagnole prévoit la possibilité de recourir à un « médiateur » qui a pour rôle de défendre le citoyen face à l'administration : **el defensor del Pueblo**, *le défenseur du peuple*.

Défends-toi !

L'agent : — *Alors, jeune homme, que pouvez-vous dire pour votre défense ?*

La femme : — *Eh bien, monsieur l'agent, cette dame fait erreur. Ce n'est pas moi qui ai volé son sac. Je sortais de chez moi, lorsqu'un garçon qui passait en courant m'a lancé un sac vide et m'a dit : « Tiens, un cadeau pour toi. » Il est parti si vite que je n'ai pas eu le temps de lui répondre, je n'ai même pas pu voir son visage. Je me suis mis à courir, mais je n'ai pas pu le rattraper.*

Alors j'ai fait ce que ferait toute personne sensée, j'ai ouvert [j'ouvris] le sac. C'est ce que j'étais en train de faire lorsque cette dame est arrivée comme une furie. Elle m'a traité de voleur. J'ai voulu lui raconter ce qui s'était passé, mais elle ne m'a pas écouté, il n'y a pas eu moyen de la convaincre. Elle a failli me frapper… Elle a demandé de l'aide à ces messieurs qui m'ont attrapé et m'ont amené ici, mais je vous jure, monsieur le policier, que je suis innocent.

Un témoin : — *Écoutez, monsieur l'agent, il me semble que ce jeune homme a raison ; que cette dame m'excuse, mais celui à la moto était blond alors que celui-ci est chauve.*

Vocabulaire

• *Quelqu'un* ou *personne* :
cualqu**ie**ra, *quiconque, n'importe qui*
alguien, *quelqu'un*
todo el m**u**ndo, *tout le monde*
n**a**die, *personne, nul*
alg**u**nos, *certains*
los dem**á**s, *les autres*
c**a**da **u**no/**u**na, *chacun, chacune*
un don n**a**die, *un pauvre bougre qui joue les messieurs*
una cualqu**ie**ra, *une femme de petite vertu*

GRAMMAIRE

LE PASSÉ SIMPLE

Certains verbes présentent une irrégularité au passé simple.
Cette irrégularité réapparaîtra à l'imparfait du subjonctif.

	Dar	Decir	Estar	Ir
1.	**di**	**dije**	**estuve**	**fui**
2.	diste	dijiste	estuviste	fuiste
3.	dio	dijo	estuvo	fue
4.	dimos	dijimos	estuvimos	fuimos
5.	disteis	dijisteis	estuvisteis	fuisteis
6.	dieron	dijeron	estuvieron	fueron

	Haber	Hacer	Poder	Poner
1.	**hube**	**hice**	**pude**	**puse**
2.	hubiste	hiciste	pudiste	pusiste
3.	hubo	hizo	pudo	puso
4.	hubimos	hicimos	pudimos	pusimos
5.	hubisteis	hicisteis	pudisteis	pusisteis
6.	hubieron	hicieron	pudieron	pusieron

	Querer	Ser	Tener	Venir
1.	**quise**	**fui**	**tuve**	**vine**
2.	quisiste	fuiste	tuviste	viniste
3.	quiso	fue	tuvo	vino
4.	quisimos	fuimos	tuvimos	vinimos
5.	quisisteis	fuisteis	tuvisteis	vinisteis
6.	quisieron	fueron	tuvieron	vinieron

Attention !
Les passés simples des verbes **ser** et **ir** sont parfaitement identiques. Seul le contexte vous permet de les distinguer.

Fue a Madrid. *Il alla à Madrid.*
Fue el mejor. *Il fut le meilleur.*

A. Traduisez

1. Ce ne fut pas moi, cette dame se trompe.
2. Tu partis si vite que je n'eus pas même le temps de te parler.
3. Nous ne pûmes pas voir son visage.
4. Ils lui dirent qu'ils étaient innocents.
5. Vous *(vosotros)* ne sûtes pas la convaincre.
6. Il n'y eut pas moyen de lui parler.
7. Vous *(usted)* voulûtes lui raconter ce qui était arrivé.

B. Mettez au passé simple les verbes en italique

1. *Estaba* a punto de pegarme.
2. *Haces* lo que haría cualquiera.
3. No *tengo* tiempo.
4. ¿*Es* usted el que *ha robado* el bolso?

C. Transformez les phrases selon les indications

1. Me puse a correr. (tú)
2. ¿Le dijiste que eras inocente? (usted)
3. No quiso escucharme. (ellos)
4. Usted le dio el bolso. (nosotros)
5. No pudimos hacer nada. (yo)
6. Estuviste a punto de convencerla. (vosotros)

D. Transformez selon le modèle

Dice *que no* es *él*. → Dijo *que no* fue *él*.
1. Le dices que sales corriendo.
2. Os decimos que no tenemos tiempo.
3. Te digo que no puedo alcanzarlo.

E. Indiquez le temps de chaque verbe en italique

1. *He pedido* ayuda a estos señores.
2. *Estaba* en el zaguán.
3. *Podría* contarme lo que *pasó*.

De fiesta

Felipe: — Anoche me preguntaron por ti en casa de Juan. Quisimos preparar una fiesta y pensamos contar contigo para la música, pero como no estabas, me la propusieron a mí. Yo les dije que mi lector de CD no era tan bueno como el tuyo, pero Juan me hizo comprender que daría el apaño. A propósito, a él le propusimos que se encargara de las bebidas, pero no hubo medios, prefirió compartir conmigo la ambientación musical.

Carlos: — ¿Y dónde va a tener lugar la fiesta?

Felipe: — Pues ése es el problema, que no hemos podido ponernos de acuerdo. Cuando planteamos el asunto, todos empezaron a escurrir el bulto. Unos decían: «en mi casa, no, ¿por qué no en la tuya?», otros: «vuestro apartamento tiene un salón muy espacioso... el nuestro está en obras». Total, que acabamos por telefonear a los Martínez; tienen una casa nueva y su salón es muy grande.

Observez

● La structure **tan... como** :
tan bueno como el tuyo (l. 5), *aussi bon que le tien*.
● La forme **conmigo** :
conmigo (l. 9), *avec moi*.
● Les expressions :
escurrir el bulto (l. 14), *se défiler* ; **dar el apaño** (l. 6 et 7), *faire l'affaire*.

Sachez que...

Anciennement foire agricole, la *feria* est devenue aujourd'hui une fête que l'on célèbre dans les villes et les villages. La *feria de Séville* (avril) est la plus importante et la plus renommée.

En fête

Felipe : — *Hier soir, chez Juan, on m'a demandé de tes nouvelles. Nous avons voulu préparer une fête et nous avons pensé à toi pour la musique. Mais comme tu n'étais pas là, c'est à moi qu'on l'a proposé. Je leur ai dit que mon lecteur de CD n'était pas aussi bon que le tien, mais Juan m'a fait comprendre qu'il ferait l'affaire. À propos de Juan, nous avons voulu qu'il se charge de la boisson, mais pas moyen, il a préféré s'occuper avec moi de la musique.*

Carlos : — *Et où va avoir lieu cette [la] fête ?*

Felipe : — *C'est bien là le problème, nous n'avons pas pu nous mettre d'accord. Quand nous avons posé la question, ils ont tous commencé à se défiler. Les uns disaient : « pas chez moi, pourquoi pas chez toi ? », les autres : « votre appartement a un salon très vaste, le nôtre est en travaux ». Bref, nous avons fini par téléphoner aux Martínez, ils ont une nouvelle maison et leur salon est très grand.*

Vocabulaire

• ¡Adelante con los tambores! *En avant la musique !*

un equipo estereofónico, *une chaîne stéréophonique*
un magnetófono, *un magnétophone*
un lector de CD, *un lecteur de CD*
un CD, *un CD*
una cinta magnetofónica, *une cassette*

GRAMMAIRE

LES ADJECTIFS POSSESSIFS

Il existe en espagnol deux séries d'adjectifs possessifs.

Série I :	1	2	3	4	5	6
Singulier	mi	tu	su	nuestro/a	vuestro/a	su
Pluriel	mis	tus	sus	nuestros/as	vuestros/as	sus

Les adjectifs de la première série se placent toujours avant le nom qu'ils déterminent et s'accordent en nombre (ou en genre et en nombre : 4e et 5e personnes) avec ce nom.

Es mi amigo. Es mi casa.
Son nuestros amigos. Son nuestras casas.

Série II :	1	2	3	4	5	6
Masc. sing.	mío	tuyo	suyo	nuestro	vuestro	suyo
Masc. plur.	míos	tuyos	suyos	nuestros	vuestros	suyos
Fém. sing.	mía	tuya	suya	nuestra	vuestra	suya
Fém. plur.	mías	tuyas	suyas	nuestras	vuestras	suyas

– Contrairement aux précédents, les adjectifs de cette seconde série se placent toujours après le nom qu'ils déterminent.

– Ils s'accordent en genre et en nombre avec ce nom :
El lector de CD es mío. La casa es tuya.

LES PRONOMS POSSESSIFS

Les pronoms possessifs ont les mêmes formes que les possessifs de la série II, mais ils sont précédés d'un article défini.

M.s. : el mío, el tuyo, el suyo, el nuestro, el vuestro, el suyo.

M.p. : los míos, los tuyos, los suyos, los nuestros, los vuestros, los suyos.

F.s. : la mía, la tuya, la suya, la nuestra, la vuestra, la suya.

F.p. : las mías, las tuyas, las suyas, las nuestras, las vuestras, las suyas.

Tu lector de CD es mejor que el mío.

A. Traduisez

1. Son lecteur de CD n'est pas aussi bon que le tien.
2. Pedro m'a demandé de tes nouvelles.
3. Il fera l'affaire.
4. Nous vous *(vosotros)* avons chargés des boissons.
5. Son salon est aussi grand que le nôtre.
6. Votre *(usted)* maison est en travaux.

B. Complétez avec l'adjectif possessif, selon les indications

1. ¿Quieres que te preste … (yo) lector de CD?
2. ¿Crees que podremos celebrar la fiesta en … (vosotros) salón?
3. … (nosotros) casa está en obras.
4. Los Martínez nos prestarán … (ellos) casa.
5. … (tú) CD son más recientes que los míos.

C. Transformez selon le modèle

Es *mi lector de CD*. → Es el mío.

1. Son *nuestras fotografías*.
2. *Su casa* tiene un gran salón.
3. *Tu apartamento* es muy pequeño.
4. ¿Por qué no contestas a *mi pregunta*?
5. *Nuestra puerta* está abierta.

D. Conjuguez le verbe en italique selon les indications données

1. Nosotros *encargarse* (futur) de la música.
2. Cuando usted *poder* (présent du subjonctif) prepararemos la fiesta.
3. Nosotros le *proponer* (passé simple) venir a casa.
4. Ellos no *conseguir* (passé composé) ponerse de acuerdo.

E. Passez du vouvoiement au tutoiement

1. ¿Pueden ustedes prestarnos sus CD?
2. Usted se encargará de las bebidas.
3. ¿Y por qué no en su casa? Usted tiene un apartamento muy grande.

Al salir del concierto

Dos amigos hablan de música española, al salir del concierto de un famoso guitarrista español.

Juan: — ¿Has visto qué maestría? Parecía como si acariciara las cuerdas. A mí me hubiera gustado que tocara un poco más, pero al final parecía cansado.

Miguel: — Quizás lo estuviera, porque acaba de llegar de Atenas donde dio un concierto ayer. Es una pena que la guitarra clásica española no esté a la altura de la flamenca.

Juan: — ¡Hombre, no digas eso! ¡Si te oyeran...! ¿No has oído hablar de Narciso Yépez? ¡No sabes cuánto me gustaría que lo vieras tocar! El año pasado tocó en Nîmes un concierto sensacional. Si hubieras asistido a ese concierto, no dirías lo que has dicho.

Miguel: — No era mi intención que te molestaras...

Juan: — ¡Que no, hombre, que no!; me encantaría que me acompañaras el martes que viene a un recital de nanas de Falla para piano y voz.

Observez

- Le sens de **tocar** :
me gustaría que lo vieras tocar (l. 13), *j'aimerais que tu le voies jouer* [toucher].
- L'emploi de l'imparfait du subjonctif :
si te oyeran (l. 11), *si l'on t'entendait*.
- L'emploi du plus-que-parfait du subjonctif :
si hubieras asistido (l. 15), *si tu avais assisté*.

Sachez que...

Le *flamenco*, que l'on désigne aussi sous le nom de *cante jondo*, « chant profond », n'est pas, contrairement aux idées reçues, une musique gaie. Il est l'expression tragique de l'âme d'un peuple.

À la sortie du concert

Deux amis parlent de musique espagnole à la sortie du concert d'un célèbre guitariste espagnol.

Juan : — *As-tu vu cette maîtrise ? C'était comme s'il caressait les cordes. Moi, j'aurais aimé qu'il joue un peu plus, mais sur la fin, il semblait fatigué.*

Miguel : — *Peut-être l'était-il parce qu'il vient de rentrer [arriver] d'Athènes où il a donné un concert hier. Il [c'est] est dommage que la musique classique espagnole ne soit pas à la hauteur du flamenco.*

Juan : — *Allons, ne dis pas ça ! Si on t'entendait... ! Tu n'as pas entendu parler de Narciso Yépez ? Tu n'imagines pas combien j'aimerais que tu le voies jouer. L'année dernière il a donné [il donna] à Nîmes un concert sensationnel. Si tu avais assisté à ce concert, tu n'aurais pas dit ce que tu as dit.*

Miguel : — *Oh, je ne voulais pas te froisser...*

Juan : — *Pas du tout, pas du tout ; je serai ravi que tu m'accompagnes mardi prochain à un récital de berceuses de Falla pour piano et voix.*

Vocabulaire

● Instrumentos... *des instruments...*
u**na flau**ta, *une flûte*
un ob**ó**e, *un hautbois*
un viol**í**n, *un violon*
un la**ú**d, *un luth*
un clarin**e**te, *une clarinette*
u**na gai**ta, *une cornemuse*
u**na** bandol**i**na, *une mandore*
● melod**í**as... *des airs...*
u**na na**na o **u**na canci**ó**n de c**u**na, *une berceuse*
u**na** albor**a**da o **u**na seren**a**ta, *une aubade*
● y conj**u**ntos... *et des ensembles...*
las **tu**nas : *groupes d'étudiants qui chantent en s'accompagnant d'instruments à cordes le plus souvent.*

GRAMMAIRE

L'IMPARFAIT DU SUBJONCTIF

Il se forme à partir de la 3e personne du pluriel du passé simple de l'indicatif (cf. leçon 25).

		Tocar	Ver	Salir
Passé simple	3	toc**aron**	vi**eron**	sal**ieron**
Subjonctif imparfait	1	toc**ara**	vi**era**	sal**iera**
	2	toc**aras**	vi**eras**	sal**ieras**
	3	toc**ara**	vi**era**	sal**iera**
	4	toc**áramos**	vi**éramos**	sal**iéramos**
	5	toc**arais**	vi**erais**	sal**ierais**
	6	toc**aran**	vi**eran**	sal**ieran**

Attention !
– Les verbes qui présentent une irrégularité au passé simple la conserveront à l'imparfait du subjonctif.
  Decir : dije (passé simple), **dijera** (imparfait du subjonctif).

– À l'imparfait du subjonctif, tout comme au passé simple, les verbes **Ir** et **Ser** ont des formes identiques (cf. leçon 26).

● Valeur
Si en français l'imparfait du subjonctif a presque disparu de la langue parlée, en espagnol, il est employé de façon courante.

● Deux emplois spécifiques
– Après *si* pour exprimer une hypothèse passée.

Si hubieras asistido al concierto, no dirías eso.
Si tu avais assisté au concert, tu ne dirais pas cela.

– Après **como si** pour exprimer une comparaison passée.
Parecía como si acariciara las cuerdas.
C'était comme s'il caressait les cordes.

Dans ces deux cas, le français utilise un temps de l'indicatif.

A. Traduisez

1. J'aurais aimé que tu le voies jouer, c'était comme s'il caressait les cordes.
2. Nous ne voulions pas *(ustedes)* vous froisser.
3. Elle serait ravie si tu l'accompagnais.
4. Si vous *(vosotros)* aviez assisté au concert, vous comprendriez.

B. Mettez les verbes en italique à l'imparfait du subjonctif

1. Si no *estar* (él) tan cansado, tocaría un poco más.
2. Hablaba de música como si *ser* (él) un músico.
3. Si lo *oír* (tú), no dirías eso.
4. Si me *acompañar* (usted), me alegraría mucho.
5. Hablas como si no *haber* (tú) asistido al concierto de Nîmes.
6. Me gustaría que *ver* (ustedes) un cuadro de Goya.

C. Mettez les verbes en italique à l'imparfait de l'indicatif et les verbes soulignés à l'imparfait du subjonctif

1. No *quiero* que te molestes.
2. No *creo* que venga.
3. *Queremos* que nos acompañéis.
4. *Es* una pena que esté cansado.
5. *Quiero* que toques un poco más.

D. Choisissez le verbe qui convient

1. No *(has, tienes)* oído hablar de él.
2. *(Está, Es)* dando un concierto en Nîmes.
3. *(He, Tengo)* que asistir al concierto.
4. *(Estamos, Somos)* sus amigos.

E. Choisissez la forme verbale qui convient

1. Me *(encantaría, encantarían)* ir al concierto.
2. Nos *(ha gustado, han gustado)* los cantes flamencos.
3. ¿No os *(interesa, interesan)* la música?
4. ¿A ustedes, ¿qué les *(parece, parecen)* el guitarrista?

¿Dónde está el libro de reclamaciones?

Una familia de cuatro miembros llega a un motel, un anochecer en pleno mes de agosto; pide dos habitaciones dobles. Les contestan que sólo queda una doble y una sencilla y les proponen que los niños duerman en la habitación pequeña. Como están cansados, deciden quedarse; tienen sacos de dormir, el hijo mayor dormirá en el suelo y el más pequeño en la cama. Al día siguiente, les cobran el precio de dos habitaciones dobles. Descontentos, piden el libro de reclamaciones. He aquí lo que escribieron:

«Una familia de cuatro miembros llegó a un motel, un anochecer en pleno mes de agosto; pidieron dos habitaciones dobles. Les contestaron que sólo quedaban una doble y una sencilla y les propusieron que los niños durmieran en la habitación pequeña; como estaban cansados, decidieron quedarse; tenían sacos de dormir, el hijo mayor dormiría en el suelo y el más pequeño en la cama. Al día siguiente, les cobraron el precio de dos habitaciones dobles. Descontentos, pidieron el libro de reclamaciones.»

Observez

- La valeur de **sólo** avec accent graphique :
sólo queda una doble (l. 3), *il reste seulement une chambre double.*
- L'absence de préposition :
deciden quedarse (l. 5 et 6), *ils décident [de] rester.*

Sachez que...

Les étoiles sont attribuées aux hôtels par les Communautés Autonomes. Les critères d'attribution (superficie, confort) varient donc d'une région à l'autre de l'Espagne.

Où est le livre des réclamations ?

Une famille de quatre personnes arrive à un motel un soir en plein mois d'août ; ils demandent deux chambres doubles. On leur répond qu'il ne reste qu'une chambre double et une simple et on leur propose de faire dormir les enfants dans la petite chambre. Comme ils sont fatigués, ils décident de rester ; ils ont des sacs de couchage, le fils aîné dormira par terre et le plus petit prendra le lit. Le lendemain on leur fait payer le prix de deux chambres doubles. Mécontents, ils demandent le livre des réclamations. Voici ce qu'ils y ont écrit :

« Une famille de quatre personnes est arrivée à un motel un soir en plein mois d'août, ils ont demandé deux chambres doubles. On leur a répondu qu'il ne restait qu'une chambre double et une simple et on leur a proposé de faire dormir les enfants dans la petite chambre ; comme ils étaient fatigués, ils ont décidé de rester ; ils avaient des sacs de couchage, le fils aîné dormirait par terre et le plus petit prendrait le lit. Le lendemain, on leur fit payer le prix de deux chambres doubles. Mécontents, ils ont demandé le livre des réclamations. »

Vocabulaire

Parallèlement aux trois moments de la journée : la mañana – la tarde – la noche (cf. leçon 4), il existe trois étapes de transition :
el amanecer, *le lever du jour, le petit matin*
el atardecer, *la tombée du jour*
el anochecer, *la tombée de la nuit*

LA CONCORDANCE DES TEMPS

Puisqu'en français l'imparfait du subjonctif ne s'emploie plus guère (cf. leçon 28), il est extrêmement rare que la concordance des temps soit respectée.

Prenons un exemple :
Il faut (prés. de l'indicatif) *qu'il le fasse* (prés. du subj.).

Si vous souhaitez mettre cette phrase à l'imparfait, vous direz :
Il fallait (imparfait de l'indicatif) *qu'il le fasse* (prés. du subj.). et non pas :
Il fallait qu'il le fît (imparfait du subjonctif).

Mais puisqu'en espagnol l'imparfait du subjonctif est toujours en vigueur, il vous faut respecter cette concordance.

Au présent, vous direz :
Es necesario que lo haga.

et au passé :
Era necesario que lo hiciera.

TABLEAU RÉCAPITULATIF

PRINCIPALE	SUBORDONNÉE	EXEMPLES
Indicatif	*Subjonctif*	
Présent	Présent	**Les aconsejan que duerman.**
Futur	Présent	**Les aconsejarán que duerman.**
Passé composé	Présent	**Les han aconsejado que duerman.**
	ou	ou
	Imparfait	**Les han aconsejado que durmieran.**
Imparfait	Imparfait	**Les aconsejaban que durmieran.**
Passé simple	Imparfait	**Les aconsejaron que durmieran.**
Conditionnel	Imparfait	**Les aconsejarían que durmieran.**

A. Traduisez

1. Je suis arrivé au motel à la tombée de la nuit.
2. Il voulait une chambre simple mais il ne restait qu'une chambre double.
3. Ils t'ont proposé de dormir.
4. Mécontent, vous (usted) avez demandé le livre des réclamations.
5. Nous voulions que tu viennes nous voir.

B. Choisissez le temps qui convient

1. Quieren que los niños *(vayan, fueran)* con ellos.
2. Es menester que lo *(acompañes, acompañaras)*.
3. Le gustó que *(vuelvas, volvieras)*.
4. Te dirá que te *(quedes, quedaras)*.
5. Me gustaría que me *(prestes, prestaras)* tu libro.
6. No quiero que te *(vayas, fueras)*.
7. Será menester que *(vuelvas, volvieras)* pronto.
8. Le dije que nos *(llame, llamara)* a las ocho.

C. Mettez le premier verbe à l'imparfait de l'indicatif et appliquez, pour le deuxième, la concordance des temps

1. No me gusta que seas imprudente.
2. Quiere que le contestes.
3. Les ha propuesto que duerman en la habitación doble.
4. Os aconsejó que aceptarais
5. Le dice que vuelva.

D. Vous tiendrez compte de la concordance des temps pour conjuguer le verbe en italique

1. Quiero que me *dar* (usted) el libro de reclamaciones.
2. Te proponía que lo *acompañar* (tú).
3. Nos encantaría que *quedarse* (vosotros) a dormir.
4. No le gustaría que lo *molestar* (tú).
5. Te desearía que *tener* (tú) mucha suerte.

Encuentro entre el lector y el autor

Este es nuestro trigésimo encuentro. Lo aprovecho para felicitarte por tu perseverancia.

Estas primeras lecciones han sido pensadas para proporcionarte lo indispensable del español; son una especie de botiquín de primeros auxilios que debes llevar siempre contigo. Verifica su contenido de vez en cuando, por si acaso. Si, al realizar los ejercicios de revisión te has dado cuenta de que no has comprendido algo, no vaciles en volver atrás. Más vale tarde que nunca.

A partir de la lección siguiente trabarás conocimiento con Amélie Maheut, una joven que va a pasar una temporada en España. Viajarás con ella. Las situaciones por las que vas a pasar te permitirán desarrollar y profundizar tus conocimientos en español.

Voy a perdirte un favor: a partir de ahora me gustaría que intentaras comprender directamente el texto español. No utilices la traducción hasta el final, para asegurarte de que lo que has comprendido es lo correcto.

Observez

Les différentes valeurs de la forme **lo** :
– **lo aprovecho** (l. 1), *j'en* (de cette rencontre) *profite*.
– **lo indispensable** (l. 4), *ce qui est indispensable*, les bases de l'espagnol.
– **lo que has comprendido es lo correcto** (l. 18), *ce que tu as compris est ce qui est correct.*

Sachez que...

Vous devez apprendre par cœur ces expressions :
de vez en cuando, *de temps en temps* ;
por si acaso, *au cas où.*

Rencontre entre le lecteur et l'auteur

Voilà notre trentième rencontre, j'en profite pour te féliciter pour ta persévérance.

Ces premières leçons ont été conçues pour te fournir les bases indispensables de l'espagnol ; elles représentent une sorte de trousse de première urgence que tu dois toujours avoir avec toi. Vérifie son contenu de temps à autre, au cas où. Si, en faisant les exercices de révision, tu t'es rendu compte que tu n'as pas compris quelque chose, n'hésite pas à revenir en arrière. Mieux vaut tard que jamais.

À partir de la leçon suivante, tu feras connaissance avec Amélie Maheut, une jeune femme qui va passer quelque temps en Espagne. Tu voyageras avec elle. Les situations que tu vas vivre te permettront de développer et d'approfondir tes connaissances en espagnol.

Je vais te demander un service : à partir de maintenant, j'aimerais que tu tentes de comprendre directement le texte espagnol, et de n'utiliser la traduction qu'à la fin, pour t'assurer que ce que tu as compris était correct.

Vocabulaire

Il existe en espagnol deux verbes *demander* : pe**di**r et pregunt**a**r. Comment choisir entre l'un et l'autre ?

- Si le verbe *est suivi d'un nom* et :
- s'il s'agit de demander un renseignement (l'heure, la date, votre âge, votre adresse, etc.), on emploiera **preguntar**.
- s'il s'agit de demander un service (argent, voiture, la main de quelqu'un, etc.), vous emploierez **pedir**.

  Voy a preguntar la hora que es.
  Voy a pedir el coche a Juan.

(à suivre)

GRAMMAIRE

LA PRÉPOSITION *DE*

Elle sert à exprimer :
– la provenance, l'origine :
  Soy de Paris. (Cf. leçon 1.)
– la matière :
  un pantalón de pana, *un pantalon de velours*.
– un trait caractéristique :
  el hombre de la gorra, *l'homme à la casquette*.

Omission de la préposition *de* :

Estas situaciones te permitirán desarrollar tus conocimientos. *Ces situations te permettront* de *développer tes connaissances.*

Alors qu'en français, dans certains cas vous utiliserez la préposition *de* pour introduire un infinitif complément, en espagnol, en revanche, cette préposition est inutile.

Emploi spécifique :

En français, l'utilisation de la préposition *de* est fonction de la nature du complément :

– s'il s'agit d'un nom, vous l'emploierez :
Tu t'es rendu compte *de* la difficulté.

– s'il s'agit d'une phrase, vous ne l'emploierez pas :
Tu t'es rendu compte que c'est difficile.

En espagnol, en revanche, l'emploi de la préposition est indépendant de la nature du complément :
Te has dado cuenta *de* **la dificultad**.
Te has dado cuenta *de* **que es difícil**.

EXERCICES

A. Traduisez
1. C'est notre trentième rencontre. Tu en profites pour le féliciter.
2. Ces leçons doivent vous *(vosotros)* fournir les bases indispensables de l'espagnol.
3. Nous pouvons revenir en arrière de temps en temps.
4. Il se rend compte qu'il a compris toutes les leçons.
5. Elle a fait connaissance avec toi.
6. Tu lui demandes un service.
7. Vous *(ustedes)* tentez de comprendre le texte espagnol.

B. Choisissez le verbe qui convient
1. Nos *(preguntó, pidió)* la dirección de Amélie.
2. Me *(preguntaste, pediste)* la dirección de Amélie.
3. Os *(pregunto, pido)* la hora que es.
4. Te *(preguntan, piden)* la edad que tienes.

C. Complétez en ajoutant la préposition *de* ou *de que*
1. Me doy cuenta … la dificultad.
2. Me doy cuenta … es difícil.
3. Estás contento … llegada.
4. Estás contento … haya llegado.
5. Se asegura … lo ha comprendido todo.

D. Mettez les phrases suivantes à l'imparfait (il vous faudra tenir compte de la concordance des temps)
1. Le pido que intente comprender directamente el texto español.
2. Te aconsejo que verifiques su contenido.
3. Quiere que vuelvas atrás de vez en cuando.
4. Es menester que profundice sus conocimientos.

E. Mettez les phrases au temps indiqué
1. A partir de esa lección trabarás *(passé composé)* conocimiento con ella.
2. Se da *(passé composé)* cuenta de todo.
3. Lo intento *(futur)* por si acaso.
4. Vacilarás *(imparfait)* en volver atrás.

Amélie en el consulado de España

Antes de salir para España, donde piensa pasar un año, Amélie ha ido al consulado, a arreglar los papeles. Al llegar, se dirige a una ventanilla.

Amélie: — Por favor, ¿me podría decir cuáles son los trámites que tengo que hacer para pasar un año en España?

Empleado: — Debe solicitar un permiso. La solicitud es diferente según lo que vaya a hacer en España; si va a trabajar, es necesario que entregue en el consulado una copia del contrato de trabajo; si trabaja para una multinacional, será menester que nos lo pruebe.

Amélie: — Yo voy a estudiar, solamente.

Empleado: — En ese caso, tráiganos el resguardo de la matrícula; necesitará también un certificado de ingresos mínimos superiores a 500 € mensuales... Vamos, no ponga esa cara, no es tan complicado. Es verdad que es engorroso, pero no hay otro remedio. Hay que pasar por ello.

Amélie: — ¿Me puede decir lo que significa «*engorroso*»? Aún no comprendo muy bien el español.

Observez

• L'absence d'article devant les noms des pays :
salir para España (l. 1), *partir pour l'Espagne.*
• La valeur de **cuáles** :
cuáles son los trámites (l. 4 et 5), *quelles sont les démarches.*

Sachez que...

Après une parenthèse de près d'un demi-siècle, l'Espagne est redevenue une monarchie (1975). Sachez également que le roi Juan Carlos de Borbón est un descendant de Louis XIV.

Amélie au consulat d'Espagne

Avant son départ pour l'Espagne, où elle pense passer un an, Amélie est allée au consulat, afin d'établir un dossier. En arrivant, elle se dirige vers un guichet.

Amélie : — *S'il vous plaît, pourriez-vous me dire quelles sont les démarches que je dois faire pour passer un an en Espagne ?*

Employé : — *Vous devez faire une demande. Cette demande est différente selon ce que vous allez faire en Espagne ; si vous allez y travailler, il faut que vous remettiez au consulat un double du contrat de travail ; si vous travaillez pour une multinationale, il faudra nous le prouver.*

Amélie : — *J'y vais simplement pour suivre des études.*

Employé : — *Dans ce cas-là, apportez-nous le récépissé de votre inscription, il vous faudra aussi un certificat prouvant que vous disposez d'un revenu mensuel minimum supérieur à 500 €... Allons, ne faites pas cette tête, ce n'est pas si compliqué. Il est vrai que c'est pénible, mais c'est la seule solution. Il faut en passer par là.*

Amélie : — *Pouvez-vous me dire ce que signifie « engorroso » ? Je ne comprends pas encore très bien l'espagnol.*

Vocabulaire

• ¡Documentación... por favor! *Papiers... s'il vous plaît !* :

el pasaporte, *le passeport*
el permiso de residencia, *la carte de séjour*
la carta de trabajo, *la carte de travail*
el carnet de conducir, *le permis de conduire*
el documento nacional de identidad (D.N.I.), *la carte d'identité*
(aussi appelée « **carnet de identidad** »).

L'OBLIGATION

Comme nous vous l'avons signalé, l'espagnol distingue deux cas selon que l'*obligation* est *personnelle* ou *impersonnelle*.

Dans la leçon 15 nous vous avons proposé des structures qui faisaient appel à des infinitifs. Dans cette leçon, nous vous en proposons d'autres qui se construisent non pas avec des verbes à l'infinitif mais avec des verbes au subjonctif :

– **Ser** (troisième personne du singulier) **necesario que** + verbe au subjonctif :

Es necesario que entregue una copia.

– **Ser** (troisième personne du singulier) **menester que** + verbe au subjonctif :

Será menester que nos lo pruebe.

– **Ser** (troisième personne du singulier) **preciso que** + verbe au subjonctif :

Es preciso que obtenga un visado.

| Attention !
| Ces structures sont soumises à la concordance des temps
| (cf. leçon 29).

Es necesario que le *hables*. **Era necesario que le** *hablaras*.

Es necesario que *entregue* **una copia. Fue necesario que** *entregara* **una copia.**

TABLEAU RÉCAPITULATIF

Obligation personnelle	
Tener que + infinitif	**Tengo que solicitar un visado.**
Deber + infinitif	**Debo solicitar un visado.**
Ser necesario + subjonctif	**Es necesario que solicite uno.**
Ser preciso + subjonctif	**Es preciso que solicite uno.**
Ser menester + subjonctif	**Es menester que solicite uno.**
Obligation impersonnelle	
Hay que + infinitif	**Hay que solicitar un visado.**

A. Traduisez

1. Avant ton départ pour Madrid, tu dois aller au consulat.
2. Dites-moi *(ustedes)* quelles sont les démarches qu'il faut faire.
3. Il est nécessaire que nous fassions une demande d'autorisation.
4. Il faudra que vous *(vosotros)* nous remettiez un double.
5. Ne faites pas *(ustedes)* cette tête.
6. J'aurai besoin d'un certificat.
7. Il était indispensable que je lui parle.
8. L'autorisation est différente selon ce que tu vas faire.

B. Choisissez la forme qui convient

1. Es necesario que me *(des, dieras)* un resguardo.
2. Fue menester que *(solicites, solicitaras)* un permiso.
3. Era preciso que *(vaya, fuera)* al Consulado.
4. Será menester que le *(entregue, entregara)* una copia.

C. Choisissez la forme qui convient

1. *(Es, Era)* necesario que pases por el Consulado.
2. *(Será, Fue)* menester que le hablaras.
3. *(Es, Fue)* preciso que le digas lo que vas a hacer.
4. *(Será, Era)* indispensable que le entregaras el pasaporte.

D. Transformez selon le modèle

Hay que *preguntar*. (Mañana : *demain*.)
→ Habrá que *preguntar*.
1. Es preciso que le digas lo que vas a hacer. (Ayer : *hier*.)
2. Fue menester que solicitaras un permiso. (Hoy : *aujourd'hui*.)

E. Transformez selon le modèle

Debes solicitar un permiso. → Tienes que solicitar un permiso. → Es necesario que solicites un permiso.
1. Debisteis volver al día siguiente.
2. Deberás entregar una copia.
3. Debemos ir a Madrid.
4. Debéis acompañar a Amélie.

Lo mejor es el avión

Amélie: — No creo que pueda irme antes de finales de mes. Ya he hecho los trámites en el consulado, pero aún no he recibido el permiso.

Maryse: — ¿Cómo te vas a ir? A mí me han hablado de unos autobuses que salen de París, paran en Madrid y van hasta Algeciras. ¿Por qué no tomas el autobús? Tarda casi tanto como el tren y no cuesta tan caro.

Amélie: — Digas lo que digas, un viaje en autobús es mucho más agotador que un viaje en tren; en el tren, una puede levantarse y estirar las piernas de vez en cuando. No cabe duda de que es más cómodo, sobre todo para los viajes largos.

Maryse: — ¿Y por qué no tomas el avión? Es el medio de transporte que menos inconvenientes tiene. A mí es el que más me gusta.

Amélie: — No sé. En avión no te permiten llevar el equipaje que quieres, además los aeropuertos suelen estar lejos de las ciudades; también hay que tener en cuenta el precio del billete.

Observez

● La valeur de **aún** :
aún no he recibido el permiso (l. 3), *je n'ai pas* encore *reçu l'autorisation*.

● L'emploi et la valeur de **una** :
una puede levantarse (l. 11), *on peut se lever*.

Sachez que...

Les expressions suivantes sont à apprendre par cœur :
Digas lo que digas : *Quoi que tu en dises, tu diras ce que tu voudras.*
Estirar la pata (familier) : *Passer l'arme à gauche, casser sa pipe.*
Estirar las piernas : *Se dégourdir les jambes.*

Le mieux c'est l'avion

Amélie : — *Je ne crois pas que je puisse m'en aller avant la fin du mois. Les démarches au consulat sont faites mais je n'ai pas encore reçu l'autorisation.*

Maryse : — *Comment pars-tu ? On m'a parlé de certains autocars qui partent de Paris, font un arrêt à Madrid et vont jusqu'à Algeciras. Pourquoi ne prends-tu pas l'autobus ? Ça met presque autant de temps que le train et ça ne coûte pas aussi cher.*

Amélie : — *Quoi que tu en dises, un voyage en autocar est bien plus fatigant qu'un voyage en train ; dans le train on peut se lever et se dégourdir les jambes de temps en temps. C'est plus confortable, ça ne fait aucun doute, surtout lorsque les voyages sont longs.*

Maryse : — *Et pourquoi ne prends-tu pas l'avion ? C'est le moyen de transport qui présente le moins d'inconvénients. Moi, c'est celui que je préfère.*

Amélie : — *Je ne sais pas. En avion, on ne te permet pas d'emmener les bagages que tu veux, et en plus, les aéroports sont souvent loin des villes ; il faut aussi tenir compte du prix du billet.*

Vocabulaire

● Los medios de transporte : *les moyens de transport.*

¡Al coche! *En voiture !*
en bicicleta, *à vélo*
en moto, *à moto*
en coche, *en voiture*
en autobús, *en autobus*
en tren, *en train*
en barco, *en bateau*
En el coche de San Fernando, un poquito a pie y otro caminando.
Dans la voiture de Saint-Ferdinand, un p'tit peu à pied et un p'tit peu en marchant.

LES COMPARATIFS

En espagnol, comme en français, les comparatifs se répartissent de la façon suivante :
supériorité ; égalité ; infériorité.

Si votre comparaison porte sur un adjectif (ou un adverbe) :

	comparatifs	exemples
supériorité	**más… que…**	el avión es más caro que el tren.
égalité	**tan… como…**	el tren es tan cómodo como el autobus.
infériorité	**menos… que…**	el autobús es menos rápido que el tren

Si votre comparaison porte sur un nom :

	comparatifs	exemples
supériorité	**más… que…**	tiene más tiempo que yo
égalité	**tanto/a/os/as…**	tiene tanto tiempo como yo
infériorité	**como…**	tiene menos tiempo que yo
	menos… que…	

Attention !
Certains comparatifs sont irréguliers :
mejor : *meilleur*
mayor : *plus grand(e).*
peor : *pire*
menor : *plus petit(e)*

LES SUPERLATIFS

	superlatifs	exemples
supériorité	**más**	El medio de transporte más caro.
		El más caro. El que más caro es.
infériorité	**menos**	El medio de transporte menos incómodo. El menos incómodo. El que menos incómodo es.

Attention !
Les superlatifs ne sont jamais précédés d'un article.
El medio *más* **caro.** *Le moyen* le *plus cher.*

EXERCICES

A. Traduisez
1. *Il n'a pas encore reçu le visa.*
2. *L'autocar met autant de temps que le train.*
3. *Le voyage en train est aussi fatigant que le voyage en autocar.*
4. *L'avion est plus cher que le train.*
5. *L'autocar coûte moins cher que le train.*
6. *C'est le voyage le plus agréable.*
7. *C'est le moins confortable et le plus cher.*

B. Complétez en ajoutant le comparatif qui convient
1. *Juan lo ha visto … veces … tú. (égalité)*
2. Usted viaja … … él. *(supériorité)*
3. Tenemos … tiempo … vosotros. *(infériorité)*
4. El viaje a Madrid es … largo … el viaje a Roma. *(égalité)*

C. Transformez selon le modèle
El tren más rápido. → *El más rápido ; el tren que es más rápido ; el que más rápido es.*
1. El autocar más incómodo.
2. Los viajes más agradables.
3. El coche menos seguro.
4. El barco menos peligroso.

D. Passez du tutoiement au vouvoiement
1. ¿Cómo te vas a ir?
2. ¿Y por qué no tomáis el tren?
3. Puedes levantarte de vez en cuando.

E. Passez du vouvoiement au tutoiement
1. ¿No ha recibido usted el permiso?
2. A ustedes les cuesta menos.
3. En autobús, usted se agotará mucho.

¿Cómo reservar una habitación?

1. Carta para reservar habitación.

París, 8 de mayo de 20…

Muy señor mío:

Por la presente le ruego me reserve una habitación individual, con baño, para el día 13 de junio. Me gustaría que dicha habitación fuera lo más tranquila posible, pues pienso pasar una temporada en Madrid y es mi intención quedarme en su pensión hasta el día 28 de junio.

Llegaré sobre las cinco de la tarde. Esperando confirmación de la reserva, le saluda atentamente:

Amélie Maheut

2. Reservar habitación por teléfono.

—¿Oiga? ¿Pensión La Estrella? Quisiera una habitación para dos personas, con baño.

—¿Para cuando la quiere?

—Para el día 13 de junio y pienso quedarme hasta el 28.

—Muy bien. Dígame su nombre y apellidos.

—Oiga, ¿me puede decir el precio de la habitación?

—Claro que sí; 60 Euros por noche, desayuno incluido.

Observez

● L'en-tête : **Muy señor mío**, (l. 3), *Monsieur*.
● La formule de politesse : **le saluda atentamente** (l. 10), *veuillez agréer*. Remarquez la tournure impersonnelle : « *vous salue A.M.* »

Sachez que...

Los Paradores nacionales sont des hôtels luxueux aménagés dans des demeures historiques. Ils dépendent du ministère du Tourisme.

Comment réserver une chambre ?

1. Lettre de réservation.

Paris, le 8 mai 20...

Monsieur,

Je vous prie par la présente de bien vouloir me réserver une chambre simple, avec bain, pour le 13 juin. J'aimerais que cette chambre soit le plus tranquille possible, car je pense séjourner quelque temps à Madrid et mon intention est de rester dans votre pension jusqu'au 28 juin.

J'arriverai vers cinq heures de l'après-midi. En attendant la confirmation de cette réservation, veuillez agréer l'expression de mes salutations distinguées.

Amélie Maheut

2. Faire une réservation par téléphone.

— Allô ? La pension La Estrella ? Je voudrais une chambre pour deux personnes, avec bain.
— Pour quand la voulez-vous ?
— Pour le 13 juin et je pense rester jusqu'au 28.
— Très bien. Votre nom [dites-moi votre prénom et vos noms] ?
— Attendez, pouvez-vous me dire le prix de la chambre ?
— Naturellement ; 60 euros la nuit, petit déjeuner compris.

¿Cómo reservar una habitación? • Comment réserver une chambre ?

Vocabulaire

• ¡A la cama! *Au lit !*

la pensión, *la pension*
el hotel, *l'hôtel*
el motel, *le motel*
el hostal, *l'auberge*
… et partout vous verrez écrit CAMAS *(lits).*

GRAMMAIRE

LES NOMBRES

• Unités

uno	cinco	nueve	trece	diez y siete (diecisiete)
dos	seis	diez	catorce	diez y ocho (dieciocho)
tres	siete	once	quince	diecinueve…
cuatro	ocho	doce	diez y seis (dieciséis)	

Attention !
Entre les dizaines et les unités, il vous faut utiliser la conjonction y.
Ex. : treinta y dos.

• Dizaines

diez	cuarenta	setenta
veinte	cincuenta	ochenta
treinta	sesenta	noventa

• Centaines

cien	cuatrocientos, as	setecientos, as
doscientos, as	quinientos, as	ochocientos, as
trescientos, as	seiscientos, as	novecientos, as

Attention !
On dit cien, *mais on dit* ciento uno, ciento dos, ciento tres.

LA DATE

Pour dire la date, il vous faudra indiquer :

• *le jour de la semaine :* **lunes, martes, miércoles, jueves, viernes, sábado o domingo** ;

• puis le *chiffre* qui correspond au *jour du mois ;*

• *le mois de l'année*, que vous ferez précéder de la préposition **de** : **enero, febrero, marzo, abril, mayo, junio, julio, agosto, septiembre, octubre, noviembre y diciembre ;**

• *l'année*, précédée de la préposition **de** :
[**Lunes, 29 de marzo de 2007.**]

A. Traduisez

1. Madrid, le trois février 2007.
2. Monsieur,
   Il vous prie de lui réserver trois chambres, avec bain, pour le trente septembre.
3. Tu aimerais que la chambre soit le plus tranquille possible.
4. Notre intention est de rester quinze jours.
5. Vous *(usted)* arrivez le onze décembre et vous restez jusqu'au quatre janvier.
6. Pour quand voulez-vous la chambre ?
7. Peux-tu me dire le prix ?
8. Soixante euros la nuit, petit déjeuner compris.

B. Écrivez en toutes lettres les nombres suivants

3	6	15	22	70	593
9	11	18	34	98	784
7	13	19	60	153	900

C. Écrivez en toutes lettres les dates suivantes

lundi 10 février 1923.
vendredi 15 avril 1955.
samedi 29 juin 1986.
dimanche 9 décembre 2007.

D. Choisissez le temps qui convient

1. Me gusta que la habitación *(sea, fuera)* tranquila.
2. Le aconsejó que se *(quede, quedara)* hasta el 28.
3. ¿Quieres que lo *(llamemos, llamáramos)* por teléfono?
4. Le rogaste que te *(reserve, reservara)* una habitación.

E. Mettez le verbe au temps indiqué

1. Pienso *(imparfait)* pasar una temporada en Madrid.
2. ¿Para cuándo la quieres? *(futur)*.
3. Alquilamos *(passé composé)* una habitación doble.
4. ¿Pudo *(présent)* decirte el precio?

En la estación de ferrocarriles

Amélie ha ido a comprar el billete y reservar el asiento. El empleado la informa sobre los trenes que hacen el recorrido.

Empleado: — El «Talgo» es un tren de coches-cama. En cada cabina hay una o dos camas y un lavabo. Se puede cenar y desayunar en el tren, puesto que tiene un vagón-restaurante.

Tambíen puede usted viajar en el «Puerta del Sol», se trata de un expreso, con literas; en cada compartimento hay seis literas. Hay compartimentos para fumadores y para no fumadores.

Amélie: — Estoy pensando que iré en tren hasta Hendaya, donde tengo amigos, así aprovecho para hacerles una visita. Al día siguiente, cruzaré la frontera a pie, lo que me hace mucha ilusión y tomaré el tren en Irún. Déme un billete de segunda Paris-Madrid, y la reserva en un compartimento para no fumadores, solamente hasta Hendaya.

Observez

La valeur de **así** :
así aprovecho (l. 17 et 18), *comme ça, j'en profite.*

Sachez que...

L'Espagne étant un pays très montagneux (le second pays d'Europe le plus montagneux après la Suisse), l'extension du réseau ferroviaire suppose de lourds investissements. Cela étant, un effort de modernisation important a été réalisé ces dernières années.

À la gare (des chemins de fer)

Amélie est allée acheter son billet et réserver sa place. L'employé l'informe sur les trains qui effectuent le trajet [Paris-Madrid].

Employé : — *Le « Talgo » est un train-couchettes. Dans chaque cabine, il y a un ou deux lits et un lavabo. On peut dîner et prendre le petit déjeuner dans le train puisqu'il y a un wagon-restaurant. Vous pouvez aussi prendre le « Puerta del Sol » ; il s'agit d'un express avec couchettes ; il y a six couchettes par compartiment. Il y a des compartiments fumeurs et d'autres non-fumeurs.*

Amélie : — *Je pense que j'irai en train jusqu'à Hendaye, où j'ai des amis, et comme ça j'en profiterai pour leur rendre visite. Le lendemain, je passerai la frontière à pied, j'en ai très envie... et je reprendrai le train à Irún. Donnez-moi un billet de seconde Paris-Madrid et la réservation jusqu'à Hendaye dans un compartiment non-fumeurs.*

Vocabulaire

- **Mu**chos **po**cos **ha**cen un **mu**cho. *Trois fois rien... c'est quelque chose*

nada, *rien*	**al**guien, *quelqu'un*
todo, *tout*	**na**die, *personne*
algo, *quelque chose* ou *un peu*	**ca**da, *chaque*

> **Attention !**
> *Chacun sait*, **to**dos **sa**ben.

GRAMMAIRE

OMISSION DE L'ARTICLE

Observez les phrases suivantes :
– **un tren con literas**, *un train avec des couchettes.*
– **se podrá viajar en trenes rápidos**, *on pourra voyager dans des trains rapides.*
– **En Hendaya tengo amigos**, *à Hendaye j'ai des amis.*

Les partitifs français *(du, de la, des)* ne se traduisent pas en espagnol. Ainsi, pour dire : *donne-moi* du *pain*, vous direz : **dame pan** ; *j'ai* des *amis*, **tengo amigos**.

En revanche, lorsqu'il s'agit de dire une certaine quantité (qui reste indéfinie) et non pas la partie d'un tout, vous emploierez l'article indéfini. Ainsi, il n'est pas rare d'entendre **dame** unos **melocotones** *(donne-moi quelques pêches)*, dans la bouche de la ménagère qui s'adresse au marchand de fruits ; l'avare vous dira que : **tiene un dinero ahorrado** *(il a quelque argent épargné)*, et l'ami qui s'ennuie vous demandera : **préstame unas revistas, por favor** *(prête-moi quelques revues, s'il te plaît)*.

| **Attention !**
L'article indéfini **un** ne s'emploie **JAMAIS** devant **otro** (autre).

Quiero otro billete, *je veux un autre billet.*

LES QUANTIFICATIFS

Poco : *peu*   **Mucho :** *beaucoup*
Bastante : *assez*   **Demasiado :** *trop*

– S'ils se rapportent à un **verbe**, ils **ne s'accordent jamais** :
Duerme mucho, demasiado, poco. *Il dort beaucoup, trop, peu.*

– S'ils se rapportent à un nom, ils s'accordent soit en nombre (**bastante**), soit en nombre et en genre (**poco, demasiado**) :
Me hace mucha ilusión. *J'en ai très envie.*
Tiene bastantes vacaciones. *Il a assez de vacances.*

A. Traduisez

1. Il faut réserver les places.

2. Vous *(usted)* pouvez dîner dans le « Talgo ».

3. Le «Puerta del Sol» a des couchettes.

4. Nous préférons voyager dans des compartiments non-fumeurs.

5. Elle a des amis à Madrid.

6. Il y a des trains plus rapides que d'autres.

7. Tu as beaucoup d'amis à Paris.

8. Ils ont assez de temps.

B. Transformez selon le modèle

Tiene poco tiempo (+) *Tiene bastante* tiempo ; *tiene mucho* tiempo ; *tiene demasiado*.

1. Hay demasiados trenes (-)

2. Viajamos poco (+)

3. Hacéis demasiados viajes (-)

C. Faites l'accord si nécessaire

1. (Mucho) trenes hacen este recorrido.

2. Te hace (mucho) ilusión ir a Irún.

3. Hay (bastante) compartimentos para no fumadores.

D. Mettez les verbes en italique à la forme progressive

1. *Compra* un billete.

2. *Viajáis* en un expreso con literas.

3. A las diez *cruzaré* la frontera.

4. *Desayunábamos* en el tren, cuando llegó una mujer.

E. Indiquez pour chaque verbe la personne correspondante

1. *Déme* un billete de segunda.

2. *Reservad* los billetes.

3. *Toma* el Talgo, es más cómodo.

En la estación de ferrocarriles • À la gare (des chemins de fer)

Amélie en la aduana

Amélie sabe que los aduaneros pueden registrarle las maletas. En el prospecto que le han dado en la frontera, se puede leer lo siguiente: «Va usted a pasar la aduana. ¿Conoce sus derechos y obligaciones? ¿Lleva usted tabaco, alcohol o perfumes? Si no es para su consumo personal, tendrá usted que declararlo y pagar eventualmente los correspondientes derechos arancelarios. Consulte en el tablero las cantidades admitidas en franquicia.»

—Documento de identidad, por favor. ¿Qué equipaje lleva usted?

—Llevo esta maleta que está aquí; ese bolso de viaje, ahí, en el suelo. También tengo otro bolso más pequeño, pero no lo veo, ah, allí está. Un momento, por favor. En el bolso sólo llevo libros y unos cuantos objetos de uso personal.

—¿Lleva usted dinero? ¿Objetos de valor?

—Llevo 500 Euros.

Observez

• La structure impersonnelle avec le verbe à la troisième personne du pluriel : **en el prospecto que le han dado en la frontera** (l. 2), *sur le prospectus qu'on* (ils lui ont) *lui a donné à la frontière.*

• La structure **unos cuantos objetos** : (l. 14), *quelques objets.*

Sachez que...

Si l'Espagne a une superficie presque égale à celle de la France, en revanche elle est (elle a toujours été) nettement moins peuplée. La densité de population est d'environ 78 habitants au km².

Amélie à la douane

Amélie sait que les douaniers peuvent fouiller ses valises. Sur le dépliant qu'on lui a donné à la frontière, voici ce qu'on peut lire : « Vous allez passer à la douane. Connaissez-vous vos droits et vos devoirs ? Vous transportez du tabac, de l'alcool ou du parfum ? Si ces marchandises ne sont pas destinées à votre usage personnel, vous devrez les déclarer et éventuellement payer les droits et taxes de douane correspondants. Consultez le tableau où sont indiquées les quantités admises en franchise. »

— *Votre carte d'identité, s'il vous plaît. Et vos bagages ?*

— *J'ai cette valise [qui est] ici ; ce sac de voyage, là, par terre. J'ai aussi un autre sac plus petit mais je ne le vois pas, ah, il est là-bas, un instant, s'il vous plaît. Dans ce sac je n'ai que des livres et quelques objets personnels.*

— *Transportez-vous de l'argent ? Des objets de valeur ?*

— *J'ai 500 euros.*

Vocabulaire

● Las mal**e**tas o el equip**a**je, *les bagages*.

un ba**ú**l, *une malle*
una mal**e**ta, *une valise*
un b**o**lso, *un sac*
una moch**i**la (un mac**u**to), *un sac à dos*
un neces**e**r, *une trousse de voyage*

> **Attention !**
> El equip**a**je, c'est l'ensemble des valises ; *l'équipage* se dit en espagnol la tripulac**ió**n.

GRAMMAIRE

PRONOMS COMPLÉMENTS ET PRÉPOSITIONS

Les pronoms compléments d'objet se répartissent en deux catégories :
– celle des formes pronominales qui s'emploient sans préposition (cf. leçon 6).
– et celle des formes pronominales qui s'emploient précédées d'une préposition.

Voici ces formes :

	pronoms	exemples
1.	mí	**A** *mí* me gusta.
2.	ti	Es un regalo **para** *ti*.
3.	él, ella, usted	Me habló mucho **de** *usted*.
4.	nosotros, nosotras	No te preocupes **por** *nosotros*.
5.	vosotros, vosotras	Viajamos **con** *vosotros*.
6.	ellos, ellas, ustedes	Estamos delante **de** *ustedes*.

Attention !
La préposition **con** implique 3 formes pronominales particulières : **conmigo**, *avec moi* ; **contigo**, *avec toi*. La troisième personne, **consigo**, *avec lui*, est peu usitée. Les formes **con él, con ella** la remplacent de plus en plus.

ADVERBES DE LIEU

À l'occasion de la leçon 24, vous avez pu constater que la situation d'une chose ou d'un être dans l'espace ou dans le temps, était directement liée à la personne qui parlait *(ici, là, là-bas)*. Parallèlement aux adjectifs et pronoms démonstratifs, il existe trois adverbes de lieu qui fonctionnent selon des critères identiques.

ADVERBES	EXEMPLES
Aquí, *ici*	**Esta** maleta que está **aquí**
Ahí, *là*	**Ese** bolso de viaje, **ahí**
Allí, *là-bas*	**Aquel** bolso, **allí**

A. Traduisez

1. Transportes-tu du tabac ou de l'alcool ?
2. Oui, mais c'est pour mon usage personnel.
3. Il n'est pas nécessaire que tu le déclares à la douane.
4. Où sont vos *(usted)* bagages ?
5. Ton sac de voyage est ici, et le mien ?
6. Il est là-bas.
7. Ce sac est pour toi.
8. Venez *(vosotros)* avec moi.
9. Nous, nous aimons beaucoup voyager.

B. Transformez les pronoms en italique selon les indications

1. *A él le* parece más conveniente.
   (deuxième personne du singulier)
2. Quieres viajar *con nosotros*.
   (première personne du singulier)
3. Siempre me habla de *ti*.
   (deuxième personne du pluriel)
4. Este bolso es *para mí*.
   (première personne du pluriel)

C. Choisissez l'adverbe qui convient

1. Dame esa maleta, la que está *(aquí, ahí, allí)*.
2. En aquel banco que está *(aquí, ahí, allí)*.
3. ¿De quién es ese bolso que está *(aquí, ahí, allí)*?

D. Complétez en ajoutant le pronom qui convient

1. A … me parece poco equipaje.
2. A usted … ha gustado mucho.
3. A nosotros … encantaría vivir aquí.
4. A … no te molesta.

E. Mettez les verbes en italique aux temps indiqués

1. ¿*Lleva* (imparfait) usted dinero?
2. ¿Le *enseño* (passé simple) el documento nacional de identidad?
3. *Tienes* (futur) que declararlo.
4. Nos *registran* (passé composé) las maletas.

En el hotel

*Amélie llega a Madrid a eso de las once de la mañana. A
pesar de la hora, decide dirigirse directamente al hotel.
Toma un taxi y le da una dirección.*

Taxista: — Señorita, ya hemos llegado.

Amélie: — ¡Es imposible! ¡Aquí no hay ningún
hotel! ¡Usted se ha equivocado!

Taxista: — Estamos en la calle que usted me indicó.
¿Quiere que la lleve a otra parte?

Amélie: — Espere, voy a mirar en mi agenda, no
vaya a ser que me haya confundido
(…) Lléveme a esta dirección.

En el hotel.

Amélie: — Puesto que estaba en Madrid, he
pasado para ver si, al menos, podía
dejar aquí las maletas.

Recepcionista: — Aunque la habitación no está arreglada,
sígame que voy a enseñársela.

Amélie: — Tiene mucha luz. Yo, con tal de que
no haya ruido, al resto le doy menos
importancia.

Recepcionista: — Me alegro de que le guste. ¿Quiere
hacer el favor de rellenar esta ficha?
Déjeme el pasaporte y yo se la relleno,
si quiere.

Observez

- L'auxiliaire **haber** :
ya hemos llegado (l. 4), *nous sommes arrivés.*
- L'emploi de **dar** :
le doy menos importancia (l. 18 et 19), *j'y attache moins
d'importance.*

Sachez que...

Les taxis espagnols ont une particularité : à chaque ville correspond une couleur. Ainsi, Barcelone : le rouge et le jaune ;
Cordoue : le vert et le blanc, etc.

À l'hôtel

Amélie arrive à Madrid le matin sur le coup de onze heures. Malgré l'heure, elle décide de se rendre directement à l'hôtel. Elle prend un taxi et lui donne une adresse.

Chauffeur : — *Nous sommes arrivés, mademoiselle.*

Amélie : — *C'est impossible ! Il n'y a aucun hôtel ici ! Vous vous êtes trompé !*

Chauffeur : — *Nous sommes à l'adresse que vous m'avez indiquée. Voulez-vous que je vous emmène ailleurs ?*

Amélie : — *Et si je m'étais trompée… on ne sait jamais, attendez, je vais vérifier sur mon agenda (…) Emmenez-moi à cette adresse.*

À l'hôtel.

Amélie : — *Puisque j'étais à Madrid, je suis passée voir si je pouvais au moins laisser mes bagages ici.*

Réceptionniste : — *Bien que la chambre ne soit pas prête, suivez-moi, je vais vous la montrer.*

Amélie : — *Elle est très claire ; moi, du moment qu'il n'y a pas de bruit, j'attache moins d'importance au reste.*

Réceptionniste : — *Je suis ravi qu'elle vous plaise. Voulez-vous avoir l'obligeance de remplir cette fiche ? Laissez-moi votre passeport et je vous la remplirai, si vous le désirez.*

Vocabulaire

● *Rues et boulevards :*

un calle**jó**n, *une impasse*
una call**e**ja, *une ruelle*
una aven**i**da, *une avenue*
un bulev**a**r, *un boulevard*
una pl**a**za, *une place*
un pas**e**o, *une promenade* ; à Barcelone, **u**na r**a**mbla
los pasac**a**lles (de pasar et calle [rue]) : *musique pour les défilés*
est**a**r en un calle**jó**n sin sal**i**da, *être dans une impasse.*

GRAMMAIRE

LA CONCESSION

La phrase concessive exprime conjointement la réalisation d'une action et l'existence d'une circonstance qui logiquement devrait compromettre cette réalisation.

Bien qu'il fasse très froid, il ne met pas de manteau.
Circonstance (A)   Action réalisée (B)

Voici quelques structures qui vous permettront de marquer la concession en espagnol :

● **Aunque**
– Vous le traduirez par *même si*, s'il est suivi du subjonctif.
  Aunque llueva, iré a pasearme.
  Même s'il pleut, j'irai me promener.

L'utilisation du subjonctif dans cette phrase se justifie par le fait que la pluie n'est pas considérée comme une certitude.

– Vous le traduirez par *bien que*, s'il est suivi d'un indicatif.
  Aunque llueve, iré a pasearme.
  Bien qu'il pleuve, j'irai me promener.

Dans cette phrase la pluie est bel et bien une réalité, c'est pourquoi il faut employer l'indicatif.

Aunque accepte donc l'indicatif et le subjonctif.

● **A pesar de** + nom
● **A pesar de que** + phrase
  A pesar de la hora, decide presentarse en el hotel.
  Malgré l'heure, elle décide de se présenter à l'hôtel.

  A pesar de que es tarde, va al hotel.
  Bien qu'il soit tard, il va à l'hôtel.

● **Por muy** + adjectif (ou adverbe) + **que** + subjonctif
Cette construction se traduira en français par la locution *avoir beau*.

  Por muy tarde que llegue, le darán una habitación.
  Elle aura beau arriver tard, on lui donnera une chambre.

A. Traduisez

1. Nous sommes arrivés sur le coup de onze heures.
2. Donne l'adresse au chauffeur, il t'y emmènera.
3. Vous *(vosotros)* vous êtes trompé.
4. Même si votre *(usted)* chambre n'est pas prête, vous pouvez y laisser vos bagages.
5. Bien qu'il soit chauffeur de taxi, il ne connaît pas la ville.
6. Malgré tout, tu t'es trompé.
7. Elle a beau être très claire, elle ne me plaît pas.

B. Transformez selon le modèle

No sé si estará arreglada pero voy a enseñársela
(aunque) → *Aunque no esté arreglada se la enseño.*
1. No tiene pasaporte pero le relleno la ficha. (Aunque)
2. Es clara pero no me gusta. (Por muy…)
3. Hay ruido pero me quedo. (A pesar)

C. Complétez les phrases suivantes en choisissant parmi : *aunque, a pesar, por muy*

1. Decide ir al hotel … de la hora.
2. … sea tarde, se presenta a la recepción.
3. … tarde … sea, pasaremos a verte.
4. … la lluvia, fue al parque.
5. … fuera clara, no le gustaba.

D. Transformez selon le modèle

Aunque no esté arreglada, se instalará.
→ *Aunque no estuviera arreglada, se instalaría.*
1. Aunque sea temprano, irá al hotel.
2. Aunque haya ruido, se quedarán.
3. Aunque no rellenes la ficha, tendrás que dejar el pasaporte.

E. Remplacez le mot en italique par le pronom correspondant

1. *A Juan* no le importa.
2. Rellene *la ficha*, por favor.
3. Dejamos *las maletas* en la habitación.

Visitar museos

Amélie le ha preguntado al portero del hotel si los museos estaban abiertos y éste le ha contestado que sí. También le ha aconsejado que se lleve el pasaporte porque puede servirle.

Ya en la calle, Amélie se dirige a un joven:

—Oye, perdona, ¿me puedes decir dónde está expuesto el *Guernica* de Picasso? Me han dicho que está en el Prado.

—No está en el Prado, sino en el Retiro. ¿Quieres que te acompañe?

—No te molestes, basta con que me indiques cómo ir.

—No es ninguna molestia, es un placer. A decir verdad, yo pensaba ir esta tarde al Retiro.

—¿Sabes cuánto cuesta la entrada?

—Si fueras española, no te costaría nada, pero, al ser extranjera, tendrás que pagar.

—¿Y no hay reducciones para estudiantes?

—¿Eres estudiante? ¡Pues hay que decirlo! Con el carnet de estudiante, la entrada es gratis.

Observez

• L'emploi de la préposition **con** :
basta con que (l. 11), *il suffit que.*

• L'emploi de la structure **al** + infinitif, **al ser extranjera** (le fait d'être étrangère) (l. 15 et 16), *puisque tu es étrangère.*

Sachez que...

Pendant toutes les années de dictature franquiste, *Guernica*, le célèbre tableau de Picasso, a été exposé aux États-Unis. Il n'a regagné l'Espagne qu'avec le retour de la démocratie.

Visiter des musées

Amélie a demandé au portier de l'hôtel si les musées étaient ouverts. Celui-ci lui a répondu par l'affirmative et lui a aussi conseillé d'emporter son passeport parce qu'il pourrait lui être utile.

Une fois dans la rue, Amélie s'adresse à un jeune homme :

— *Eh, excuse-moi, peux-tu me dire où est exposé le* Guernica *de Picasso ? On m'a dit qu'il était au Prado.*

— *Il n'est pas au Prado mais au Retiro. Veux-tu que je t'accompagne ?*

— *Ne te dérange pas. Il suffit que tu me dises comment y aller.*

— *Ça ne me dérange pas du tout, c'est un plaisir. À dire vrai, je pensais aller au Retiro cet après-midi.*

— *Sais-tu combien coûte l'entrée ?*

— *Si tu étais espagnole, ça ne te coûterait rien, mais puisque tu es étrangère, tu devras payer.*

— *Et il n'y a pas de réductions pour les étudiants ?*

— *Tu es étudiante ? Alors il faut le dire ! Avec une carte d'étudiant, l'entrée est gratuite.*

Vocabulaire

● Pint**u**ra y escult**u**ra, *peinture et sculpture*

un pint**o**r, *un artiste peintre*

un pint**o**r de br**o**cha g**o**rda, *[un peintre avec un gros pinceau] : un peintre en bâtiment*

un c**ua**dro, *un tableau* (Attention ! un m**a**rco : *un cadre*)

un l**ie**nzo, *une toile*

un grab**a**do, *une gravure*

un aguaf**ue**rte, *une eau-forte*

un pinc**e**l y **u**na br**o**cha, *un pinceau* (fin) *et un pinceau* (gros)

GRAMMAIRE

L'OPPOSITION

L'opposition, qui est généralement exprimée en français par la conjonction *mais*, peut être exprimée en espagnol soit par **pero**, soit par **no… sino…**

no… sino… met en relation deux propositions de sens contraire :
Está en el Prado.
Está en el Retiro.

Ces deux propositions s'excluent mutuellement : si le *Guernica* est au Retiro, il ne peut pas être au Prado ; **no… sino…** vous permet de dire cette opposition exclusive :

No está en el Prado, sino en el Retiro.
Il n'est pas au Prado mais au Retiro.

> **Attention !**
> Si l'opposition porte sur deux verbes, il faudra ajouter au deuxième membre, **sino**, la particule **que** :
> **No le gusta sino que le encanta.** *Il n'aime pas, il adore.*

Contrairement à **no… sino…,** **pero** marque une opposition qui n'est pas basée sur l'exclusion :
Amélie quiere ver el *Guernica* pero no sabe dónde está expuesto.
Amélie veut voir le Guernica *mais elle ne sait pas où il est exposé.*

Le fait d'ignorer où se trouve le tableau n'exclut en aucune manière qu'on désire le voir.

No… sino… permet une opposition entre deux mots ou deux phrases (en mettant **sino que**), **pero** n'accepte que l'opposition entre deux phrases, jamais entre deux noms.

A. Traduisez

1. Elle voudrait savoir si le Prado est ouvert.
2. Je te conseille d'emporter ta carte d'étudiant.
3. On m'a dit que tu allais te promener.
4. Je ne vais pas me promener mais visiter un musée.
5. Nous n'habitions pas Madrid mais Séville.
6. Si vous *(usted)* étiez étudiant, vous ne paieriez pas.
7. Il est étudiant, mais il n'a pas sa carte.
8. Il suffit que tu le dises.

B. Transformez selon le modèle

Va esta tarde — Va mañana → No va esta tarde sino mañana.

1. Es una molestia — Es un placer.
2. Soy español — Soy argentino.
3. Tenemos hambre — Tenemos sed.
4. Le entregas el pasaporte — Le entregas el carnet de estudiante.

C. Choisissez entre *pero* et *no... sino...*

1. El museo está cerca, ... te acompaño.
2. Pensaba ir hoy ... estaba cerrado.
3. Eres estudiante ... tendrás que pagar.
4. ... nos encontramos en el hotel, ... en la calle.

D. Passez du tutoiement au vouvoiement

1. No te molestes.
2. Sabéis cuanto cuesta la entrada.
3. Si fueras española no te costaría nada.

E. Passez du vouvoiement au tutoiement

1. Perdone, ¿me puede decir dónde está el Prado?
2. ¿Quieren ustedes que los acompañe?
3. Basta con que me indique cómo ir.

En el museo del Prado

Amélie: — ¡Anda! ¡Pero si está cerrado!

Juan: — No, lo que pasa es que los museos abren a las diez, todos los días de diez de la mañana a cinco de la tarde, sin interrupción. (...) Si te interesa, puedes alquilar uno de esos teléfonos portátiles que te servirá de guía a través del Prado. (...) Escucha lo que dice: «El edificio del museo mide cerca de doscientos metros de longitud por cincuenta de anchura. Consta de tres plantas. Su construcción data del siglo XVIII».

Amélie: — ¿Dónde está el cuadro de *Las Meninas*? Cuando una viene al Prado por primera vez, no puede dejar de verlo.

Juan: — Me lo imagino. Ven, subamos a la planta principal. (...) A ver lo que dice tu cacharro: «El cuadro representa el taller de Velázquez. Se ve una gran estancia en toda su profundidad, poblada de personajes que mantienen sus respectivas distancias. De este cuadro ha dicho Monet: "Después de esto, no sé por qué pintamos los demás."»

Observez

- La valeur pronominale de **uno** :
uno de esos teléfonos (l. 5 et 6), *l'un de ces téléphones.*
- La forme neutre du démonstratif **esto** :
después de esto (l. 21 et 22), *après ça.*

Sachez que...

Le Prado (Madrid) est le plus vaste musée espagnol : ses collections (El Greco, Velázquez, Murillo, Zurbarán, Goya...) sont parmi les plus importantes collections européennes.

Au musée du Prado

Amélie : — *Allons bon ! Mais c'est fermé !*

Juan : — *Non, seulement les musées n'ouvrent qu'à dix heures, tous les jours de dix heures du matin à cinq heures de l'après-midi ; sans interruption. (…) Si ça t'intéresse, tu peux louer une de ces cassettes portatives qui te servira de guide à travers le musée. (…) Écoute ce qu'elle dit :*

« L'édifice du musée mesure près de 200 m de long sur 50 m de large. Il se compose de trois étages. Sa construction date du XVIIIᵉ siècle. »

Amélie : — *Où est le tableau des* Ménines *? Quand on vient au Prado pour la première fois, on ne peut pas ne pas le voir.*

Juan : — *Je m'en doute. Viens, montons au premier étage. (…) Voyons un peu ce que dit ton truc :*

« Le tableau représente l'atelier de Vélasquez. On y voit, dans toute sa profondeur, une grande pièce peuplée de personnages qui se tiennent à distance les uns des autres. À propos de ce tableau, Monet a dit : "Après ça, je ne sais plus pourquoi nous nous entêtons à peindre". »

Vocabulaire

● *En long, en large et en travers.*

Por doquier, *partout*
algunas medidas, *quelques mesures*
la altura, *la hauteur*
la longitud, *la longueur*
la anchura, *la largeur*
la profundidad, *la profondeur*

medir, *mesurer*
de altura, *en hauteur*
de longitud, *en longueur*
de anchura, *en largeur*
de profundidad, *en profondeur*
tomar medidas, *prendre des mesures*

GRAMMAIRE

TRADUCTION DE *ON*

L'indéfini *on* peut se traduire en espagnol de trois façons :

– s'il a le sens de *je*, vous le traduirez par **uno** (si vous êtes un homme) ou par **una** (si vous êtes une femme) et vous ferez suivre **uno** ou **una** d'un verbe à la troisième personne du singulier.

Cuando una viene al Prado por primera vez.
Quand on vient au Prado pour la première fois (sous-entendu *je*, c'est-à-dire Amélie).

– s'il a le sens de *nous*, vous le traduirez par un verbe à la première personne du pluriel :
¿Lo llamamos? *On l'appelle ?* (cf. leçon 17)

– s'il a réellement un sens indéfini, vous le traduirez :
● soit par **se** mais, attention, **se** ne sera pas, contrairement à *on*, le sujet de votre phrase :
Se ve un cuadro (se voit un tableau), *on voit un tableau.*
Se ven unos cuadros (se voient des tableaux), *on voit des tableaux.*

Les exemples ci-dessus vous montrent que le verbe ne s'accorde pas avec le pronom **se**, mais avec le nom qui a valeur de sujet en espagnol (en l'occurrence, *tableau* ou *tableaux*) et de complément en français.

● soit par un verbe à la troisième personne du pluriel. C'est le plus haut degré d'indéfinition :
Me han dicho que esta en el Prado.
On m'a dit qu'il est au Prado. (cf. leçon 37)

A. Traduisez

1. Les musées ouvrent tous les jours sauf le mardi.
2. Elles ont loué une de ces cassettes portatives.
3. Il mesure près de 150 mètres de long.
4. Ne t'inquiète pas. Pablo et moi, on t'accompagnera. (on = nous)
5. On m'a dit que *Las Meninas* étaient au premier étage. (on = ils)
6. On ne peut pas tout faire. (on = je masculin)
7. Après ça, on ira voir les tableaux de Goya. (on = nous)

B. Mettez le verbe à la forme qui convient

1. Se (*visitar*, présent) el museo a partir de las diez.
2. Se (*poder*, imparfait) ver cuadros maravillosos.
3. Se (*exponer*, futur) algunos lienzos.
4. Se (*hablar*, passé simple) mucho de esa exposición.
5. Se (*alquilar*, présent) teléfonos portátiles.

C. Transformez selon le modèle

El lunes se publica *el resultado* → *El lunes* publican *el resultado*.
1. Se abre el museo a las diez.
2. Se habla mucho de esa exposición.
3. Aquí se venden reproducciones.
4. En la planta baja se alquilan teléfonos.

D. Transformez selon le modèle

Lo acompaño *al Prado* → Dice que *lo* acompaña *al Prado*.
1. Le presto mi cacharro.
2. No puedo dejar de verlo.
3. No sé por qué pintamos.

E. Indiquez l'infinitif de chaque verbe en italique

1. *Subamos* a la planta principal.
2. *Fue* construido en el siglo XVIII.
3. *Iré* a ver *Las Meninas*.

Orígenes del museo del Prado

En España existía una gran tradición coleccionista de Arte que arrancaba de los RR.CC., especialmente de doña Isabel, cuyo amor por la pintura flamenca era proverbial. Sus sucesores, Carlos V el Emperador, los Felipes II y III, y sobre todo el IV, fueron grandes protectores de las Artes. El reinado de Felipe IV (1605-1665) correspondió con un período de auge de la pintura española conocido bajo el nombre de «Siglo de Oro». Las obras maestras de dicho período, así como las adquisiciones realizadas en Flandes por Rubens permitieron acrecentar las colecciones reales. Por otra parte, las iglesias españolas estaban repletas de retablos, tablas y lienzos. Dichas obras, fruto de adquisiciones y donativos, ornaban, a veces con exceso, capillas, conventos y salas capitulares. Durante la Ilustración, muchísimos conventos fueron secularizados. Sus obras, unidas a las colecciones reales, constituyeron el patrimonio inicial del museo del Prado.

Observez

L'emploi des numéraux avec les noms des rois : Carlos V (lisez : **quinto**), *Felipe II y III y sobre todo el IV* (lisez : **segundo, tercero** y **cuarto**) ; de 1 à 10 vous direz : **primero, segundo, tercero, cuarto, quinto, sexto, séptimo, octavo, noveno y décimo**, après vous direz : **once, doce, trece**…

Sachez que...

Les sigles, en espagnol, sont soumis à la distinction singulier, pluriel. Pour exprimer le pluriel, il suffit de doubler chacune des lettres du sigle. **El R.C. (el Rey Católico)**, *le Roi Catholique*. **Los RR.CC. (los Reyes Católicos)**, *les Rois Catholiques*.

Origines du musée du Prado

Il existait en Espagne une longue tradition de collectionneurs d'œuvres d'art que nous devons aux Rois Catholiques et tout particulièrement à la reine doña Isabel, dont l'amour pour la peinture flamande était proverbial. Leurs successeurs, l'empereur Charles V, Philippe II, III et surtout Philippe IV, furent de grands protecteurs des arts. Le règne de Philippe IV correspondit à une période d'apogée de la peinture espagnole, connue sous le nom de « Siècle d'Or ». Les chefs-d'œuvre de cette période, ainsi que les acquisitions réalisées en Flandre par Rubens, permirent d'accroître les collections royales.

D'autre part, les églises espagnoles regorgeaient de retables, de peintures sur bois et de toiles. Ces œuvres, fruits d'acquisitions ou de donations, ornaient, parfois à l'excès, les chapelles, les cloîtres, les sacristies et les salles capitulaires. Durant le siècle des Lumières, de nombreux couvents furent sécularisés ; leurs œuvres, associées aux collections royales, constituèrent le patrimoine initial du musée du Prado.

Vocabulaire

● *Les arts… et ceux qui les pratiquent :*

la pint**u**ra, *la peinture* ; un pint**o**r, **u**na pint**o**ra
la escult**u**ra, *la sculpture* ; un escult**o**r, **u**na escult**o**ra
la arquitect**u**ra, *l'architecture* ; un *ou* **u**na arquit**e**cto
la literat**u**ra, *la littérature* ; un liter**a**to ou **u**na liter**a**ta
    un escrit**o**r, **u**na escrit**o**ra
la m**ú**sica, *la musique* ; un m**ú**sico, **u**na m**ú**sico
la d**a**nza, *la danse* ; un bailar**í**n, **u**na bailar**i**na
el tall**e**r, *l'atelier de l'artiste* (aussi el est**u**dio)

GRAMMAIRE

TRADUCTION DU RELATIF *DONT*

Le relatif français *dont* se traduira par **cuyo, cuya, cuyos, cuyas**, s'il existe un rapport de possession ou d'appartenance entre l'élément qui précède *dont* et celui qui le suit.

Esta colección se debe a la reina Isabel la Católica, cuyo amor por la pintura flamenca era proverbial.

On doit cette collection à la reine Isabelle la Catholique dont l'amour pour la peinture flamande était proverbial.

Cet « amour », ce goût pour la peinture flamande, est celui de la reine Isabel, en quelque sorte on peut dire qu'il lui appartient.

Prenons encore un exemple :

Velázquez, cuyas obras están expuestas en el museo del Prado, fue el pintor de la Corte.

Vélasquez, dont les œuvres sont exposées au musée du Prado, fut le peintre de la Cour.

Là encore, il existe un rapport d'appartenance entre Vélasquez et les œuvres exposées : ce sont les siennes.

S'il n'existe pas de relation d'appartenance ou de possession entre l'élément qui est situé avant *dont* et l'élément qui est situé après, *dont* se traduira par **del que, de la que, de los que, de las que**.

Los libros de los que tú me has hablado no son interesantes.

Les livres dont tu m'as parlé ne sont pas intéressants.

Attention !

– **cuyo, cuya, cuyos, cuyas** s'accordent en genre et en nombre avec le nom qui suit :

 la reina, c*uyo amor*…

 Velázquez, c*uyas obras*…

– le mot qui suit **cuyo, cuya, cuyos, cuyas** n'est jamais précédé d'article :

La casa, cuyas ventanas están abiertas…

La maison dont les fenêtres sont ouvertes…

L'APOCOPE DE *GRANDE*

L'adjectif **grande** perd sa syllabe finale lorsqu'il est placé devant un nom singulier (féminin ou masculin).

un gran hombre ; *un grand homme*

una gran señora ; *une grande dame*

EXERCICES

Orígenes del museo del Prado • Origines du musée du Prado

A. Traduisez

1. L'empereur Charles V fut un grand protecteur des Arts.
2. Goya, dont les œuvres sont exposées au Prado, fut aussi peintre de la Cour.
3. Ces œuvres constituent le patrimoine du musée.
4. Les églises étaient parfois ornées à l'excès.

B. Transformez selon le modèle

Es una casa grande. → *Es una gran casa.*

1. Es un taller grande.
2. Es una estancia grande.
3. Es un museo grande.
4. Es una ciudad grande.
5. Son unos talleres grandes.
6. Son unas estancias grandes.

C. Faites l'accord si nécessaire

1. Los Reyes Católicos, *cuyo* sucesores fueron grandes protectores de las Artes…
2. Velázquez, *cuyo* taller está representado en *Las Meninas*…
3. La casa, *cuyo* puerta está cerrada…

D. Mettez le verbe à la forme qui convient

1. Luis (*quedarse*, futur) en la sala « Goya ».
2. Nosotros (*verse*, présent) en el Retiro.
3. El (*perderse*, présent) en el Museo.

E. Mettez les phrases suivantes au présent

1. Era menester que lo vieras.
2. Era preciso que le hablaras.
3. Era necesario que fueras.
4. Era indispensable que le avisaras.

De bancos

Amélie busca un banco. Le pregunta a un anciano.

Anciano: — Acompáñeme. Yo también voy al banco.

(En el banco, Amélie deja pasar primero al anciano.)

Empleado: — Don Joaquín, ¿cuánto tiempo sin verlo? ¿Qué le trae por aquí?

Don Joaquín: — Voy a abrir una cuenta corriente para domiciliar los pagos de la luz, del agua y del teléfono. A mi edad uno no está ni para hacer cola en las ventanillas. También quiero abrir una libreta de ahorros a nombre de mi hijo mayor. Ha encontrado trabajo y, como ya es todo un hombre, es menester que se acostumbre a responsabilizarse de sus gastos. ¿Sabe usted si puedo enviar 60 Euros a mi hijo pequeño que está de vacaciones en Benidorm?

Empleado: — Si ha abierto allí una cuenta corriente, se las puede enviar por transferencia. Si no, envíeselas por giro postal o telegráfico; es muy rápido y nada caro. El cartero llevará el dinero hasta el domicilio de su hijo.

Observez

- L'absence d'article : **hacer cola** (l. 9), *faire la queue*.
- La phrase : **como ya es todo un hombre** [comme à présent il est tout un homme] (l. 12 et 13), *puisque désormais c'est un homme accompli*.
- Dans la phrase : A mi edad **uno no está** ni para hacer cola (l. 9), *À mon âge on n'est même plus bon à faire la queue*.
- La structure impersonnelle : **uno** + verbe à la 3ᵉ personne du singulier : **uno no está**…, *on n'est…*
- La structure **estar para (no estar para)**, *être bon (ne pas être bon) à*.

À la banque

Amélie cherche une banque. Elle demande à un vieil homme.

Le vieil homme : — *Accompagnez-moi. Moi aussi, je vais à la banque.*

(À la banque, Amélie laisse passer devant elle le vieil homme.)

L'employé : — *Don Joaquín, il y a bien longtemps qu'on ne vous a pas vu ! Qu'est-ce qui vous amène ?*

Don Joaquín : — *Je viens ouvrir un compte pour prélever [domicilier] les factures d'électricité, d'eau et de téléphone. À mon âge, on n'est même plus bon à faire la queue [aux guichets]. Je veux aussi ouvrir un livret d'épargne au nom de mon fils aîné. Il a trouvé du travail et, puisque désormais c'est un homme accompli [comme à présent il est tout un homme], il est nécessaire qu'il s'habitue à être responsable de ses dépenses. Savez-vous si je peux envoyer 60 euros à mon plus jeune fils qui est en vacances à Benidorm ?*

L'employé : — *S'il a ouvert un compte là-bas, vous pouvez les lui [les = **las**, lui = **se**] envoyer par virement. Sinon, envoyez-les-lui par mandat postal ou télégraphique ; c'est très rapide et pas cher du tout. Le facteur apportera l'argent au domicile de votre fils.*

Vocabulaire

● En el **ba**nco. *À la banque.*

cam**bia**r din**e**ro, *changer de l'argent*
un ca**je**ro auto**má**tico, *un distributeur automatique*
un **gi**ro pos**ta**l o telegr**á**fico, *un mandat postal ou télégraphique*
un talo**na**rio de che**qu**es (**u**na cheque**ra**), *un chéquier*
ha**ce**r un in**gre**so, *faire un dépôt*
reti**ra**r din**e**ro, *faire un retrait*

GRAMMAIRE

MODIFICATION PRONOMINALE

Les pronoms compléments indirects (cf. leçon 8) de la 3ᵉ personne (**le, les**), se transforment en **se** lorsqu'ils accompagnent des pronoms compléments directs (cf. leçon 6) également de la 3ᵉ personne (**lo, los, la, las**).

Don Joaquín envía el dinero a su hijo.
Don Joaquín envoie l'argent à son fils.

Don Joaquín lo envía a su hijo.
Don Joaquín l'envoie à son fils.

Don Joaquín le envía el dinero.
Don Joaquín lui envoie l'argent.

Don Joaquín se lo envía.
Don Joaquín le lui envoie.

Attention !
Lorsqu'ils sont utilisés conjointement, les pronoms directs et indirects doivent être employés dans un ordre donné :

1. Pronom complément indirect : me, te, (le → se), nos, os, (les → se)

2. Pronom complément direct : lo, la, los, las
Me lo envía. *Il me l'envoie.*

PEDIR, PREGUNTAR (suite)

Vous avez appris (cf. leçon 30) que *demander*, lorsqu'il était suivi d'un nom, pouvait se traduire soit par **pedir**, soit par **preguntar**.

Sachez à présent que :
– lorsqu'il est suivi d'une phrase interrogative *(demander si, où, comment, combien…)*, il se traduira par **preguntar**.
Me preguntó si quería. *Il m'a demandé si je voulais.*

– lorsqu'il est suivi (en français) de **de** + infinitif, il se traduira par **pedir**. Dans ce cas **pedir** sera suivi de **que** + subjonctif.
Te pido que vengas. *Je te demande de venir.*

Attention !
Cette dernière structure est soumise à la concordance des temps.

Te pedí que vinieras. *Je t'ai demandé de venir.*

A. Traduisez
1. Je vais à la banque pour ouvrir un compte.
2. Qu'est-ce qui t'amène ?
3. Il le lui dit.
4. Nous te l'envoyons.
5. Vous *(ustedes)* le lui apporterez.
6. Il faut ouvrir un compte pour faire un virement.
7. Tu lui demandes de t'accompagner.

B. Transformez les phrases selon le modèle
Luis envía el dinero a su hijo. → *Luis se lo envía.*
1. Juan presta su bicicleta a Carlos.
2. El hombre da los juguetes a los niños.
3. Amélie pregunta su dirección a Juan.
4. El anciano manda un cheque a su hijo.

C. Mettez les verbes aux temps indiqués. (Attention aux modes.)
1. Te pide (passé simple) que lo acompañes (imparfait).
2. Te preguntaba (présent) dónde estaba (présent) el banco.
3. Me ha preguntado (futur) si podía (présent) abrir una cuenta.
4. Os pediré (passé composé) que me ayudéis (imparfait).

D. Faites l'accord si nécessaire
1. Son los hombres *(cuyo)* hijos trabajan en el banco.
2. Es el pintor *(cuyo)* obras fueron expuestas en Madrid.
3. ¿Eres el hombre *(cuyo)* empresa necesita publicidad?
4. ¿Sois los niños *(cuyo)* padres están en el banco?

E. Choisissez le verbe qui convient
1. Le *(pregunté, pedí)* que me enviara dinero.
2. Os *(pregunto, pido)* dónde está el banco.
3. Nos *(preguntaste, pediste)* nuestra documentación.
4. Te *(preguntan, piden)* tu número de cuenta.

Un extranjero en el banco

Amélie: — Buenos días, señor, querría abrir una cuenta corriente para no-residentes.

Empleado: — Sí, claro. Le permitirá recibir el dinero que le envíen desde el extranjero.

Amélie: — ¿Puedo utilizar mi tarjeta de crédito?

Empleado: — Por supuesto; si su tarjeta es internacional, se la admitirán en la mayoría de las tiendas y en todos los grandes almacenes, pero si va usted a los pueblecitos del interior, le conviene llevar consigo cierta cantidad de dinero porque lo más probable es que no le acepten ni la tarjeta ni los cheques.

Observez

● L'emploi du subjonctif :
el dinero que le envíen (l. 4 et 5), *l'argent qu'on vous enverra.*

● La forme pronominale **consigo** :
llevar consigo (l. 11), *emporter avec vous* (avec soi).

● L'absence de la préposition **de** :
le permitirá recibir (l. 4 et 5), *vous permettra de recevoir.*

● L'absence d'article devant **otro** :
otro de mil (l. 21), *un autre de mille.*

Un étranger à la banque

Amélie : — *Bonjour, monsieur, je voudrais ouvrir un compte chèques pour non-résidents.*

Employé : — *Oui, bien sûr. Le compte vous permettra de recevoir l'argent qu'on vous enverra de l'étranger.*

Amélie : — *Est-ce que je peux utiliser ma carte de crédit ?*

Employé : — *Bien sûr ; si votre carte de crédit est internationale, on l'acceptera dans la plupart des boutiques et dans tous les grands magasins, mais si vous allez dans les petits villages de l'intérieur, mieux vaut [il vous convient] emporter avec vous une certaine somme d'argent liquide parce qu'il est fort [le plus] probable qu'on n'y accepte ni votre carte de crédit ni vos chèques.*

Sachez que...

Le mot **banco** désigne l'agence bancaire, alors que le mot **banca** désigne la banque dans son ensemble, le monde de la finance.

GRAMMAIRE

CONSIGO

Les pronoms compléments indirects de première et de deuxième personne du singulier **(mi, ti)** subissent une transformation lorsqu'ils sont précédés de la préposition **con** (cf. leçon 35) :

Ven conmigo. *Viens avec moi.*
Se va contigo. *Il part avec toi.*

Cette transformation affecte également les pronoms réfléchis de troisième personne **(se)**.

Le conviene llevar dinero consigo.
Mieux vaut emporter de l'argent avec vous. [avec soi]

TRADUCTION DE NE… *que*…

Il existe trois façons de traduire *ne… que…* :

● **sólo :**
Sólo se pueden hacer ingresos en divisas.
On ne peut faire que des dépôts en devises.

> **Attention !**
> **Solo** peut aussi avoir valeur d'adjectif, mais dans ce cas-là il ne porte pas d'accent écrit sur le premier **o** et s'accorde en genre et en nombre avec le nom qu'il détermine :
> **No fue solo al banco**. *Il n'est pas allé seul à la banque.*

● **no… más que…**
No se pueden hacer más que ingresos en divisas.

● **no… sino…**
No se pueden hacer sino ingresos en divisas.
Ici la première partie de l'opposition (cf. leçon 37) reste sous-entendue.

A. Traduisez

1. Il voudrait ouvrir un compte pour non-résidents.
2. Sur ce compte, vous *(usted)* ne pouvez verser que des devises. *(3 possibilités)*
3. Tu ne peux utiliser qu'une carte de crédit. *(3 possibilités)*
4. On ne l'admettra (la carte) que dans les grands magasins. *(3 possibilités)*
5. Elle a emporté son chéquier avec elle.
6. Peux-tu me dire le taux de change du dollar ?

B. Remplacez la structure en italique par la structure indiquée

1. *Sólo* cambió mil dolares. (no… más que)
2. *No* visitó más *que* Madrid. (no… sino…)
3. *No* le entregó *sino* monedas. (sólo)

C. Choisissez le pronom qui convient

1. ¿Has visto a Luis? — Sí, he ido al cine… *(con él, consigo)*
2. No pudo pagar porque no llevaba dinero… *(con ella, consigo)*
3. Vi a Luis pero no pude hablar… *(con él, consigo)*

D. Remplacez le mot en italique par le pronom qui convient

1. Préstame *la tarjeta*.
2. Hemos visto *a la empleada*.
3. Puede perder *el dinero*.
4. No aceptan *los cheques*.

E. Transformez selon le modèle

Le *entrega* el dinero *en billetes*. → Se lo entrega *en billetes*.
1. Le admitirán *la tarjeta de crédito*.
2. Le dió *la chequera*.
3. Le has abierto *una cuenta*.

Confidencias

Amélie: — Yo empecé a estudiar español con un método para adultos. Cuando lo terminé, comprendí dos cosas: la una fue que me gustaba de verdad el español y la otra, que si quería perfeccionar lo...euh...

Juan: — Lo aprendido.

Amélie: — Eso es, ... lo aprendido, pues tenía que meterme en el ambiente. Así que decidí viajar a un país de lengua española.

Juan: — Hay tantos países en que se habla español que tenías dónde escoger: México, Argentina, España...

Amélie: — Iberoamérica me atraía por su exotismo, pero comprendí que lo más razonable era venir a España.

Juan: — ¿Y por qué escogiste Madrid?

Amélie: — Pues por razones prácticas. Aunque me habían dicho que el mejor español se habla en Castilla la Vieja, a mí lo que me interesaba era venir a Madrid.

Juan: — Pero, ¿por qué?

Amélie: — Porque la reputación de la «movida» ya ha traspasado los Pirineos.

Observez

● La structure relative **en que :**
hay tantos países en que se habla español (l. 10), *il y a tellement de pays où l'on parle espagnol.*
● L'absence d'article :
por razones prácticas (l. 17), *pour des raisons pratiques.*

Sachez que...

Le retour de la démocratie a été marqué par une véritable renaissance culturelle. À l'avant-garde de cette renaissance on trouvait Madrid et la *movida* ; cette « mouvance » (mieux vaudrait dire cette « secousse ») rassemblait et drainait toute l'intelligentsia madrilène.

Confidences

Amélie : — *Moi, j'ai commencé à étudier l'espagnol avec une méthode pour adultes. Quand je l'ai finie, j'ai compris deux choses ; un [l'une fut que], l'espagnol me plaisait vraiment ; deux [l'autre que], si je voulais approfondir ce… euh…*

Juan : — *Ce que tu avais appris [l'appris].*

Amélie : — *C'est ça… ce que j'avais appris, alors je devais me mettre dans l'ambiance. J'ai donc décidé d'aller dans un pays de langue espagnole.*

Juan : — *Il y a tant de pays où l'on parle espagnol que tu n'avais que l'embarras du choix [tu avais où choisir]. Le Mexique, l'Argentine, l'Espagne…*

Amélie : — *L'Amérique hispanophone m'attirait par son exotisme, mais j'ai compris que le plus raisonnable était de venir en Espagne.*

Juan : — *Et pourquoi as-tu choisi Madrid ?*

Amélie : — *Eh bien, pour des raisons pratiques. Bien qu'on m'ait dit que l'espagnol le plus pur se parlait dans la Vieille Castille, moi, ce qui m'intéressait, c'était de venir à Madrid.*

Juan : — *Mais, pourquoi ?*

Amélie : — *Parce que la réputation de la « movida » a traversé les Pyrénées.*

Vocabulaire

Iberoamérica : c'est sous ce nom que l'on désigne les pays hispanophones d'Amérique.

Latinoamérica : terme plus général qui regroupe non seulement les pays hispanophones mais aussi le Brésil (on y parle portugais), les Guyanes et les Antilles.

GRAMMAIRE

LO

Il peut avoir valeur de pronom (cf. leçon 6) ou d'article.

• *Lo*, pronom complément d'objet direct
Il reprend un terme masculin singulier.
Cuando terminé el método. *Quand j'ai terminé la méthode.*
Cuando lo terminé… *Quand je l'ai terminée.*

• *Lo*, article neutre
Lorsqu'il est employé devant un adjectif ou un participe passé, **lo** est considéré comme un article neutre. Il équivaut alors à l'article français *le* utilisé dans des expressions comme : *le vrai, le faux, le laid, le beau*, etc.

Si quería perfeccionar lo aprendido…
Si je voulais approfondir ce que j'avais appris…

Comprendí que lo más razonable…
J'ai compris que [ce qui était] *le plus raisonnable…*

> **Attention !**
> Les adjectifs et les participes passés ainsi employés acquièrent une valeur générale et sont invariables.

Lorsque **lo**, article neutre, introduit une phrase, vous le faites suivre du relatif **que : lo que…** est donc l'équivalent de *ce que…* ou *ce qui…*
A mí lo que me interesa… *Moi, ce qui m'intéresse…*

OMISSION DE L'ARTICLE

On n'emploie pas, en espagnol, d'article devant les noms de pays : **México, Argentina, Francia, Perú…**
sauf dans le cas où le nom du pays est déterminé par un complément :
la España del siglo xx, *l'Espagne du xxᵉ siècle.*
la Francia campesina, *la France paysanne.*

A. Traduisez

1. Je suis venu en Espagne pour approfondir ce que j'avais appris.

2. Il fallait que tu te mettes dans l'ambiance.

3. Le plus raisonnable est d'aller à Madrid.

4. Nous n'avions que l'embarras du choix.

5. Bien que nous lui ayons conseillé d'aller à Grenade, il a préféré aller à Madrid.

6. Ce qui l'intéresse, ce sont les voyages.

B. Transformez selon le modèle

Quiero perfeccionar lo aprendido.
  → *Quiero perfeccionar* lo que he aprendido.

1. Me gustaría encontrar lo perdido.

2. Quiero acabar lo empezado.

3. Pienso asumir lo hecho.

4. Necesito rectificar lo dicho.

C. Ajoutez un article si nécessaire

1. … España de hoy es muy diferente de … España de hace algunos años.

2. Escribió un libro sobre … España de Carlos V.

3. … México, … Argentina … Colombia, me atraían por su exotismo.

D. Passez du tutoiement au vouvoiement

1. Teníais dónde escoger.

2. ¿Por qué venís a Madrid?

3. ¿Irás a la Universidad?

4. ¿Fuistéis a México?

E. Passez du vouvoiement au tutoiement

1. ¿Le ha gustado Madrid?

2. Ustedes escogieron España por razones prácticas.

3. Y a ustedes ¿no les interesaba ir a Castilla?

4. ¿Es usted estudiante?

Durante la clase de español

Profesor: — Buenos días, señores: vamos a repasar algunas estructuras aprendidas la semana pasada. Por ejemplo, si a usted le parece que su interlocutor habla muy deprisa, ¿cómo se lo dice?

Alumno 1: — Por favor, hable más despacio.

Alumno 2: — No hable tan deprisa, por favor.

Profesor: — Bien. Usted no ha comprendido una palabra, por ejemplo, «sobrino», ¿cómo reacciona?

Alumno 3: — Yo, pregunto: «¿Qué significa esa palabra?»

Alumno 4: — Yo, «¿me puede decir lo que significa "sobrino"?»

Profesor: — Bueno; usted está viendo un objeto, pero no sabe cómo se llama. ¿Cómo resuelve el problema?

Amélie: Yo pregunto, señalando el objeto: «¿eso qué es?» o «¿cómo se llama eso?»

Profesor: — ¿Y si, por lo que sea, usted no puede señalarlo?

Amélie: — Pues, en ese caso, no tengo más remedio que describirlo, decir para lo que sirve, la forma que tiene o el color.

Profesor: — Y ahora lean este artículo. Así se familiarizarán con el lenguaje periodístico.

Observez

La combinaison d'un pronom complément d'objet indirect et d'un pronom complément d'objet direct :
¿cómo se lo dice? (l. 5), *comment le lui dites-vous ?*

Sachez que...

Les formules employées dans cette leçon vous seront très utiles lors de vos premiers pas « hispaniques ». N'hésitez pas à les employer, vous serez surpris de l'accueil chaleureux réservé à vos premiers efforts.

Pendant le cours d'espagnol

Professeur : — Bonjour, mesdames, messieurs. Nous allons revoir quelques structures apprises la semaine dernière. Par exemple, s'il vous semble que votre interlocuteur parle trop vite, comment le lui [lui le] faites-vous remarquer [le lui dites-vous] ?

Élève 1 : — S'il vous plaît, parlez plus lentement.

Élève 2 : — Ne parlez pas si vite, s'il vous plaît.

Professeur : — Bien. Vous n'avez pas compris un mot, «sobrino», par exemple, comment réagissez-vous ?

Élève 3 : — Moi, je demande : «Que signifie ce mot ?»

Élève 4 : — Moi : «Pouvez-vous me dire ce que signifie "sobrino" ?»

Professeur : — Bon. Vous voyez un objet mais vous ne savez pas comment le nommer [comment il s'appelle]. Quelle solution adoptez-vous [comment résolvez-vous le problème] ?

Amélie : — Moi, je demande en montrant l'objet : «Qu'est-ce que c'est ?» ou «Comment ça s'appelle ?»

Professeur : — Et si, pour quelque raison que ce soit, vous ne pouvez pas le montrer du doigt [le signaler] ?

Amélie : — Ben, dans ce cas-là je n'ai plus qu'à le décrire, à dire à quoi il sert, la forme qu'il a ou sa couleur.

Professeur : — Et maintenant lisez cet article. Vous vous familiariserez avec le langage journalistique.

Vocabulaire

● Algunas frases útiles. Quelques phrases utiles :

¿podría repetir?, pouvez-vous répéter ?

quisiera saber ou querría saber, je voudrais savoir.

¿me permite?, vous permettez ou pardon ? ; vous l'emploierez, par exemple, lorsque vous voulez que quelqu'un s'écarte pour vous laisser passer.

se lo agradezco mucho, je vous en remercie

disculpe, excusez-moi

GRAMMAIRE

LES DÉMONSTRATIFS NEUTRES

Nous vous avons présenté (cf. leçon 24) les formes des pronoms démonstratifs qui s'accordent en genre et en nombre.

Sachez que, parallèlement à ces formes, il existe des formes dites neutres qui s'emploient selon les mêmes critères que les précédentes *(ici, là, là-bas)*.

Démonstratifs	Exemples
esto, *ceci*	**dame esto** *donne-moi ceci*
eso, *cela*	**dame eso** *donne-moi cela*
aquello, *cela (là-bas)*	**dame aquello** *donne-moi cela (là-bas)*

Attention !
Ces formes sont **invariables**. Elles désignent indifféremment :

– un pluriel :
¿Qué es eso? *Qu'est-ce que c'est que ça ?*
Eso, son libros. *Ça, ce sont des livres.*

– un singulier :
¿Qué es eso? *Qu'est-ce que c'est que ça ?*
Eso, es un libro. *Ça, c'est un livre.*

– un masculin :
¿Qué es eso? *Qu'est-ce que c'est que ça ?*
Eso, es un periódico. *Ça, c'est un journal.*

– un féminin :
¿Qué es eso? *Qu'est-ce que c'est que ça ?*
Eso, es una revista. *Ça, c'est une revue.*

ASÍ

Lorsque l'adverbe **así** *(ainsi, comme ça)* est employé avec **que**, vous devez le traduire par *donc* :
Así que decidí viajar (cf. leçon 42).
Je décidai donc de voyager.

A. Traduisez

1. Je revois les structures apprises la semaine dernière.
2. Il parle trop vite.
3. Que veut dire « remedio » ?
4. Qu'est-ce que c'est ?
5. Comment avez-vous *(usted)* réagi ?
6. Comme ça, tu sauras comment ça s'appelle.

B. Transformez les phrases selon le modèle

¿Eso *qué* es? *(libros)* → Eso son *libros*
1. ¿Esto qué es? (un periódico)
2. ¿Eso qué es? (una computadora)
3. ¿Aquello qué es? (maletas)
4. ¿Eso qué es? (una tarjeta)
5. ¿Esto qué es? (un ejercicio)

C. Choisissez le pronom qui convient

1. Dame *(esto, eso, aquello)* que está ahí.
2. ¿Has visto *(esto, eso, aquello)* que está allí?
3. ¿Cómo se llama *(esto, eso, aquello)* que está aquí?
4. ¿Qué es *(esto, eso, aquello)* que está ahí?

D. Mettez le verbe en italique à la forme qui convient

1. Su interlocutor *(hablar*, passé simple) muy deprisa.
2. ¿Y tú *(comprender*, passé composé)?
3. Juan y yo *(leer*, imparfait) el periódico.
4. Yo no *(saber*, présent) cómo se llama.

E. Mettez les phrases suivantes à la forme progressive

1. Señalabas un objeto.
2. Leerá el periódico.
3. Habláis con él.
4. Le preguntan lo que significa.

Reducir la contaminación en España, muy caro

La semana pasada, los ministros del Medio Ambiente de la Comunidad Europea discutieron de un acuerdo para reducir, drástica y definitivamente, las emisiones de dióxido de azufre en la atmósfera.

Si dicho acuerdo se pone en práctica, España deberá gastar en torno a 2 000 millones de Euros para reducir en los próximos quince años la contaminación que provocan sus centrales térmicas.

Francia, Portugal e Italia consideraron excesivas las exenciones que pedía España; otros países, como el Reino Unido y Dinamarca, prefirieron examinarlas detenidamente. Puede que hagan pública su posición el próximo viernes, o que esperen hasta un nuevo Consejo de Ministros.

La importancia de este acuerdo es obvia, pues se trata de un primer paso, a nivel europeo, para el saneamiento de la atmósfera.

Observez

● La valeur du participe passé **dicho** (ou **dicha**) :
dicho acuerdo (l. 5), *ledit accord, cet accord*.
● La modification de la conjonction **y** devant les mots commençant par **i** ou **hi** :
Portugal e Italia (l. 9), *le Portugal et l'Italie*.
● L'absence de pronom : **Puede que…** (l. 12), *il se peut que…*
● La valeur de **hacer** :
Puede que hagan pública su posición (l. 12), *il se peut qu'ils rendent* [fassent] *publique leur décision*.

Sachez que...

De 1580 à 1640, l'Espagne et le Portugal ont été gouvernés par les mêmes rois : Philippe II (1580-1598), Philippe III (1598-1621) et Philippe IV (1621-1640).

Réduire la pollution en Espagne, très cher

La semaine dernière, les ministres de l'Environnement de la Communauté européenne ont discuté [discutèrent] d'un accord en vue de [pour] réduire, drastiquement et définitivement, les émissions de dioxyde de soufre dans l'atmosphère.

Si cet [ledit] accord est appliqué [se met en pratique], l'Espagne devra dépenser environ 2 milliards d'euros pour réduire dans les quinze prochaines années la pollution que provoquent ses centrales thermiques.

La France, le Portugal et l'Italie ont [considéré] jugé excessives les exemptions que demandait l'Espagne ; d'autres pays, comme le Royaume-Uni et le Danemark, ont préféré les examiner en détail [lentement]. Il se peut qu'ils rendent publique leur position vendredi prochain, ou qu'ils attendent jusqu'au prochain [nouveau] Conseil des ministres.

L'importance de cet accord est évidente, puisqu'il s'agit d'un premier pas, au niveau européen, vers l'assainissement de l'atmosphère.

Vocabulaire

● Los **m**edios de comunica**ció**n soci**al** ; *les médias :*

la pr**e**nsa, *la presse*
un peri**ó**dico, *un journal*
un d**i**ario, *un journal*

la port**a**da, *la première page*
los suc**e**sos, *les faits divers*
un s**ue**lto, *une brève*
(courte information)

un period**i**sta, **u**na periodista,
    un ou une journaliste
una revista mens**ual**, *une revue
    mensuelle*
el editor**ial** o el artículo de
    f**o**ndo, *l'éditorial*
un semanario, *un hebdoma-
    daire*

GRAMMAIRE

LES ADVERBES EN -*MENTE*

Alors qu'en français les adverbes en -*ment* peuvent se former à partir d'un adjectif *(follement)*, d'un nom *(diablement)* ou d'un adverbe *(quasiment)*, en espagnol, en revanche, tous les adverbes en **-mente** se forment à partir d'adjectifs féminins singuliers :

definitiva + -mente : definitivamente.

> **Attention !**
> Lorsque deux adverbes de ce type se suivent *(purement et simplement)*, la terminaison **-mente** ne s'applique qu'au dernier :
> **reducir drástica y definitivamente**, *réduire drastiquement et définitivement.*

LES CONJONCTIONS *Y, O*

La conjonction **y** se transforme en **e** devant un mot commençant par **i** ou **hi** :
Portugal e Italia, *le Portugal et l'Italie.*

La conjonction **o** se transforme en **u** devant un mot commençant par **o** ou **ho** :
siete u ocho, ocho o nueve

LA CONJONCTION *PUES*

La conjonction **pues** peut parfois se traduire par *eh bien* mais… elle peut aussi signifier :

• *car* :
Ayer me divertí mucho pues vino Juan. *Hier je me suis beaucoup amusé car Juan est venu.*

• ou *donc* :
No quieres saberlo, pues no te lo digo. *Tu ne veux pas le savoir, donc je ne te le dis pas.*

A. Traduisez

1. Les ministres de la C.E.E. espèrent mettre fin aux pluies acides.
2. Il veut réduire considérablement la pollution.
3. La France et l'Italie émettront quelques réserves.
4. L'Espagne devra dépenser sept ou huit millions.
5. Le Danemark et le Portugal ont remis leur décision car ils ont estimé que les concessions étaient excessives.

B. Transformez selon le modèle

Querían reducir de manera drástica *la contaminación*
→ *Querían reducir* drásticamente *la contaminación*

1. Hablaba de manera lenta
2. Cantaba de manera maravillosa.
3. Pide lo mismo de manera sistemática.
4. Quiere sanear la atmósfera de manera definitiva.

C. Mettez les phrases au temps indiqué

1. España ha de (futur) gastar 2 000 millones.
2. Tiene que (passé simple) esperar un nuevo Consejo de Ministros.
3. Era (présent) necesario que tomaran (présent) una decisión.
4. Formularon reservas (imparfait).

D. Choisissez le verbe qui convient

1. *(Es, Está)* un problema importante.
2. *(Han, Tienen)* demorado su aceptación.
3. Portugal e Italia *(preguntaron, pidieron)* una semana para reflexionar.
4. Las consecuencias *(son, están)* previsibles.

E. Transformez selon le modèle

Apalabraron *un acuerdo*.
→ Se apalabró *un acuerdo*.

1. Pretenden reducir la contaminación.
2. Reducirán las lluvias ácidas.
3. Erradicarán las emisiones en la atmósfera de dióxido de azufre.

Invitar y aceptar invitaciones

Al salir de clase, Amélie se encuentra con su amiga Pepi en la cafetería de la Facultad.

Amélie: — ¡Hola, Pepi! ¿Qué haces tú por aquí?

Pepi: — Pues, mira, acabo de salir de clase de Economía de la España contemporánea. ¡Chica, qué rollo! ¡El profesor es un plomo que no veas!

Amélie: — Anda, te invito a un café para que te despiertes.

Pepi: — Lo acepto encantada porque me he dejado olvidado el monedero en casa y estoy sin blanca. En fin, hoy por ti, mañana por mí. Oye, ¿por qué no vienes esta noche a cenar? Mañana es mi cumpleaños y para celebrarlo, mi padre me lleva al restaurante y yo te llevo a ti. ¿Te apetece?

Amélie: — Te lo agradezco, pero no puedo. Me da mucho apuro.

Pepi: — Tú es que eres muy tímida.

Observez

La valeur du verbe **acabar** *(finir)* lorsqu'il est suivi de **de** + infinitif : **acabo de salir** (l. 4), *je viens de sortir.*

Sachez que...

On accorde autant d'importance sinon plus à *la fête* de quelqu'un **(el santo)** qu'à son *anniversaire* **(el cumpleaños)**.

Hoy por ti, mañana por mí : [aujourd'hui pour toi, demain pour moi] *je te revaudrai ça.*

Estar sin blanca : *être sans le sou.*

Ser un plomo : *être pénible.*

Inviter et accepter des invitations

En sortant du cours, Amélie rencontre son amie Pepi à la cafétéria de la faculté.

Amélie : — *Salut, Pepi ! Que fais-tu [par] ici ?*

Pepi : — *Eh bien, tu vois, je viens de sortir du cours d'économie de l'Espagne contemporaine. Quelle barbe ! Le professeur est d'un pénible, je te dis pas.*

Amélie : — *Allez, je te paie un café pour que tu te réveilles.*

Pepi : — *J'accepte volontiers car j'ai oublié mon porte-monnaie à la maison et je n'ai pas un sou. Enfin, je te revaudrai ça. Dis donc, pourquoi ne viendrais-tu pas dîner ce soir ? Demain, c'est mon anniversaire et, pour le fêter, mon père m'emmène au restaurant et tu nous accompagnes [et moi je t'emmène, toi]. Ça te tente ?*

Amélie : — *Je te remercie, mais je ne peux pas. Cela me gêne beaucoup.*

Pepi : — *Qu'est-ce que tu peux être timide !*

Vocabulaire

● Invita**ci**ones , *invitations :*

invit**ar**, *inviter*
acept**ar u**na invita**ci**ón, *accepter une invitation*
declin**ar u**na invita**ci**ón, *décliner une invitation*
rechaz**ar u**na invita**ci**ón, *repousser une invitation*
devolv**er u**na invita**ci**ón, *rendre une invitation*
una r**o**nda, *une tournée*

GRAMMAIRE

A MÍ ME... : LES TOURNURES D'INSISTANCE

L'espagnol emploie parfois dans une même proposition deux pronoms compléments indirects (cf. leçon 8) pour désigner une seule et même personne.

A mí me da mucho apuro. *Moi ça me gêne beaucoup.*

Dans cet exemple, **mi** et **me** désignent bien une seule et même personne, en l'occurrence *moi*. Mais attention, ces deux pronoms ne sont pas équivalents pour autant :

Mí doit être précédé d'une préposition alors que **me** doit être employé seul.

A mí me gustó. *Moi ça m'a plu.*

L'emploi de **me** est obligatoire alors que celui de **mi** est facultatif.

Me dio mucha alegría. *Ça m'a fait très plaisir.*

Ces tournures « à deux pronoms » ont pour but de mettre en valeur la personne dont vous parlez.

A mí me gustaría que viniera. *Moi, j'aimerais qu'il vienne.*

	cf. leçon 35	cf. leçon 8	Exemples
1.	**mí**	**me**	**A mí me gusta**
2.	**ti**	**te**	**A ti te gusta**
3.	**él, ella, usted**	**le**	**A él le gusta**
4.	**nosotros (as)**	**nos**	**A nosotros nos gusta**
5.	**vosotros (as)**	**os**	**A vosotros os gusta**
6.	**ellos, ellas, ustedes**	**les**	**A ellos les gusta**

EXERCICES

A. Traduisez
1. Amélie rencontre Pepi en sortant du cours.
2. Que faites-vous *(vosotros)* par ici ?
3. Je viens de voir Juan.
4. Je t'invite à prendre un café.
5. Moi, ça me plairait beaucoup, mais ça me gêne un peu.
6. Ces choses-là plaisent beaucoup à Carlos.
7. Merci, je te revaudrai ça.

B. Complétez en ajoutant le pronom manquant
1. A ella … encantan las fiestas.
2. ¿A ti … apetece ir al cine?
3. Os llevamos a …
4. A nosotros no … gustó la clase.
5. A usted … pareció muy bien.

C. Transformez selon le modèle
A Pedro le encantó → A él le encantó.
1. *A Juan y a Pepi* no les gustó nada.
2. *A mí y a ti* no nos pareció muy buena.
3. *A usted y a don Pablo* les apetece dar un paseo.

D. Mettez le verbe au temps indiqué
1. Le da *(passé simple)* mucho apuro.
2. ¿Os apetece *(futur)* venir con nosotros?
3. A él no le gusta *(passé composé)* nada la clase.
4. Nos encanta *(conditionnel)* verla.

E. Choisissez la forme qui convient
1. Me *(gustaría/gustarían)* que vinieran.
2. Le *(encanta/encantan)* las fiestas.
3. Nos *(apetecía/apetecían)* tomarnos algo.
4. ¿Te *(agradó/agradaron)* los libros?

Cenar en el restaurante

Camarero: — ¿Desean los señores tomar un aperitivo? Tenemos vino de Jerez, de Montilla, vermut, zumos de fruta. Para picar les propongo aceitunas, pedacitos de queso manchego o unas lonchitas de jamón serrano. Mientras toman el aperitivo pueden escoger el menú. Aquí tienen la carta. (...)

Padre: — De primer plato, sírvanos una macedonia de verduras salteadas con jamón y unos espárragos de Aranjuez. ¿Te apetecen?

Pepi: — No, yo prefiero una ensalada con tomate y lechuga, aderezada con limón, si no después, ya no podré comer nada más.

Padre: — De segundo, tráiganos albóndigas en salsa y «pescaito» frito con verduras. Para beber, una botella de vino tinto y agua mineral con gas.

Observez

La valeur de **si no** : **si no después...** (l. 13 et 14) : *sinon après...*
Comparez avec **sino** (cf. leçon 37).

Sachez que...

Señores lorsqu'il est employé dans des phrases du type : **¿qué desean los señores?** (l. 1) ne signifie pas forcément *messieurs*. Si l'assistance se compose d'hommes et de femmes, il aura le sens de *messieurs-dames*.

Dîner au restaurant

Garçon : — *Désirez-vous prendre un apéritif, messieurs-dames ? Nous avons du vin de Xeres, de Montilla, du vermouth, des jus de fruits. Comme amuse-gueule je vous propose des olives, des petits dés de fromage de la Mancha ou quelques petites tranches de jambon de pays. Pendant que vous prenez l'apéritif vous pouvez faire votre choix. Voici la carte. (…)*

Père : — *En entrée, donnez-nous une macédoine de légumes sautés avec du jambon et des asperges d'Aranjuez. Ça te dit ?*

Pepi : — *Non, je préfère une salade de laitue et de tomate, assaisonnée au jus de citron, sinon après, je ne pourrai plus rien manger.*

Père : — *Comme plat principal, apportez-nous des boulettes de viande en sauce et de la petite friture avec des légumes. Comme boisson, une bouteille de vin rouge et de l'eau minérale gazeuse.*

Vocabulaire

● En el restaur**a**nte ; *au restaurant :*

reserv**a**r m**e**sa, *réserver une table*
una m**e**sa p**a**ra dos, tres…, *une table pour deux, trois…*
de prim**e**ro, *en entrée*
de seg**u**ndo, *en plat principal*
de p**o**stre, *en dessert*
¿p**a**ra beb**e**r?, *comme boisson ?*

GRAMMAIRE

LA PRÉPOSITION *CON* PERMET D'EXPRIMER

- **l'accompagnement**
  ¿Cenas con él o conmigo?
  Tu dînes avec lui ou avec moi ?

- **la manière**
  Con mucho gusto.
  Avec grand plaisir.

- **le mélange**
  Yo quiero fresas con nata.
  Moi je veux des fraises à la crème.

- **une caractéristique**
  El camarero con gafas.
  Le garçon à lunettes.

- **le moyen, l'instrument**
  Pago con tarjeta de crédito.
  Je paie avec une carte de crédit.

LE RANG : PREMIER, SECOND...

1° : **primero**	9° : **noveno**	30° : **trigésimo**
2° : **segundo**	10° : **décimo**	40° : **cuadragésimo**
3° : **tercero**	11° : **décimo primero**	50° : **quincuagésimo**
4° : **cuarto**	12° : **décimo segundo**	60° : **sexagésimo**
5° : **quinto**	13° : **décimo tercero**	70° : **septuagésimo**
6° : **sexto**	14° : **décimo cuarto**	80° : **octogésimo**
7° : **séptimo**	15° : **décimo quinto**	90° : **nonagésimo**
8° : **octavo**	20° : **vigésimo**	100° : **centésimo**

Attention !
Primero et **tercero** perdent leur voyelle finale lorsqu'ils sont placés devant un nom masculin singulier.
El primer plato... el tercer día...

A. Traduisez

1. Désires-tu prendre un apéritif ?
2. Avez-vous *(ustedes)* fait votre choix ?
3. En entrée, donnez-moi une salade.
4. Veux-tu prendre un dessert ? Aimes-tu les fraises ?
5. Voulez-vous *(vosotros)* dîner avec nous ?
6. Voici la carte.

B. Transformez selon le modèle

Es la primera vez que lo veo. (+ 1)
→ *Es la segunda vez que lo veo.*
1. Fue nuestro *cuarto* encuentro. (− 1)
2. Lo dijo por *segunda* vez. (− 1)
3. El *sexto* día vi a Pedro. (− 1)
4. Al *quinto* mes se fue. (− 1)

C. Remplacez les mots en italique par un pronom

1. ¿Has probado *las albóndigas*?
2. ¿Se comió *el jamón*?
3. He preparado *las bebidas*.
4. Iremos al cine con *mis padres*.
5. ¡Sírvanos *el postre*.

D. Choisissez la préposition qui convient

1. Estuve *(de/con)* ellos.
2. No puedo cenar *(de/con)* vosotros.
3. ¿Te ha gustado la ensalada *(de/con)* lechuga?
4. ¿Fuistéis a verlos *(de/con)* Luis?

E. Mettez aux temps indiqués

1. ¿Qué desean *(futur)*?
2. Tenemos *(passé simple)* vino de Jerez y de Montilla.
3. ¿Toman *(passé composé)* un aperitivo?
4. Trae *(impératif affirmatif - usted)* el primer plato.

Amélie va de compras

Amélie se pregunta qué va a regalarle a Pepi por su cumpleaños. Piensa: «Más vale que vaya a un gran almacén; viendo cosas, a lo mejor se me ocurren ideas de regalos.»

Lo primero que ve son los bombones pero piensa que, a menos de comprar una caja grandísima, no habrá bastante para todo el mundo. Desecha la idea; luego piensa comprar un ramo de flores, pero no le parece un regalo original.

Estando en la segunda planta, oye un mensaje transmitido por los altavoces que la deja perpleja: «Se ruega a la persona cuyo vehículo obstruye la entrada del aparcamiento que se presente urgentemente en la caja central.» Amélie no ha comprendido nada; armándose de valor, se acerca a una dependienta y le pregunta lo que ha dicho el altavoz. La vendedora se lo dice y Amélie se lo agradece.

Acaba comprando un disco para su amiga y abandona los grandes almacenes un poco desalentada.

Observez

- La valeur de **acabar** lorsqu'il est suivi d'un gérondif : **acaba comprando** (l. 16), *elle finit par acheter*.
- La valeur de l'expression **a lo mejor** (l. 3), *peut-être*.
- La construction **se ruega a la persona** (on prie la personne) (l. 10), *la personne est priée*.

Sachez que...

Prendre son courage à deux mains se dit **armarse de valor**.
Prendre la poudre d'escampette se dit **poner pies en polvorosa**.

Amélie fait les magasins

Amélie se demande ce qu'elle va offrir à Pepi pour son anniversaire. Elle pense : « Mieux vaut que j'aille dans un grand magasin ; en voyant des choses je trouverai peut-être des idées de cadeaux. »

Elle voit d'abord des chocolats, mais elle pense qu'à moins d'acheter une boîte énorme, il n'y en aura pas assez pour tout le monde. Elle rejette cette idée ; elle pense ensuite acheter des fleurs, mais cela ne lui semble pas être un cadeau original.

Alors qu'elle se trouve au deuxième étage, Amélie entend les haut-parleurs diffuser un message qui la laisse perplexe : « La personne dont le véhicule obstrue l'entrée du parking est priée de se présenter à la caisse centrale. » Amélie n'a rien compris ; prenant son courage à deux mains, elle s'approche d'une vendeuse et lui demande ce que le haut-parleur a dit. La vendeuse le lui dit et Amélie l'en remercie.

Elle finit par acheter un disque pour son amie et quitte le grand magasin un peu découragée.

Vocabulaire

• Alg**u**nos est**a**dos de **á**nimo ; *quelques états d'âme :*

est**a**r perpl**e**jo, *être perplexe*
est**a**r inqu**ie**to, *être inquiet*
est**a**r nerv**io**so, *être énervé*
est**a**r desalent**a**do, *être découragé*
est**a**r disgust**a**do, *être fâché*
est**a**r cont**e**nto, *être content*

GRAMMAIRE

ORDRE, DÉFENSE...

Pour donner un ordre, pour interdire quelque chose vous pouvez avoir recours aux formes impératives (cf. leçons 21 et 22), mais vous pouvez aussi utiliser des formules telles que : *je te demande de, je t'interdis de*…

Ces formules qui expriment l'ordre, l'interdiction, le souhait, se construisent de façon différente en français et en espagnol :

● en français
Vous ferez suivre le verbe qui marque l'ordre, l'interdiction ou le souhait de la préposition *de* et d'un infinitif.

On demande à M. X de se présenter à la caisse centrale.

● en espagnol
Vous ferez suivre le verbe qui marque l'ordre, l'interdiction ou le souhait de **que** et d'un verbe au subjonctif.

Se ruega al Sr X que se presente en la caja central.

| **Attention !**
| Ces structures sont soumises à la concordance des temps.

Se ruega al Sr X que se presente en la caja central.

Se rogó al Sr X que se presentara en la caja central.

Quelques verbes utiles :

decir	*dire*	**Te digo que vengas.** *Je te dis de venir.*
pedir	*demander*	**Te pido que vengas.** *Je te demande de venir.*
querer	*vouloir*	**Quiero que vengas.** *Je veux que tu viennes.*
rogar	*prier*	**Se ruega al Sr X que se presente.** *On prie M. X de se présenter.*

A. Traduisez

1. Je ne sais pas quoi lui offrir.
2. As-tu des idées de cadeaux ?
3. À moins d'en acheter beaucoup, il n'y en aura pas assez.
4. Nous sommes perplexes, vous *(vosotros)* êtes un peu inquiets.
5. Je lui demande d'acheter un cadeau.
6. On demande aux clients de présenter leurs sacs à l'entrée.
7. Vous *(usted)* avez fini par acheter des fleurs.

B. Mettez les verbes en italique au temps indiqué (en prenant soin de respecter la concordance des temps)

1. *Quiero* que le regales algo. *(imparfait)*
2. Te *pidió* que le ayudaras. *(futur)*
3. Me *dice* que vaya a verlo. *(passé simple)*
4. Se *ruega* al Sr X que se presente mañana. *(passé composé)*
5. *Quiero* que le hables. *(conditionnel)*

C. Transformez selon le modèle

¡Cómprale *un regalo*! → ¡Quiero que le compres *un regalo*!

1. ¡Explícame eso!
2. ¡Esperadme!
3. ¡No vayáis a comprar flores!
4. ¡Escúchenlo!

D. Transformez selon le modèle

¡Regálale *flores*! → ¡No le regales *flores*!

1. ¡Dígame lo que significa!
2. ¡Enseñadme los regalos!
3. ¡Cómprenle discos!
4. ¡Escucha lo que dice!
5. ¡Dame un cigarrillo!

En la fiesta

Amélie:	— ¡Hola! ¡Feliz cumpleaños! Pepi, esto es para ti.
Pepi:	— ¡Oh, gracias! Ven, voy a presentarte a mi padre. Papá, ésta es Amélie, mi amiga francesa.
Padre:	— Encantado, señorita. ¿Le gusta España?
Amélie:	— Mucho gusto; … Sí, me lo paso muy bien. (…) Oye, Pepi, ¿quién es el del bigote, el que está ahí sentado, con el pelo rizado?
Pepi:	— No sé cómo se llama; es el compañero de Pili, la chica gordita con tejanos.
Lorenzo:	— Yo sí lo sé; se llama Jaime y es un presumido. Pepi, ¿por qué no me presentas a tu amiga?
Pepi:	— Eso está hecho. Lorenzo, Amélie. Lorenzo estudia conmigo. Es muy dicharachero, ya verás. Os dejo.
Lorenzo:	— Yo ya te había visto por los pasillos de la Universidad.

Observez

- Le pronom **lo** : **me lo paso muy bien** (l. 7), *je m'amuse bien.*
- L'expression **eso está hecho** *(cela est fait)*, (l. 14), *pas de problème.*

Sachez que...

La plupart des prénoms ont un diminutif en espagnol : **Josefa** : Pepi ; **José** : Pepe ; **Pilar** : Pili ; **Manuel** : Manolo… Vous utiliserez l'une ou l'autre de ces formes selon que vous entretenez des rapports amicaux ou non avec votre interlocuteur.

À la fête

Amélie :	— *Bonjour, joyeux anniversaire, Pepi ; ça, c'est pour toi.*
Pepi :	— *Oh merci ! Viens, je vais te présenter mon père. Papa, voici Amélie, mon amie française.*
Père :	— *Enchanté, mademoiselle. Vous aimez l'Espagne ?*
Amélie :	— *Je suis ravie [beaucoup de plaisir] … Oui, je m'amuse bien (…) Dis, Pepi qui est ce type à la moustache et aux cheveux frisés, celui qui est assis là ?*
Pepi :	— *Je ne sais pas son nom ; c'est le compagnon de Pili, la petite boulotte en jeans.*
Lorenzo :	— *Moi je le sais, il s'appelle Jaime et c'est un frimeur. Pepi, pourquoi ne me présentes-tu pas ta copine ?*
Pepi :	— *Pas de problème. Lorenzo, Amélie. Lorenzo fait ses études avec moi, c'est un blagueur, tu verras. Je vous laisse.*
Lorenzo :	— *Je t'avais déjà remarquée dans les couloirs de l'université.*

Vocabulaire

● *Des cheveux de tous poils…*

un big**o**te, *une moustache*
una b**a**rba, *une barbe*
el p**e**lo l**a**cio, *les cheveux raides*
el p**e**lo riz**a**do, *les cheveux frisés*
una tr**e**nza, *une tresse*
un m**o**ño, *un chignon* (au Mexique, un ruban pour les cheveux)
solt**a**rse el p**e**lo (sens figuré), *jeter son bonnet par-dessus les moulins.*

CELUI QUI…, CELUI AU…

Pour désigner un être (ou une chose) l'espagnol peut avoir recours aux démonstratifs (cf. leçon 24), mais il peut aussi utiliser des formules comme : *celui qui, celui au* qui lui permettent de caractériser par un nom ou par une action l'être (ou la chose) dont il parle.

Ces formules se construisent de la façon suivante :
article + **de** + nom.
article + **que** + verbe.

Celui	Exemples
el de	El del bigote. *Celui à la moustache.*
el que	El que lleva bigote. *Celui qui porte une moustache.*
la de	La de los tejanos. *Celle aux jeans.*
la que	La que lleva tejanos. *Celle qui porte des jeans.*
los de	Los del pelo rubio. *Ceux aux cheveux blonds.*
los que	Los que tienen el pelo rubio. *Ceux qui ont les cheveux blonds.*
las de	Las de la Universidad. *Celles de l'université.*
las que	Las que están en la Universidad. *Celles qui sont à l'université.*

LO PRONOM NEUTRE

Nous vous avons dit (leçon 42) que **lo** pouvait être un article neutre ; sachez qu'il peut être aussi un pronom neutre :

No sé cómo se llama. Yo sí lo sé.
Ici l'antécédent de **lo** est une phrase (**cómo se llama**), c'est pourquoi **lo** est considéré comme un pronom neutre.

EXERCICES

A. Traduisez

1. Joyeux anniversaire !
2. Il va me présenter ses amis.
3. Tu t'amuses bien.
4. Tu lui as demandé comment il s'appelle.
5. Oui, je le lui ai demandé.
6. Qui est-ce ? C'est celui qui a les cheveux raides.
7. Celle à la jupe bleue s'appelle Pili.

B. Transformez selon le modèle

El del *pantalón verde (llevar)*. → El que lleva *el pantalón verde*.

1. La del pelo rizado. (tener)
2. Los de Madrid. (vivir)
3. Las de la cafetería. (trabajar en)
4. El de la barba. (tener)

C. Transformez selon le modèle

¿Le has preguntado cómo se llama? → *Sí, se lo he preguntado.*

1. ¿Le has dicho dónde hemos quedado?
2. ¿Le has dado lo que compré?
3. ¿Le has explicado cómo volver?

D. Mettez les verbes au temps indiqué

1. ¿Por qué no le presentas *(passé simple)* a Amélie ?
2. No lo sé. *(imparfait)*
3. ¿Quién es *(futur)* el del bigote?
4. Lorenzo estudia *(passé composé)* conmigo.

E. Mettez les phrases suivantes à la forme progressive

1. Le presenta a su amiga.
2. Estudiaste con ellos.
3. Hablaba con Amélie.
4. La felicitarán por su cumpleaños.

Quiero alquilar un piso

Como Amélie quiere alquilar un piso, Lorenzo le ha traído hoy un periódico para que lea los anuncios y se vaya haciendo una idea de los precios.

Lorenzo: — Mira éste: «Majadahonda, ático, estrenar, cocina amueblada, tres dormitorios, dos baños, ascensor, garaje, trastero y piscina. 2 100 Euros mensuales.»

Amélie: — Me he quedado en ayunas, ¿me lo puedes comentar? Yo no entiendo ni jota de este lenguaje tan elíptico.

Lorenzo: — «Majadahonda» es un pueblo de las cercanías de Madrid; «estrenar» quiere decir que el piso nunca ha sido ocupado. Y todo esto por la módica cantidad indicada anteriormente.

Amélie: — ¿Tu te crees que yo soy la hija de un magnate del petróleo? ¡No me hagas soñar despierta! A ver, pásame el periódico. Este sí que es el mío: «Chollo, Pirámides, buhardilla 50 m². 490 Euros.»

Observez

- L'emploi de **nunca** :
nunca ha sido ocupado (l. 13), *il n'a jamais été occupé.*
- La locution **a ver** (l. 17), *fais voir, voyons…*

Sachez que...

Ne pas comprendre un traître mot se dit **No entender ni jota**.

Je veux louer un appartement

Puisque Amélie veut louer un appartement, aujourd'hui Lorenzo lui a apporté un journal pour qu'elle lise les annonces et qu'elle commence à se faire une idée des prix.

Lorenzo : — *Regarde celle-ci : « Majadahonda, dernier étage avec terrasse, neuf, cuisine équipée, trois chambres à coucher, deux salles de bains, ascenseur, garage, débarras et piscine. 2 100 euros par mois. »*

Amélie : — *Pour moi c'est de l'hébreu [je suis restée à jeun]. Tu peux m'expliquer ? Je ne comprends pas un traître mot de ce langage elliptique.*

Lorenzo : — *«Majadahonda» est un village de la banlieue de Madrid ; «neuf» veut dire que l'appartement n'a jamais été occupé. Et tout cela pour la modique somme indiquée antérieurement.*

Amélie : — *Tu crois que je suis la fille d'un roi du pétrole ? Arrête de me faire rêver [ne me fais pas rêver éveillée] ! Fais voir, passe-moi le journal. Voilà ce qu'il me faut ! « Affaire, «Pirámides», mansarde 50 m², 490 euros. »*

Vocabulaire

● Ciudades y pueblos ; *des villes et des villages :*

una metrópoli, *une métropole*
un pueblo, *un village*
un caserío, *un hameau*
ser de pueblo, *être provincial*
una aglomeración, *une agglomération*
las cercanías, *la banlieue*

Quiero alquilar un piso ● Je veux louer un appartement

GRAMMAIRE

LA CONTINUITÉ

L'expression de la continuité se fait en espagnol grâce au verbe **seguir**. Mais attention…

● **seguir** suivi d'un gérondif s'applique à une action qui s'accomplit.

Sigue siendo demasiado caro.
C'est toujours trop cher.

Siguió hablando.
Il a continué de parler.

● **seguir** suivi de **sin** et d'un infinitif s'applique à une action qui ne s'accomplit pas.

Sigue sin comer.
Il continue de ne pas manger.

Seguía sin decir nada.
Il continuait de ne rien dire.

LA NÉGATION

● **Nada**, *rien*, **nunca**, *jamais* peuvent être employés avec ou sans la négation **no**.

Nunca ha sido ocupado.
No ha sido ocupado nunca.
Nada pudo decirle.
No pudo decirle nada.

Lorsqu'ils sont employés seuls **nada** et **nunca** précèdent le verbe ; lorsqu'ils sont employés avec la négation **no** ils suivent le verbe.

| **Attention !**
| *Ne… plus* se traduira par **ya no**.
| *Non… plus* se traduira par **tampoco**.

A. Traduisez

1. Majadahonda, mansarde, salle de bains, cuisine, soixante m², cents euros.
2. C'est toujours trop petit.
3. Studio, vingt-cinq m², six cents euros.
4. Ça ne me plaît pas non plus.
5. Il faut que tu te fasses une idée des prix.
6. Il n'a pas compris un traître mot.
7. Ça ne nous plaît toujours pas.

B. Transformez selon le modèle

Juan sigue sin beber.
→ *Juan* sigue bebiendo.

1. Seguimos sin comer carne.
2. ¿Sigues sin montar a caballo? (caballo : *cheval*)
3. Seguiréis sin dormir.
4. He seguido sin verlo desde entonces.

C. Transformez selon le modèle

No *he comprendido* nada.
→ Nada *he comprendido*.

1. No lo he visto nunca aquí.
2. Este piso no ha sido ocupado nunca.
3. No le dijo nada.
4. No compraste nada.

D. Mettez les verbes aux temps indiqués

1. Seguiré *(présent)* sin comprender.
2. Te quedas *(passé simple)* en ayunas.
3. No entienden *(futur)* ni jota.
4. ¿Qué se creen [Pour qui vous prenez-vous ?] *(imparfait)*?

E. Mettez la partie en italique à la personne indiquée entre parenthèses

1. ¿*A mí me* pareció estupendo. (nosotros)
2. No *me* hagas soñar despierta. (ella)
3. ¿*Quieres* alquilar un piso? (vosotros)
4. ¡*Ayúdanos!* (usted)

213

De camping

Amélie y Lorenzo han intimado mucho. Aprovechan el puente del Corpus para ir de camping a la Sierra de Guadarrama.

Lorenzo: — Yo tengo un saco de dormir y con pedirle a Manolo el suyo, asunto resuelto.

Amélie: — Un momento, ¿Dormiremos en el suelo pelado? El camping será muy sano pero, a mí, dormir en el suelo me deja la espalda molida y, al día siguiente, me duelen todos los huesos. Vamos a buscar a alguien que nos preste un colchón neumático o dos; también tendremos que llevamos un infiernillo, si queremos comer caliente, ah, y comida para cinco días.

Lorenzo: — Eso va a ser mucha carga; mejor sería que fuéramos, dando un paseo, hasta el pueblo más cercano y allí compráramos cosas frescas; si no, no te digo cómo va a estar el pan al cabo de cinco días. (...) (continuará).

Observez

L'absence de préposition après le verbe **aprovechar** :
aprovechan el puente, (l. 1 et 2), *ils profitent* [du] *pont*.

Sachez que...

Avoir mal partout se dit **doler los huesos** [les os sont douloureux].
Avoir le dos, les jambes… en compote se dit **tener la espalda, las piernas… molida(s)**.
La **sierra de Guadarrama** est une chaîne de montagnes située au nord de Madrid.

En camping

Amélie et Lorenzo sont devenus très intimes. Ils profitent du pont de la Fête-Dieu pour aller faire du camping dans la sierra de Guadarrama.

Lorenzo : — *J'ai un sac de couchage, il suffit de demander le sien à Manolo et le tour est joué.*

Amélie : — *Attends un peu, nous allons dormir à même le sol ? Le camping, c'est peut-être très salutaire, mais moi, quand je dors par terre j'ai le dos en compote et, le lendemain, j'ai mal partout. On va chercher quelqu'un qui puisse nous prêter un ou deux matelas pneumatiques ; il faudra aussi qu'on emporte un camping-gaz si l'on veut manger chaud, ah, et de la nourriture pour cinq jours.*

Lorenzo : — *On va être trop chargés ; mieux vaudra que nous allions jusqu'au village le plus proche en nous promenant et, que nous y achetions des trucs frais. Sans ça, je ne te dis pas comment va être le pain au bout de cinq jours. (...) (à suivre).*

Vocabulaire

● Acampar ; *camper :*

una **tie**nda, *une tente*
una carav**a**na, *une caravane*
un mac**u**to, *un sac à dos*
unos **pi**nchos, *des sardines.*

GRAMMAIRE

LA PRÉPOSITION *A*

La préposition *a* s'emploie :

● après un verbe de mouvement lorsque celui-ci est suivi d'un infinitif

Vamos a buscar a alguien.
Nous allons chercher quelqu'un.

● devant un complément d'objet direct qui désigne une personne

He visto a Manolo. *J'ai vu Manolo.*
He visto la película. *J'ai vu le film.*

● pour indiquer un mouvement vers un lieu
Van a la sierra de Guadarrama.
Ils vont à la sierra de Guadarrama.

● pour indiquer le bénéficiaire d'une action
Le presté mi tienda a Juan.
J'ai prêté ma tente à Juan.

Attention !
Lorsque **a** est suivi de l'article **el**, il vous faudra utiliser la forme contractée **al**.

al día siguiente, *le lendemain*
al cabo de cinco días, *au bout de cinq jours*

LA PRÉPOSITION *CON* SUIVIE D'UN INFINITIF

Lorsqu'elle est suivie d'un infinitif, la préposition **con** équivaut le plus souvent à *il suffit de*.

Con pedirle a Manolo el suyo, asunto resuelto.
Il suffit de demander à Manolo le sien et le tour est joué.

A. Traduisez

1. Tu profites des fêtes pour aller à la montagne.
2. Il suffit d'emporter un camping-gaz et le tour est joué.
3. Vous *(usted)* avez mal au dos.
4. Nous avons les bras en compote.
5. Pouvez-vous *(vosotros)* nous prêter votre tente ?
6. Mieux vaut acheter des trucs frais.
7. Je ne te dis pas comment sera mon dos au bout de trois jours de camping.

B. Remplacez l'expression en italique par *con* + infinitif

1. *Si me prestas* dinero, me sacas de apuros (enlever une épine du pied).
2. *Si la dejas* tres minutos, será suficiente.
3. *Si compramos* un saco de dormir, se acabaron los problemas.
4. *Si nos levantamos* a las diez, habremos descansado bastante.

C. Ajoutez la préposition *a* si nécessaire

1. He visto … Manolo.
2. He visto … el perro de Manolo.
3. He comprado … un saco de dormir … Amélie.
4. Voy … acampar en la sierra.
5. Vinieron … comprar … un infiernillo.
6. Fueron … un camping municipal.

D. Passez du tutoiement au vouvoiement

1. ¿Le has pedido el suyo a Manolo?
2. ¡Aprovecha el puente para ir de camping!
3. ¿Os váis de camping?
4. Necesitáis una tienda de campaña.

E. Passez du vouvoiement au tutoiement

1. Ustedes han intimado mucho.
2. ¿Dormirá usted en el suelo?
3. ¿Quiere usted que le preste el mío?
4. ¿Comprarán ustedes cosas frescas?

Lorenzo: — ¿Qué tienda vamos a llevarnos? Yo tengo dos, la mía y la de mis padres. La mía, para la marcha es ideal; pesa dos kilos y, colgada del macuto, ni te enteras; la de mis padres, que es de cinco plazas, pesa mucho más, como es natural.

Amélie: — Si vamos a ir de un sitio para otro es preferible llevarse la pequeña, si no... ¿vamos a hacer camping salvaje?

Lorenzo: — No, en los montes del Estado está prohibido, más que nada a causa de los incendios forestales. Hay zonas de acampada, en general cerca de algún riachuelo, pero hay que pedir permiso a Icona; también podemos ir a los campings municipales, pero el encanto es menor, porque no hay ni osos, ni lobos, ni ciervos, ni serpientes venenosas...

Amélie: — Me estás tomando el pelo.

Observez

- L'expression **más que nada** (l. 11), *surtout*.
- La valeur de **menor** :
el encanto es menor (l. 16), *cela a moins de charme* (le charme est moindre).

Sachez que...

Se payer la tête de quelqu'un se dit **tomarle el pelo a alguien**.
Se moquer de quelqu'un se dit **burlarse de alguien**.
L'**ICONA (Instituto de Conservación de la Naturaleza)** a pour mission de préserver l'environnement.

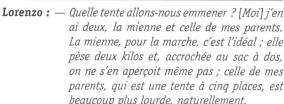

En camping (suite)

Lorenzo : — *Quelle tente allons-nous emmener ? [Moi] j'en ai deux, la mienne et celle de mes parents. La mienne, pour la marche, c'est l'idéal ; elle pèse deux kilos et, accrochée au sac à dos, on ne s'en aperçoit même pas ; celle de mes parents, qui est une tente à cinq places, est beaucoup plus lourde, naturellement.*

Amélie : — *Si on va [aller] d'un endroit à l'autre, il est préférable d'emmener la plus petite, sinon… Nous allons faire du camping sauvage ?*

Lorenzo : — *Non, c'est interdit dans les forêts domaniales, surtout à cause des incendies. Il y a des zones où l'on peut camper, en général près d'un ruisseau, mais il faut demander l'autorisation aux Eaux et Forêts ; nous pouvons aussi aller dans les terrains de camping municipaux, mais cela a moins de charme, parce qu'il n'y a ni ours, ni loups, ni cerfs, ni serpents venimeux…*

Amélie : — *Tu te paies ma tête.*

Vocabulaire

- El relieve ; *le relief* :

una cordill**e**ra, *une cordillère*
una s**ie**rra, *une chaîne de montagnes* (une sierra)
un m**o**nte, *une montagne*
una mes**e**ta, *un plateau*
un ll**a**no, *une plaine*
un v**a**lle, *une vallée*
un c**e**rro, *une colline*
irse por los c**e**rros de Ub**e**da, *battre la campagne*

GRAMMAIRE

LES EMPLOIS DE *SER*

Dès les premières leçons vous avez appris qu'il existait en espagnol deux verbes *être* : **ser** qui exprime ce qui est essentiel, et **estar** qui exprime ce qui est dû aux circonstances.

Sachez que vous emploierez systématiquement **ser** :

- devant un nom
  Es una tienda de cinco plazas.
  C'est une tente de cinq places.

  | **Attention !**
  | *Parfois le nom est sous-entendu*
  | **La de mis padres es [una tienda] de cinco plazas.**

- devant un pronom
  ¿La tienda es tuya?
  La tente est à toi ?

  Es lo que le dijo a Manolo.
  C'est ce qu'il a dit à Manolo.

- devant un infinitif
  Lo mejor es ir al pueblo.
  Le mieux, c'est d'aller au village.

Retenez aussi ce petit « truc » qui vous aidera sûrement…

	ser	*exemples*
C	ouleur d'origine	**La tiendra es azul.**
H	eure	**Son las dos.**
A	ppartenance	**El saco de dormir es mío. Es mi saco.**
M	atière	**La mesa es de madera.**
P	rofession	**Lola será médico.**
I	dentité	**Soy Juan.**
O	rigine	**Eres de Madrid, eres español.**
N	ombre	**Somos cuatro.**

A. Traduisez
1. C'est une tente à deux places.
2. Il est interdit de faire du camping sauvage.
3. Il faut emporter une tente qui pèse peu.
4. Nous devons demander l'autorisation.
5. Il se paie ta tête.
6. C'est à lui.
7. Il est préférable d'emporter le camping-gaz.
8. Les serpents sont venimeux.

B. Choisissez entre *ser* et *estar*
1. Lorenzo *(es, está)* el amigo de Amélie.
2. La sierra de Guadarrama *(es, está)* al norte de Madrid.
3. Para la marcha *(es, está)* preferible llevar una tienda que no pese mucho.
4. *(Somos, estamos)* dos.
5. *(Es, está)* la una y veinte.

C. Mettez le verbe au temps indiqué
1. Son las cinco. *(imparfait)*
2. El encanto es menor. *(futur)*
3. Mejor es ir a un camping municipal. *(conditionnel)*
4. Es el sitio más agradable. *(passé simple)*
5. Es maravilloso. *(passé composé)*

D. Pour pratiquer les structures d'obligation, transformez selon le modèle
Debes llevarte una tienda pequeña.
→ Tienes que *llevarte una tienda pequeña.*
→ Es necesario que *te lleves una tienda pequeña.*
1. Debéis llevaros un colchón.
2. Juan debe comprarse un macuto.
3. Debemos darnos prisa.
4. Debo pedir una autorización.

En el mercado del pueblo

Lorenzo: — Mira, éste es el mercado del que te hablé.

Amélie: — ¡Qué bonito! ¡Cuánta gente! ¡Qué colores!

(En la verdulería)

Verdulera: — A ver, ¿qué tomates les doy? ¿Cómo los quieren? Gorditos, ¿verdad? ¿Son para freir o para ensalada? ¿Han visto qué manzanas más bonitas tengo? ¿Cuántas les pongo?

Amélie *(a Lorenzo)*: — Esta mujer me marea. *(A la verdulera)* Péseme estos tomates.

(En la pescadería)

Lorenzo *(a la pescadera)*: — ¿A cómo está el pez espada? ¿Cuánto pesa ese trozo?

Pescadera: — Dos kilos y cuarto.

Pasa un ciego pregonando: «¡Los iguales para hoy!»

Amélie: — ¿Dónde está mi bolso? ¡Ay, Dios mío, que me parece que lo he perdido!

Observez

La structure **qué... más** :

¿Han visto qué manzanas más bonitas tengo? (l. 9 et 10),
Vous avez vu comme elles sont belles, mes pommes [quelles pommes plus jolies j'ai] !

Sachez que...

Parallèlement à la Loterie nationale, il existe ce que l'on appelle **los iguales**. Ce sont des billets de loterie (à tirage quotidien) qui sont exclusivement vendus par des non-voyants.

Au marché du village

| **Lorenzo :** | — *Regarde, voilà le marché dont je t'ai parlé.* |
| **Amélie :** | — *Comme c'est joli ! Et tout ce monde ! Et ces couleurs !* |

(Chez la marchande de légumes)

| **Marchande :** | — *Alors, qu'est-ce que je vous donne comme tomates ? Comment les voulez-vous ? Plutôt grosses, n'est-ce pas ? C'est pour cuire [frire] ou pour faire une salade ? Vous avez vu comme elles sont belles, mes pommes ? Je vous en mets [pèse] combien ?* |
| **Amélie** *(à Lorenzo)* : | — *Cette femme me soûle. (À la marchande de légumes :) Pesez-moi ces tomates.* |

(À la poissonnerie)

Lorenzo :	— *Il est à combien l'espadon ?*
(à la poissonnière)	*Combien pèse ce morceau ?*
Poissonnière :	— *Deux kilos et quart.*
Un aveugle passe en criant : « La loterie d'aujourd'hui ! »	
Amélie :	— *Où est mon sac ? Ah, mon Dieu, je crois que je l'ai perdu !*

Vocabulaire

● Fr**u**tas y verd**u**ras ; *fruits… et légumes :*

los pl**á**tanos, *les bananes*	el **a**pio, *le céleri*
la sand**í**a, *la pastèque*	los pim**i**entos, *les poivrons*
el mel**ó**n, *le melon*	las berenj**e**nas,
los melocot**o**nes, *les pêches*	*les aubergines*
las p**e**ras, *les poires*	los p**u**erros, *les poireaux*
la **u**va, *le raisin*	me imp**o**rta un pim**i**ento,
las jud**í**as v**e**rdes, *les haricots verts*	*ça m'est égal*

GRAMMAIRE

LES INTERROGATIFS

¿quién? ¿quiénes? *(qui)*	**¿Quién ha venido?** *Qui est venu ?* **¿Quiénes son?** *Qui sont-ils ?*
¿qué? *(que, quoi)*	**¿Qué desean?** *Que désirez-vous ?* **¿En qué piensas?** *À quoi penses-tu ?*
¿cuál? ¿cuáles? *(lequel, laquelle,* *lesquels…)*	**¿Cuál?** *Lequel ?* **¿Cuáles quieres?** *Lesquels veux-tu ?*
¿dónde? *(où)*	**¿A dónde vas?** *Où vas-tu ?*
¿cómo? *(comment)*	**¿Cómo los quieren?** *Comment les voulez-vous ?*
¿por qué? *(pourquoi)*	**¿Por qué lo dices?** *Pourquoi dis-tu ça ?*
¿cuándo? *(quand)*	**¿Cuándo te vas?** *Quand pars-tu ?*
¿cuánto? *(combien)*	**¿Cuánto cuesta?** *Combien ça coûte ?*
¿cuánta? ¿cuántas? *(combien)*	**¿Cuántos tomates quieres?** *Combien de tomates veux-tu ?* **¿Cuántas lonchas?** *Combien de tranches ?*

Attention !

Les interrogatifs portent toujours un accent écrit même s'ils apparaissent dans une question indirecte.

No sabia qué hacer. *Je ne savais pas quoi faire.*

À l'exception de **por qué** (cf. leçon 7), chacun de ces mots peut être employé en dehors d'une phrase interrogative.

Cuando lo vea… *Quand je le verrai…*

A. Traduisez

1. Quand viens-tu ?
2. Que voulez-vous ? *(vosotros)*
3. Combien de temps vas-tu rester ?
4. Comment dit-on ?
5. Nous voulons celui-ci. Lequel ?
6. Nous voulons ceux-ci. Lesquels ?
7. Combien de pommes voulez-vous ? *(usted)*
8. Pourquoi achètes-tu des pêches ?

B. Faites l'accord si nécessaire

1. ¿*Cuánto* kilos le pongo?
2. ¿Le gustan estas sandías? ¿*cuál*?
3. ¿*Quién* es?
4. ¿*Qué* desea?
5. ¿*A cómo* están los plátanos?

C. Transformez selon le modèle

— *Quiero dos kilos.* (combien) → ¿*Cuántos kilos quiere?*

1. — Me apetece éste. (lequel)
2. — Vengo mañana. (quand)
3. — Soy Lorenzo. (qui)
4. — Lo preparo con tomates y berenjenas. (comment)

D. Choisissez le verbe qui convient

1. *(Es, está)* la verdulera.
2. ¿A cómo *(son, están)* los tomates?
3. *(Somos, estamos)* en el mercado.
4. *(Es, está)* pregonando.

E. Mettez le verbe au temps indiqué entre parenthèses

1. ¿Qué tomates te da *(passé simple)*?
2. ¿A cómo está *(imparfait)* el pez espada?
3. ¡Ves *(passé composé)* qué manzanas más bonitas!

Pedir un adelanto por teléfono

Amélie ha perdido su bolso. Lorenzo y ella han estado en el cuartel de la Guardia Civil para denunciar la pérdida o el robo. El guardia civil les ha entregado una copia de la declaración de pérdida y les ha dicho que, con esta copia, se dirijan al consulado francés para obtener nuevos documentos de identidad. Disgustados, nuestros amigos han liado sus bártulos y se han vuelto a Madrid. Ahora Amélie está sin documentos, y lo que es peor, sin dinero. Decide ir a Teléfonos y llamar a sus padres.

Amélie:	— Quisiera llamar a este número, a cobro revertido, por favor.
Telefonista:	— Pase a la cabina n° 8. (…) Hablen.
Papá:	— ¿Te ocurre algo? ¿Dónde estás? ¿Por qué llamas a estas horas? ¿Has tenido un accidente?
Amélie:	— Estoy bien pero he perdido mi bolso con los papeles y el dinero del mes. Necesito que me envíes algún dinero lo más rápidamente posible.

Observez

● La valeur de **necesitar**, *avoir besoin* :
necesito que me envíes dinero (l. 17 et 18), *j'ai besoin que tu m'envoies de l'argent.*
● L'absence de possessif :
con los papeles (l. 16 et 17), *avec mes papiers.*

Sachez que...

Si vous êtes dans une grande ville, la Poste restante se trouve toujours à la poste principale.

Demander une avance par téléphone

Amélie a perdu son sac. Lorenzo et elle sont passés à la caserne de la Garde Civile pour y déclarer la perte ou le vol. Le garde civil leur a remis un double de la déclaration de perte et leur a dit d'aller au consulat français avec ce double afin d'obtenir de nouveaux papiers d'identité. Contrariés, nos amis ont plié bagage et sont repartis pour Madrid. Voilà Amélie sans papiers et, qui pis est, sans argent. Elle décide d'aller à la Poste et de téléphoner à ses parents.

Amélie : — *Je voudrais appeler ce numéro en P.C.V., s'il vous plaît.*

Standardiste : — *Prenez [passez à] la cabine n° 8. (...) Parlez.*

Papa : — *Qu'est-ce qui t'arrive ? Où es-tu ? Pourquoi appelles-tu à cette heure ? Tu as eu un accident ?*

Amélie : — *Je vais bien mais j'ai perdu mon sac, avec mes papiers et l'argent du mois. Il faut que tu m'envoies un peu d'argent le plus rapidement possible.*

Vocabulaire

● Telefone**ar** ; *téléphoner :*

una llam**a**da, *un appel*
un indicat**i**vo, *un indicatif*
una tonalid**a**d, *une tonalité*
un p**a**so, *une unité*
una cab**i**na, *une cabine*
d**í**gale a X que se p**o**nga, *passez-moi X*
comun**i**can, *occupé* [ça sonne occupé].
el auricul**a**r, *le combiné*

GRAMMAIRE

LES EMPLOIS DE *ESTAR*

Nous avons dit (cf. leçon 1) que le verbe **estar** permettait d'attribuer à un être ou à une chose une qualité passagère qui pouvait varier en fonction des circonstances. Il permet également d'indiquer :

● un lieu
Amélie está en Madrid.
Amélie est à Madrid.

● une humeur
Están contentos.
Ils sont contents.

Están disgustados.
Ils sont contrariés.

● un état
Está cansado.
Il est fatigué.

Está bien.
C'est bien.

● le résultat d'une action
Amélie está sentada.
Amélie est assise.

> **Attention !**
> Pour une action passée, vous emploierez l'auxiliaire **haber** et vous le ferez suivre d'un participe passé invariable (cf. leçon 14) :

Amélie ha perdido el bolso. *Amélie a perdu son sac.*

Pour le résultat d'une action vous emploierez l'auxiliaire **estar** et vous le ferez suivre d'un participe passé que vous accorderez.

El bolso está perdido. *Le sac est perdu.*

A. Traduisez

1. Ils sont à la caserne de la Garde Civile.
2. Le consulat français est à Madrid.
3. Vous *(usted)* êtes contrarié.
4. Vous *(vosotros)* êtes contents.
5. Tu dois appeler en P.C.V.
6. Où sommes-nous ?
7. Écris-moi Poste restante.
8. Je vous *(usted)* remets un double de la déclaration.

B. Choisissez entre *ser* et *estar*

1. *(Están, son)* en la oficina.
2. *(Estoy, soy)* la telefonista.
3. Aquel día *(estaba, era)* triste.
4. *(Fuimos, estuvimos)* en Madrid.
5. El bolso *(está, es)* perdido.

C. Mettez le verbe en italique au temps indiqué

1. Amélie *está* sin dinero. *(imparfait)*
2. Lorenzo *está* cansado. *(futur)*
3. *Están* en el mercado. *(passé simple)*
4. *Estamos* en casa de Juan. *(passé composé)*
5. *Estáis* comiendo. *(conditionnel)*

D. Passez du tutoiement au vouvoiement

1. ¡Mándamelo!
2. ¿Te ocurre algo?
3. ¿Por qué llamáis a estas horas?
4. ¿Dónde estás?

E. Passez du vouvoiement au tutoiement

1. Pase a la cabina n° 8.
2. ¿Han tenido un accidente?
3. Lo llamaré esta noche.

En la oficina de objetos perdidos

Amélie ha recibido una carta de la oficina de objetos perdidos en la que se le informa de que un objeto de su pertenencia se encuentra allí depositado. A la mañana siguiente…

Empleado:	— Aquí tiene, señorita. Compruebe su contenido y firme este recibo. (El empleado vacía el bolso en el mostrador ante Amélie. La joven aparta objeto tras objeto y conforme va comprobando que no falta nada, su sonrisa se va confirmando.)
Amélie:	— No falta nada, incluso han devuelto el dinero. ¡Qué alegría!

Una señora que está junto al mostrador, al lado de Amélie, le dice:

	— Ea, en todas partes hay gente honrada, señorita.
Amélie: *(al empleado):*	— ¿Me puede decir quién lo ha devuelto? Es para agradecérselo.
Empleado:	— La persona no ha dado su nombre. Lo único que le puedo decir es que el bolso estaba cerca de un puesto de pescado en el mercado.

Observez

● La valeur de la conjonction **conforme** : **conforme va comprobando** (l. 10), *à mesure qu'elle se rend compte.*
● La valeur de la structure **en la que** :
una carta en la que (l. 2), *une lettre dans laquelle.*

Sachez que…

Le mot **pescado** est réservé au poisson qui a été pêché alors que le mot **pez** est réservé au poisson qui vit encore dans son milieu naturel.

Au bureau des objets trouvés

Amélie a reçu une lettre du bureau des objets trouvés dans laquelle on l'informe qu'un objet lui appartenant y a été déposé. Le lendemain matin...

Employé : — *Voilà, mademoiselle, vérifiez le contenu et signez ce reçu. (L'employé vide le sac sur le comptoir sous les yeux d'Amélie. La jeune femme écarte un par un les objets et à mesure qu'elle se rend compte que rien ne manque, son sourire se confirme.)*

Amélie : — *Tout y est, on a [ils ont] même rendu l'argent.*
Formidable [quelle joie] !

Une dame qui est près du comptoir, à côté d'Amélie, lui dit :

— *Eh, il y a des gens honnêtes partout, mademoiselle.*

Amélie *(à l'employé)* : — *Pouvez-vous me dire qui l'a rapporté ? C'est pour l'en remercier.*

Employé : — *La personne n'a pas donné son nom. Tout ce que je peux vous dire, c'est que le sac était près d'un étal de poisson au marché.*

Vocabulaire

● **U**nos r**í**en y **o**tros ll**o**ran ; «*Gens*» qui rient... «*Gens*» qui pleurent :

re**í**r, *rire*	llor**a**r, *pleurer*
sonre**í**r, *sourire*	lloriqu**ea**r, *pleurnicher*
ser am**a**ble, *être aimable*	ser antip**á**tico, *être antipathique*
ser simp**á**tico, *être sympathique*	est**a**r de m**a**las, *être de mauvaise*
est**a**r de b**ue**nas, *être de bonne*	*humeur*
humeur	

GRAMMAIRE

LA SITUATION DANS L'ESPACE

Vous avez appris (cf. leçon 35) quelques adverbes de lieu (**aquí, ahí, allí**) ; voici d'autres adverbes et d'autres structures qui vous permettront de situer les choses plus précisément encore.

Devant	**delante**	**El hombre que está delante.**
	delante de	**El hombre que está delante de ella.**
	ante	**Vacía el bolso ante Amélie.**
En face	**enfrente**	**El hombre que está enfrente.**
	enfrente de	**El hombre que está enfrente de ella.**
Face à	**frente a**	**El hombre que está frente a ella.**
	ante	**El hombre que está ante ella.**
Derrière	**detrás**	**El hombre que está detrás.**
	detrás de	**El hombre que está detrás de ella.**
	trás	**El hombre que está trás ella.**

Attention !
Tras peut aussi signifier *après*.
Uno tras otro. *L'un après l'autre.*

Près	**cerca**	**La mujer que está cerca de Amélie.**
À côté de	**al lado de**	**La mujer que está al lado de Amélie.**
	junto a	**La mujer que está junto a Amélie.**
Dans	**dentro de**	**Está dentro de la casa.**
Dedans	**dentro**	**¿Qué hay dentro?**
Hors	**fuera**	**¡Fuera de aquí!**
Dehors	**fuera**	**¡Los niños están fuera!**
Eh haut	**arriba**	**Cuando llegues arriba.**
En bas	**abajo**	**No bajes hasta abajo.**

EXERCICES

A. Traduisez

1. Tu as reçu une lettre du bureau des objets trouvés.
2. Où est le bureau ?
3. Un objet qui vous appartient y est déposé.
4. Vérifiez *(ustedes)* le contenu des sacs.
5. Devant nous il y avait une femme.
6. Près d'elle il y avait un sac.
7. Il ne manque rien.

B. Transformez selon le modèle

El hombre está detrás de ella. → *El hombre está tras ella.*

1. Vacía el bolso delante de ella.
2. El empleado está enfrente de Amélie.
3. El bolso está detrás del puesto.

C. Transformez selon le modèle

¿Está cerca? → *No, está lejos.*

1. ¿Está detrás?
2. ¿Está fuera?
3. ¿Está arriba?
4. ¿Está lejos?

D. Choisissez le verbe qui convient

1. *(Hemos, tenemos)* recibido una carta.
2. El hombre *(es, está)* junto al mostrador.
3. *(Son, están)* firmando el recibo.

E. Mettez les verbes aux temps indiqués entre parenthèses

1. Aparto *(passé simple)* los objetos uno tras otro.
2. Le informan *(passé composé)* de que está allí.
3. No falta *(imparfait)* nada.

Amélie recibe una carta

Amélie ha recibido una carta de un amigo de su padre. Mientras sube la escalera de su casa, va leyendo lo siguiente:

Bajamar, 8 de agosto de 20...

Querida Amélie,
Acabamos de recibir una carta de tu padre en la que nos dice que estás en España. No sabes cuánto nos alegramos. Estamos seguros de que estás haciendo grandes progresos en español. Ya verás que conforme pase el tiempo lo dominarás cada vez mejor.

Y ahora, vamos al grano: por tu padre sabemos que tienes la última quincena de agosto libre. Mi esposa y yo te invitamos a que vengas a pasarla con nosotros. Ven cuanto antes; bueno, ven cuando puedas. Durante quince días recorreremos estas islas, que por algo llaman Afortunadas. En cuanto sepas si puedes venir, comunícanoslo, por favor. Un abrazo y hasta pronto.

Sebastián y Mª Luisa.

Observez

- La structure **cada vez mejor** (l. 10), *de mieux en mieux*.
- L'expression **ir al grano** *(aller au but)* ou (l. 11) *passer aux choses sérieuses.*

Sachez que...

Les îles Canaries sont un archipel de sept îles divisé en deux provinces : celle de Santa Cruz et celle de Las Palmas.

Amélie reçoit une lettre

Amélie a reçu une lettre d'un ami de son père. Voici ce qu'elle lit, tandis qu'elle monte l'escalier :

Bajamar, le 8 août 20…

Chère Amélie,

Nous venons de recevoir une lettre de ton père où il nous dit que tu es en Espagne. Tu n'imagines pas combien cela nous a fait plaisir. Nous sommes certains que tu fais de gros progrès en espagnol. Tu verras comme au fil des jours tu le maîtriseras de mieux en mieux.

Et maintenant, passons aux choses sérieuses : nous avons su par ton père que tu es en vacances la dernière quinzaine du mois d'août. Mon épouse et moi t'invitons à la passer avec nous. Viens dès que possible ; enfin, viens quand tu pourras. Pendant ces quinze jours nous parcourrons ces îles qu'on appelle, non sans raison, les îles Fortunées. Dès que tu sauras si tu peux venir, fais-nous-le savoir, s'il te plaît. Grosses bises et à bientôt.

Sebastián et Mª Luisa.

Vocabulaire

● *La mer qu'on voit danser…*

una archip**iél**ago, *un archipel*
una **i**sla, *une île*
una **co**sta, *une côte*
un **ca**bo, *un cap*
un p**ue**rto, *un port*
una bah**í**a, *une baie*

GRAMMAIRE

LES ADVERBES DE TEMPS

Pendant,	**mientras**	Mientras yo compro el periódico.
tandis que	**mientras que**	Mientras que prepara la comida.
au fur et à mesure	**conforme**	Conforme pasan los días.
à mesure	**a medida**	A medida que pasan los días.
maintenant	**ahora**	Ahora vamos al grano.
après	**después**	Te lo diré después.
	después de	Después de haberlo visto.
ensuite	**luego**	Luego nos vemos.
	después	Primero sales y después nos vemos.
avant	**antes**	¿Por qué no vienes antes?
	antes de	Llámanos antes del lunes.
quand	**cuando**	Ven cuando puedas.
dès que	**en cuanto**	En cuanto compres el billete.
	cuanto	Ven cuanto antes.
bientôt	**pronto**	Hasta pronto.

IMPÉRATIFS

Lors des leçons 21 et 22 vous avez appris les formes impératives. Sachez que huit verbes présentent une irrégularité à la 2ᵉ personne du singulier (**tú**).

decir :	DI,	**diga, digamos, decid, digan.**
ir :	VE,	**vaya, vayamos, id, vayan.**
hacer :	HAZ,	**haga, hagamos, haced, hagan.**
poner :	PON,	**ponga, pongamos, poned, pongan.**
salir :	SAL,	**salga, salgamos, salid, salgan.**
ser :	SE,	**sea, seamos, seáis, sean.**
tener :	TEN,	**tenga, tengamos, tened, tengan.**
venir :	VEN,	**venga, vengamos, venid, vengan.**

A. Traduisez

1. Ton père vient de recevoir une lettre de son ami.
2. Passe aux choses sérieuses ; dis-nous la date de ton arrivée.
3. Viens dès que possible.
4. Quand nous pourrons, nous irons vous *(ustedes)* voir.
5. Dès qu'ils sauront s'ils peuvent venir, ils nous le feront savoir.
6. Et maintenant, tu verras que, au fur et à mesure que le temps passe, tu maîtriseras de mieux en mieux l'espagnol.

B. Passez du vouvoiement au tutoiement

1. Diga cuando viene.
2. Ponga este paquete en el armario.
3. Salga y compre el billete.
4. Venga en cuanto reciba la carta.
5. Tenga paciencia y venga cuando pueda.

C. Aidez-nous à finir cette lettre

Paris, 13 (août) de 20…

(Cher) Adolfo,

Te (invite à passer) 10 días (à) el campo. Ven (quand) puedas ; bueno, ven (dès que) antes. En cuanto (tu sauras) si (tu peux) venir (dis-le-moi) (Grosses bises) y hasta (bientôt).

D. Mettez les verbes au temps indiqué entre parenthèses

1. Mientras sube *(imparfait)*, va *(imparfait)* leyendo la carta.
2. Se alegran *(passé simple)*.
3. La invitan *(passé composé)* a pasar unos días.
4. Amélie irá *(conditionnel)* a Canarias si tiene *(imparfait du subjonctif)* dinero.

E. Mettez la phrase à la forme négative

1. Ven mañana.
2. Reserve usted dos billetes.
3. Avisad.

La contestación

Madrid, 13 de agosto de 20...

Estimado don Sebastián,

No sabe cuánta alegría me dio recibir su carta. Le agradezco su invitación y la acepto encantada. Con tal de que haya billetes de avión, estaré el día 16 en el aeropuerto de los Rodeos.

¿Sabe que por poco me tengo que quedar sin veraneo? Pues sí, el otro día, en un mercadillo de los alrededores, se me perdió el bolso. En él llevaba todos los papeles y el dinero. A no ser por la pescadera que lo encontró y que lo llevó a Objetos Perdidos, ahora tendría que quedarme para hacer papeles nuevos; esto sin contar con qué la pérdida del dinero me hubiese privado del placer de pasar quince días con ustedes. Gracias a Dios, todo acabó por arreglarse. Les llamaré para anunciarles la hora de mi llegada.

Un abrazo. Amélie.

Observez

La structure cuánto + nom :
cuánta alegría (l. 3), *combien j'ai été contente.*

Sachez que...

Il existe bon nombre d'expressions contenant le mot *Dieu* **(Dios)** : **gracias a Dios**, *grâce à Dieu* ; **vaya usted con Dios**, *que Dieu vous garde* ; **si Dios quiere**, *si Dieu le veut* ; **Dios no lo quiera**, *qu'à Dieu ne plaise.*

La réponse

Madrid, le 13 août 20…

Cher don Sebastian,

Vous n'imaginez pas combien j'ai été contente de recevoir votre lettre. Je vous remercie de votre invitation et je l'accepte volontiers. Je serai le 16 à l'aéroport de Los Rodeos, pourvu qu'il y ait des billets d'avion.

Savez-vous que j'ai failli ne pas avoir de vacances. Eh oui, l'autre jour, dans un petit marché des alentours, j'ai perdu mon sac. Il contenait tous mes papiers et mon argent. Et sans la poissonnière qui l'a trouvé et l'a rapporté aux objets trouvés, aujourd'hui il me faudrait rester ici pour refaire de nouveaux papiers ; [ça] sans compter la perte de l'argent qui m'aurait privée du plaisir de passer quinze jours avec vous. Grâce à Dieu, tout a fini par s'arranger. Je vous appellerai pour vous annoncer l'heure de mon arrivée.

Je vous embrasse. Amélie.

Vocabulaire

● *En-têtes et conclusions :*

estimado señor, *cher Monsieur*
muy señor mío, *très cher Monsieur*
apreciado amigo, *cher ami*
querido amigo, *très cher ami*
su seguro servidor, *votre serviteur*
con el debido respeto, *respectueusement*

GRAMMAIRE

L'IMPARFAIT DU SUBJONCTIF LES FORMES EN -*SE*

L'imparfait du subjonctif peut se conjuguer de deux façons. Nous vous avons présenté (leçon 28) une des deux conjugaisons possibles (formes en **ra**), voici l'autre conjugaison (formes en **se**) :

	Cantar	Beber	Vivir
1.	cantara, cantase	bebiera, bebiese	viviera, viviese
2.	cantaras, cantases	bebieras, bebieses	vivieras, vivieses
3.	cantara, cantase	bebiera, bebiese	viviera, viviese
4.	cantáramos, cantásemos	bebiéramos, bebiésemos	viviéramos, viviésemos
5.	cantarais, cantaseis	bebierais, bebieseis	vivierais, vivieseis
6.	cantaran, cantasen	bebieran, bebiesen	vivieran, viviesen

Les formes en **ra** sont équivalentes aux formes en **se**. Vous pouvez les employer indifféremment.

LA CONDITION

Elle peut être exprimée par :

● **a no ser que** + subjonctif
Iré a verte a no ser que vengas.
J'irai te voir à moins que tu ne viennes.

| **Attention !**
Lorsque **a no ser** est suivi de la préposition **por**, la structure acquiert un sens restrictif.

A no ser por la pescadera…
Sans la poissonnière…

● **con tal de que** + subjonctif
Con tal de que haya billetes, iré a verte.
J'irai te voir, pourvu qu'il y ait des billets.

● **con tal de** + infinitif
Con tal de venir, es capaz de cualquier cosa.
Il est capable de faire n'importe quoi pour venir.

EXERCICES

A. Traduisez

1. Je vous remercie de votre invitation que j'accepte volontiers.
2. Pourvu qu'il y ait des billets, j'irai vous *(usted)* voir.
3. Savez-vous *(usted)* que j'ai failli ne pas avoir de vacances ?
4. J'ai perdu mon billet d'avion.
5. Grâce à Dieu, tout a fini par s'arranger.
6. Sans la poissonnière, aujourd'hui il me faudrait rester ici.

B. Transformez selon le modèle

Si tengo *dinero*, voy *a verte*
→ Con tal de que tenga *dinero*, iré *a verte*.

1. Si hay billetes, estoy mañana en el aeropuerto.
2. Si tengo tiempo, paso a visitarte.
3. Si vienes pronto, podemos ir al centro.

C. Mettez à l'imparfait (en respectant la concordance des temps)

1. Dice que te espera en el aeropuerto.
2. Juan quiere que acepte la invitación.
3. Sebastián no cree que Amélie venga.
4. Es posible que vaya a verlos.

D. Mettez les verbes au temps indiqué entre parenthèses

1. Me da *(passé composé)* mucha alegría verla.
2. Aceptas *(futur)* encantado.
3. Se tenían *(présent)* que quedar.
4. Lleváis *(imparfait)* bastante dinero.

E. Écrivez en toutes lettres les dates suivantes

1. Lundi 10 février 2007.
2. Dimanche 6 mars 1975.
3. Vendredi 27 avril 1953.
4. Mercredi 31 août 1968.

En volandas

En la oficina de IBERIA.

Amélie: — Quiero ir a Tenerife el martes 16, pasado mañana; ¿me puede decir los precios y el horario de los vuelos?

Empleado: — El martes hay un primer vuelo que sale de Barajas a las siete de la mañana y llega a los Rodeos a las nueve treinta; el segundo sale a las doce y llega a las tres, hora local. Hay un tercer vuelo por la tarde, salida a las cinco, hace escala en Sevilla y tiene su llegada a las nueve de la noche, hora local. Los dos primeros vuelos son directos.

Amélie: — ¿Cuánto cuesta el viaje?

Empleado: — En clase turista, el billete de ida vale 180 Euros; el de ida y vuelta, 300 Euros. El billete de primera casi el doble.

Amélie: — ¿No hay descuentos?

Empleado: — Puede usted tomar un vuelo nocturno que cuesta algo menos de la mitad de un vuelo normal.

Observez

● L'expression **pasado mañana** (l. 2 et 3), *après-demain*.
● La terminaison de **primer** (l. 5), **un primer vuelo**, *un premier vol*, et celle de **tercer** (l. 9), **un tercer vuelo**…

Sachez que...

Il existe un décalage horaire d'une heure entre la péninsule et les îles Canaries. Lorsqu'il est trois heures en métropole, il est deux heures aux Canaries.
IBERIA est une compagnie aérienne espagnole. C'est l'équivalent de Air France.

À tire-d'aile

Au bureau d'IBERIA.

Amélie : — *Je veux aller à Tenerife le mardi 16, c'est-à-dire après-demain ; pouvez-vous me donner les prix et les horaires des vols ?*

Employé : — *Mardi il y a un premier vol qui part de Barajas à sept heures du matin et qui arrive à Los Rodeos à neuf heures trente ; le second part à midi et arrive à trois heures, heure locale. Il y a un troisième vol l'après-midi, départ à cinq heures, il fait escale à Séville et arrive à Tenerife à neuf heures du soir, heure locale. Les deux premiers vols sont directs.*

Amélie : — *Combien coûte le voyage ?*

Employé : — *En classe touriste, l'aller simple vaut 180 euros ; l'aller-retour 300. Le billet de première classe vaut près du double.*

Amélie : — *Il n'y a pas de réduction ?*

Employé : — *Vous pouvez prendre un vol de nuit qui coûte un peu moins de la moitié d'un vol normal.*

Vocabulaire

● *À tire-d'aile :*

la tripula**ció**n, *l'équipage*
el comand**a**nte, *le commandant*
las aza**fa**tas, *les hôtesses*
una esc**a**la, *une escale*
abroch**a**rse el cintur**ó**n, *attacher sa ceinture*
alz**a**r el v**ue**lo, *décamper*

GRAMMAIRE

L'HEURE

En espagnol, l'expression de l'heure implique :

● l'emploi d'un article défini féminin
Cet article sera singulier ou pluriel selon le nombre d'heures dont il est question.

A la una te espero. *Je t'attends à une heure.*
A las dos te espero. *Je t'attends à deux heures.*

● l'omission du mot **hora**
Le mot **hora** n'apparaît jamais, il reste toujours sous-entendu en espagnol.

Nos vemos el sábado a las ocho.
On se voit samedi à huit heures.

● l'emploi du verbe **ser**
Dans les phrases du type : il est quatre heures, vous emploierez le verbe **ser**.

Son las tres. *Il est trois heures.*

Attention !
Le verbe **ser**, tout comme l'article, est soumis à l'accord.

Es la una y diez. *Il est une heure dix.*
Son las seis menos cinco. *Il est six heures moins cinq.*

01 h 00 Es la una	01 h 35 Son las dos menos 25
01 h 05 Es la una y cinco	01 h 40 Son las dos menos 20
01 h 10 Es la una y diez	01 h 45 Son las dos menos 15
01 h 15 Es la una y cuarto	01 h 50 Son las dos menos 10
01 h 20 Es la una y veinte	01 h 55 Son las dos menos 05
01 h 25 Es la una y veinticinco	02 h 00 Son las dos
01 h 30 Es la una y media	

A. Traduisez

1. Après-demain j'irai à Tenerife.
2. Peux-tu me dire les heures de départ et d'arrivée des vols ?
3. Le premier vol part à huit heures quinze et arrive à dix heures trente ; c'est un vol direct.
4. Le second vol part à une heure trente de l'après-midi et arrive à sept heures moins cinq ; il fait escale à Séville.
5. Combien coûte le billet ?
   L'aller-retour vaut 342 euros.
6. Tu peux prendre un vol nocturne qui ne coûte pas autant.

B. Transformez selon le modèle

¿Qué hora es? (14 h 50) → Son las tres menos diez
1. ¿Qué hora es? (18 h 20)
2. ¿Qué hora es? (17 h 10)
3. ¿Qué hora es? (16 h 15)
4. ¿Qué hora es? (15 h 45)
5. ¿Qué hora es? (09 h 35)

C. Passez du vouvoiement au tutoiement

1. ¿Me puede decir el precio y el horario de los vuelos?
2. Tome un vuelo nocturno, le costará más barato.
3. ¿Prefiere viajar en clase turista o en primera clase?
4. ¿Puede enseñarme su pasaporte?
5. Si toma este vuelo, llegará a las seis de la tarde.

D. Remplacez les mots en italique par le pronom qui convient

1. Viajaré con *Juan*.
2. Espero *a Sebastián y a Luisa*.
3. Tome usted *el vuelo nocturno*.
4. Prefieres esperar *a Luis*.

Correos (1)

Amélie: — ¿Dónde está Lista de Correos, por favor?
Empleado: — Al fondo del pasillo, ventanilla 10, a mano izquierda.

Al acercarse, Amélie ve que hay en la cola unas diez personas.
Pide la vez: «¿Quién es el último, por favor?» *y decide comprar sellos en la ventanilla de al lado, en la que no hay nadie.*

Amélie: — Deme tres sellos para carta y tres para postal.
Empleado: — ¿Son para España o para el extranjero?
Amélie: — Para el extranjero. ¿Me puede decir cuánto tarda una carta urgente de aquí a Francia?
Empleado: — Eso depende, pero más o menos, tres días.

Amélie paga y vuelve a la ventanilla 10. Piensa: «¡Ojalá no tenga que esperar mucho! ¡Tengo tántas cosas que hacer!» *El empleado está atendiendo a la persona que le dio la vez a Amélie...*

Observez

● L'expression **a mano izquierda** *(à main gauche)* (l. 2 et 3), *sur votre gauche.*
● La valeur de l'article **unas** :
unas diez personas (l. 4), *environ dix personnes.*

Sachez que...

Si vous devez faire la queue avant d'être servi (que ce soit dans une administration ou dans un magasin), demandez toujours :
« **¿Quién es el último?** » « *Qui est le dernier ?* » **(pedir la vez)**. Lorsqu'un nouvel arrivant se présentera et vous posera la même question, répondez : « **Soy yo** » « *C'est moi* » **(dar la vez)**.

À la poste (1)

Amélie : — *Où est la poste restante, s'il vous plaît ?*
Employé : — *Au fond du couloir, guichet 10, à gauche.*

En s'approchant, Amélie voit qu'il y a une queue d'environ dix personnes. Elle demande : « Qui est le dernier, s'il vous plaît ? » et décide d'acheter des timbres au guichet d'à côté, où il n'y a personne.

Amélie : — *Donnez-moi trois timbres tarif lettre et trois tarif carte postale.*
Employé : — *Pour l'Espagne ou pour l'étranger ?*
Amélie : — *Pour l'étranger. Pouvez-vous me dire combien de temps met une lettre pour arriver en France lorsqu'on l'envoie en urgent ?*
Employé : — *Ça dépend, mais, à peu près trois jours.*

Amélie paie et retourne au guichet 10. Elle se dit : « Pourvu que je n'aie pas trop à attendre ! J'ai tant de choses à faire ! » L'employé s'occupe de la personne qui était devant Amélie…

Vocabulaire

• *À la poste :*

una c**a**rta, *une lettre*
un s**o**bre, *une enveloppe*
un s**e**llo, *un timbre*
una tarj**e**ta post**a**l, *une carte postale*
un paqu**e**te, *un colis*
un buz**ó**n, *une boîte aux lettres*

GRAMMAIRE

LE SOUHAIT

L'expression du souhait peut se faire en espagnol de diverses façons. Vous en connaissez quelques-unes :

- **Desear que** + subjonctif
  Deseo que vuelvas pronto.
  Je souhaite que tu reviennes bientôt.

  Yo deseaba que se quedara.
  Je souhaitais qu'il reste.

- **Me gustaría que** + imparfait du subjonctif
  Me gustaría que me acompañaras.
  J'aimerais que tu m'accompagnes.

En voici deux autres…

- **¡Ojalá!** + subjonctif
  ¡Ojalá no tenga que esperar mucho!
  Pourvu que je n'aie pas trop à attendre !

- **¡Qué!** + subjonctif
  ¡Qué no le haya pasado nada!
  Pourvu qu'il ne lui soit rien arrivé !

L'APPROXIMATION

Lorsque vous ne pouvez pas donner une information (heure, durée, quantité, lieu…) avec exactitude, vous aurez recours à des formules comme :

- **unos, unas** *(environ, quelques)* :
  Hay una cola de unas diez personas.

- **más o menos** *(plus ou moins, à peu près)* :
  Eso depende, pero más o menos, une semana.

A. Traduisez

1. C'est au fond du couloir à droite, guichet 13.
2. Il y avait environ trente personnes.
3. Tu as demandé qui était le dernier ?
4. Nous allons acheter des timbres.
5. Vous étiez à peu près une quinzaine.
6. Je suis allée à la poste restante.
7. Combien de temps mettra la lettre si je l'envoie en urgent ?

B. Transformez selon le modèle

Me gustaría que vinieras. → *¡Ojalá vengas!*

1. Me gustaría que no hubiera mucha gente.
2. Me gustaría que tuvieras tiempo.
3. Me gustaría que encontraran el bolso.
4. Me gustaría que fuera a verlo.
5. Me gustaría que pudieras ir al cine.

C. Transformez selon les indications données

1. Llegué a las tres. *(à peu près)*
2. Te esperamos diez minutos. *(environ)*
3. Son veinte. *(plus ou moins)*

D. Choisissez le verbe qui convient

1. ¿Dónde *(es, está)* la ventanilla 11?
2. *(Son, están)* en el pasillo.
3. *(Eres, estás)* atendiendo a Amélie.
4. *(Somos, estamos)* sus amigos.

E. Mettez les verbes au temps indiqué entre parenthèses (sachant que le premier verbe est au mode indicatif et le second au mode subjonctif)

1. Me gusta *(conditionnel)* que lo compre *(imparfait)*.
2. Es *(passé simple)* menester que espere *(imparfait)* un poco.
3. Quería *(présent)* que le vendiera *(présent)* un sello.
4. ¿Le dices *(passé composé)* que te lo dé *(présent)*?

Correos (2)

Unos minutos más tarde, Amélie le enseña su pasaporte abierto en la primera página y le dice:

Amélie: — ¿Me puede decir si tiene algo para mí?
Empleado: — Un momento, por favor... voy a ver... *(Vuelve el empleado)* Sí, tiene usted un giro. Tenga, *(le presenta el cuaderno)* firme usted aquí. ¿Cómo quiere el dinero? ¿Se lo doy todo en billetes de veinte Euros?
Amélie: — Sí. ¿Puedo poner un telegrama?
Empleado: — No, aquí sólo hay Lista de Correos. Vaya al vestíbulo principal y lea los letreros que hay encima de las ventanillas.
Amélie: *(en la ventanilla 15)* — ¿Aquí es dónde se ponen los telegramas? ¿Cuánto tardará uno para Canarias?
Empleado: — Sobre dos horas.

Amélie toma un impreso y lo rellena con letra de imprenta:

«LLEGO MAÑANA A LAS DOCE. ABRAZOS. AMÉLIE.»

Observez

La valeur pronominale de **uno** :
¿Cuánto tardará uno... (l. 15 et 16), *Combien de temps mettra un télégramme pour les Canaries ?*

Sachez que...

Rendre la monnaie se dit **Dar la vuelta**.
Faire de la monnaie se dit **Cambiar**.
Avoir de la petite monnaie se dit **Tener suelto**.

À la poste (2)

Quelques minutes plus tard, Amélie lui montre son passeport ouvert à la première page et lui dit :

Amélie : — *Pouvez-vous me dire s'il y a quelque chose pour moi ?*

Employé : — *Un instant, s'il vous plaît... Je vais voir... (L'employé revient.) Oui, vous avez un virement. Tenez (il lui présente le cahier), signez ici. Comment voulez-vous votre argent ? Je vous donne le tout en billets de vingt euros ?*

Amélie : — *Oui. Je peux envoyer un télégramme ?*

Employé : — *Non, ici c'est uniquement la poste restante. Allez jusqu'au hall principal et lisez les affichettes qui sont au-dessus des guichets.*

Amélie : (au guichet 15) — *C'est ici qu'on envoie les télégrammes ? Si j'en envoie un aux Canaries, combien de temps mettra-t-il ?*

Employé : — *Environ deux heures.*

Amélie prend un imprimé et le remplit en lettres d'imprimerie : « J'ARRIVE DEMAIN À MIDI. BISES. [accolades] AMÉLIE. »

Vocabulaire

• *Caractères :*

con letras mayúsculas, *en majuscules*
con letras minúsculas, *en minuscules*
con letras itálicas, *en italique*
con letras negritas, *en caractères gras*
las comillas, *les guillemets* ; las comas, *les virgules*
punto y aparte, *point à la ligne*
poner los puntos sobre las íes, *mettre les points sur les i*

GRAMMAIRE

C'EST... QUE

Il s'agit d'une structure typiquement française, que vous traduirez de façon différente selon qu'elle introduit un complément de temps, de lieu ou de manière.

● complément de temps
Hoy es cuando le escribes.
C'est aujourd'hui que tu lui écris.

Ayer fue cuando lo vi.
C'est hier que je l'ai vu.

Mañana será cuando lo celebraremos.
C'est demain que nous le fêterons.

Attention !
Comme vous avez pu le remarquer le temps du verbe **ser** est fonction de l'adverbe de temps : **hoy**, présent ; **ayer**, passé ; **mañana**, futur.

● complément de lieu
Aquí es donde se ponen los telegramas.
C'est ici que l'on envoie les télégrammes.

Ahí es donde vivo.
C'est là que j'habite.

Allí es donde trabajas.
C'est là-bas que tu travailles.

● complément de manière
Así es como lo preparas.
C'est ainsi que tu le prépares.

Attention !
Dans ces deux derniers cas, le temps du verbe **ser** n'est pas fonction de l'adverbe.

A. Traduisez

1. Je te donne le tout en billets de dix euros ?
2. Vous *(usted)* pouvez envoyer un télégramme.
3. Elle lisait les affichettes qui étaient au-dessus des guichets.
4. C'est là que vous *(vosotros)* trouverez la poste restante.
5. Remplissez *(ustedes)* cet imprimé.
6. Voici votre monnaie.
7. Il faut écrire en majuscules.

B. Transformez selon le modèle

Aquí venden *sellos.* → *Aquí* es donde *venden sellos.*

1. Aquí se firma.
2. Ayer le envié una carta.
3. Ahí lo vi.
4. Así lo hago.
5. Allí vivo.
6. Mañana se lo diré.

C. Transformez selon le modèle

Ayer fue *cuando* le hablé. *(hoy)* → Hoy es *cuando* le hablo.

1. Hoy es cuando me voy. (mañana)
2. Mañana será cuando volverá. (ayer)
3. Ayer fue cuando se lo dije. (hoy)
4. Hoy es cuando lo ves. (mañana)

D. Passez du vouvoiement au tutoiement

1. Me lo puede decir.
2. Tiene usted un giro.
3. Firme usted aquí.
4. Le presentará el cuaderno para firmar.

Fragmentos de una guía turística

A su llegada a Canarias, los conquistadores del siglo
xv se encontraron con una población indígena que
prácticamente no había recibido influencias exteriores:
los guanches. (...)

Algunos geólogos consideran las Islas Canarias como si
fueran un fragmento de la Atlántida, continente hundido
en el océano; las tesis más modernas han demostrado la
falsedad de dicha teoría. (...)

Aunque las cumbres más altas, sobre todo la del Teide
(3 718 m), estén cubiertas de nieve durante varios
meses al año, las costas gozan de una temperatura
extremadamente benigna, cuya media anual rara vez es
inferior a 18°. (...)

Las precipitaciones son casi nulas, de ahí una vegetación
con predominio de la tunera o chumbera que sirvió durante
mucho tiempo para la cría de la cochinilla, insecto del
que se extrae un colorante. (...)

Observez

La forme pronominale du verbe **encontrar**, *trouver*, et l'utilisation de la préposition **con** : **se encontraron con una población...** (l. 2), *ils trouvèrent une population…*

Sachez que...

Les îles Canaries ont une importante production de fleurs, de
tabac et de bananes.

Fragments d'un guide touristique

À leur arrivée aux Canaries, les conquistadores du xve siècle trouvèrent une population indigène qui n'avait pratiquement reçu aucune influence extérieure : les Guanches. (…)

Certains géologues considèrent les Canaries comme un fragment de l'Atlantide, continent submergé par l'océan ; les thèses les plus récentes ont montré la fausseté de cette théorie. (…)

Même si les sommets les plus hauts, surtout celui de Teide (3 718 m), sont recouverts de neige pendant plusieurs mois de l'année, les côtes jouissent d'une température extrêmement douce, dont la moyenne annuelle est rarement inférieure à 18°. (…)

Les précipitations sont presque nulles, d'où une végétation où prédomine le nopal ou figuier de Barbarie, qui fut longtemps utilisé dans l'élevage de la cochenille, insecte dont on tire un colorant. (…)

Vocabulaire

● *Ça pique…*

un par**á**sito, *un parasite*
una ara**ñ**a, *une araignée*
un gus**a**no, *un ver*
un mosqu**i**to, *un moustique*
una ab**e**ja, *une abeille*
una av**i**spa, *une guêpe*
al que le p**i**que, que se r**a**sque [*celui à qui ça pique, qu'il se gratte*], *qui se sent morveux, qu'il se mouche.*

GRAMMAIRE

LES RELATIFS

Que, quien, el cual, cuyo (cf. leçon 39) sont les quatre relatifs dont dispose l'espagnol. Ils peuvent être employés seuls ou précédés d'une préposition.

Traduction du *que* français.

que	**Las últimas investigaciones han demostrado que dicha teoría es falsa.** *Les dernières recherches ont montré* que *cette théorie est fausse.*
al que	**El hombre al que perseguías...** *L'homme* que *tu poursuivais...*
a los que	**Los hombres a los que perseguías...** *Les hommes* que *tu poursuivais...*
a la que	**La mujer a la que vi...** *La femme* que *j'ai vue...*
a las que	**Las mujeres a las que vi...** *Les femmes* que *j'ai vues...*
a quien	**Un niño a quien debes conocer...** *Un enfant* que *tu dois connaître...*
a quienes	**Unos niños a quienes debes conocer...** *Des enfants* que *tu dois connaître...*

Attention !
Quien, quienes ne peuvent être employés que s'ils ont pour antécédent une personne.

La película que he visto. *Le film* que *j'ai vu.*
El hombre a quien he visto. *L'homme* que *j'ai vu.*

A. Traduisez

1. La population réagissait (reaccionar) comme si elle n'avait jamais reçu d'influence extérieure.
2. Certains considèrent les Canaries comme un fragment de l'Atlantide.
3. On a démontré la fausseté de cette théorie.
4. Bien que la température soit douce, certains sommets sont couverts de neige.
5. On élève la cochenille dont on extrait un colorant.

B. Choisissez le relatif qui convient

1. La población *(que, a los que, a quienes)* vieron era la de los guanches.
2. Una islas *(al que, a las que, a quien)* dieron el nombre de islas Canarias.
3. ¿Recuerdas a los chicos *(a quien, a los que)* vimos ayer?
4. Era una mujer *(a quien, al que)* yo quería mucho.

C. Mettez au singulier les parties en italique

1. *Los hombres que* viste *eran amigos suyos.*
2. *Los niños que* esperaba *no vinieron.*
3. *Unas chicas a quienes* debes *conocer.*
4. *Los clientes a los que* debes atender [dont tu dois t'occuper] *están esperando.*

D. Choisissez le pronom qui convient

1. A *(usted, ellos)* le encantará descubrir estas islas.
2. A nosotros *(nos, os)* pareció maravilloso.
3. ¿Y a *(mí, ti)* te ha gustado?
4. A Amélie no *(le, te)* importa.

E. Mettez les verbes au temps indiqué

1. Los conquistadores se encontraron *(présent)* con una población que no había *(passé composé)* recibido influencias exteriores.
2. La chumbera se utilizó *(présent)* para la cría de la cochinilla, insecto del que se extraía *(présent)* un colorante.

¡Me mareo en barco!

Amélie y sus amigos van en barco a Lanzarote. «La travesía dura una noche entera» dice don Sebastián. «Ver nacer el día, apoyado en la borda, es una de las más bellas experiencias de que puede uno disfrutar». Ha olvidado hablarle del mareo.

Llegan al barco tres minutos antes de zarpar. «Démonos prisa» dice don Sebastián, mientras carga con todo el equipaje y corre hacia la pasarela.

Acaban de zarpar y Amélie ya no se siente bien. Siente nauseas. Se lo dice a María Luisa quien le responde: «Vámonos a proa, para que te dé un poco el aire.» El bamboleo del barco no hace sino aumentar la impresión de malestar. «Estás lívida» le dice don Sebastián, «meteos en el camarote, mientras que yo voy a la enfermería a que me den pastillas contra el mareo».

Observez

- La valeur de la préposition **hacia** :
corre hacia la pasarela (l. 8), *il court vers la passerelle.*
- La forme contractée **del** :
el bamboleo del barco (l. 12), *le roulis du bateau.*

Sachez que...

Le lever du soleil se dit **la salida del sol**.
Le coucher du soleil se dit **la puesta del sol**.

J'ai le mal de mer

Amélie et ses amis vont en bateau jusqu'à Lanzarote. « *La traversée dure une nuit entière* », dit don Sebastián. « *Voir se lever le jour, appuyé au bastingage, c'est une des plus belles expériences que l'on puisse vivre* » [desquelles on puisse profiter]. Il a oublié de lui parler du mal de mer.

Ils montent sur le bateau trois minutes avant qu'on ne lève l'ancre. « *Pressons-nous !* » dit don Sebastián tandis qu'il prend tous les bagages et court vers la passerelle.

Ils viennent à peine de lever l'ancre que déjà Amélie ne se sent pas bien. Elle a des nausées. Elle en parle à María Luisa qui lui dit : « *Allons à la proue pour que tu prennes un peu l'air.* » Le roulis du bateau ne fait qu'augmenter l'impression de malaise. « *Tu es livide* », lui dit don Sebastián, « *rentrez dans la cabine, pendant que je vais à l'infirmerie pour qu'on me donne des cachets contre le mal de mer.* »

Vocabulaire

● « *Maman, les petits bateaux…* »

las cub**ie**rtas, *les ponts*
los camar**o**tes, *les cabines*
la b**o**rda, *le bastingage*
tir**a**r por la b**o**rda, *jeter par-dessus bord*
embarc**a**r, *embarquer*
desembarc**a**r, *débarquer*
el b**a**rco atr**a**ca, *le bateau accoste*

IMPÉRATIFS ET VERBES PRONOMINAUX

Comme nous vous l'avons signalé lors de la leçon 22 les pronoms, qu'ils soient compléments ou réfléchis, se placent après le verbe (juxtaposés à lui) lorsque ce dernier est à l'impératif affirmatif.

¡Dígalo! *Dites-le !*

Sachez à présent qu'à l'impératif :

● les verbes pronominaux (cf. leçon 11) subissent une modification (perte de la dernière consonne) ;

● cette modification n'affecte que les deux premières personnes du pluriel.

À la première personne du pluriel, le **s** final disparaît lorsque le verbe est employé sous une forme pronominale.
Peinemos a los niños. *Coiffons les enfants.*
Peinémonos. *Coiffons-nous.*

À la deuxième personne du pluriel, le **d** final disparaît lorsque le verbe est employé sous une forme pronominale.
Vestid a los niños. *Habillez les enfants.*
Vestíos. *Habillez-vous.*

IR, VENIR

Ir et venir ne sont pas strictement équivalents à *aller* et *venir*. Leur emploi est fonction du lieu où se trouve la personne qui parle. Pour exprimer l'éloignement par rapport à ce lieu vous emploierez **ir**, pour exprimer le rapprochement par rapport à ce lieu vous emploierez **venir**.

Je viens te voir.

– Si vous êtes *au même endroit* que votre interlocuteur vous direz : **Vengo a verte.**

– Si vous êtes *à un endroit distinct* de celui de votre interlocuteur vous direz : **Voy a verte.**

A. Traduisez

1. Amélie et ses amis arrivent au bateau une heure avant le départ.
2. Dès que le bateau a levé l'ancre, Amélie a eu le mal de mer.
3. Dépêchons-nous si nous voulons arriver à l'heure !
4. Tandis que je vais chercher des cachets contre le mal de mer, tu vas prendre l'air à la proue.

B. Transformez selon le modèle

Quiero que os déis *prisa*. → ¡Daos *prisa*!

1. Es preciso que nos demos prisa.
2. Es mejor que nos vayamos a proa.
3. Más vale que os toméis estas pastillas.
4. Me gustaría que os apoyárais en la borda para sacar la foto.

C. Transformez selon le modèle

El bamboleo del barco aumenta *la impresión de malestar*.
→ *El bamboleo del barco* no hace sino aumentar *la impresión de malestar*.

1. La falta de aire aumenta el mareo.
2. El exceso de equipaje molesta a don Sebastián.
3. Amélie telefonea a su padre.

D. Passez du tutoiement au vouvoiement

1. ¿No te encuentras bien?
2. ¡Verás lo bonitas que son!
3. ¡Daos prisa!

E. Passez du vouvoiement au tutoiement

1. ¡Está usted lívida!
2. ¡Han olvidado ustedes una maleta!
3. ¡Métanse en el camarote!

En el hospital

Bajando por la pasarela del barco, Amélie ha dado un tropezón y se ha caído. («¡Qué batacazo!» exclamó uno al verla caer.)

Don Sebastián insiste para que Amélie vaya al servicio de urgencias del hospital. («El porrazo ha sido muy grande y nunca se sabe... Si te hubieses roto algo...»)

El hospital está instalado en una casona grande.

En el servicio de urgencias.

Doctor: — ¿Dónde le duele? Quítese la blusa y la falda; ah, aquí tiene un señor hematoma, pero esto no tiene la más mínima importancia. Mueva el brazo, por favor. Bien, a mí me parece que nada hay roto, pero para más seguridad, vamos a hacerle una radiografía... desinfectaremos las heridas y luego le vamos a poner una inyección antitetánica.

Amélie: — Yo, doctor, en Francia, voy a ver a un homeópata y contra los golpes, me receta árnica.

Observez

● L'emploi du subjonctif dans **si te hubieses roto algo** (l. 6), *si tu t'étais cassé quelque chose.*

● La valeur de **señor** :

un señor hematoma (l. 10), *un magnifique, un superbe hématome.*

Sachez que...

Avoir mal se traduira par **doler** (cf. leçon 8).

Faire mal se traduira par **hacer daño**.

À l'hôpital

En descendant la passerelle du bateau, Amélie a trébuché et est tombée. (« *Quelle bûche !* » s'est exclamé un homme [un] en la voyant tomber.)

Don Sebastián insiste pour qu'Amélie aille au service des urgences de l'hôpital. (« *Ça a été un sérieux coup et on ne sait jamais… si tu t'étais cassé quelque chose…* »)

L'hôpital est installé dans une grande bâtisse.

Au service des urgences.

Médecin : — *Où avez-vous mal ? Enlevez votre chemisier et votre jupe ; ah, voilà un magnifique hématome, mais ce n'est pas très grave. Bougez le bras, s'il vous plaît. Bien, il me semble qu'il n'y a rien de cassé, mais pour plus de sûreté, nous allons faire une radio. Nous désinfecterons les blessures et ensuite nous vous ferons une piqûre antitétanique.*

Amélie : — *Moi, docteur, en France, je vais voir un homéopathe et, pour les contusions, il me prescrit de l'arnica.*

Vocabulaire

● En el hospital ; *à l'hôpital :*

un médico, *un médecin*
un practicante, *un infirmier*
recetar, *prescrire*
una receta, *une ordonnance*
unas medicinas, *des médicaments*
una inyección, *une piqûre*

263

GRAMMAIRE

LES SUFFIXES

Les suffixes sont employés bien plus fréquemment en espagnol qu'en français.

On distingue trois catégories de suffixes.

• Les diminutifs

ito(s)	un árbol → un arbolito, *un petit arbre.*
ita(s)	una casa → una casita, *une petite maison.*
cito(s)	un hombre → un hombrecito, *un petit homme.*
cita(s)	una mujer → una mujercita, *une petite femme.*
illo(s)	un gitano → un gitanillo, *un petit gitan.*
illa(s)	unas flores → unas florecillas, *de petites fleurs.*

Attention !
Outre leur valeur diminutive, ces suffixes ont également une valeur affective. Ils expriment aussi l'attachement que l'on porte à un être ou à une chose : **Juanito** *(petit Jean)*, Jeannot.

• Les augmentatifs

ón (ones)	un hombre → un hombrón, *un homme grand et fort.*
ona(s)	una casa → una casona, *une grande maison.*
azo(s)	un coche → un cochazo, *une grosse voiture.*
aza(s)	unas manos → unas manazas, *de grosses mains.*

Attention !
À l'inverse des diminutifs, les augmentatifs peuvent parfois avoir une valeur péjorative.

• Les suffixes signifiant « un coup »

azo	un puño, *un poing.*
	un puñetazo, *un coup de poing.*
	un puñal, *un poignard.*
ada	una puñalada, *un coup de poignard.*

A. Traduisez

1. Amélie, en France, va voir un homéopathe.
2. Pour les coups il lui prescrit de l'arnica.
3. Vous *(usted)* avez reçu un sérieux coup, mais cela n'a pas la moindre importance.
4. Voulez-vous *(ustedes)* que je vous fasse des radios ?
5. Ensuite nous désinfecterons la blessure.
6. Il me semble qu'il n'y a rien de cassé.

B. Donnez les diminutifs correspondants (souvenez-vous de leur valeur affective)

mi niño : ......
mi casa : ......
mi coche : ......
mi blusa : ......
mi mujer : ......
mi libro : ......
mi barco : (modification orthographique) ......
mi falda : ......

C. Donnez les augmentatifs correspondants (souvenez-vous de leur valeur péjorative)

El médico es un hombr...
El hospital está instalado en una cas...
La enfermera es una mujer...

D. Transformez selon le modèle

Mueva *el brazo, por favor*. → Quiere que muevas *el brazo*.
1. Ande un poco, por favor.
2. Vaya al hospital, por favor.
3. Lleve cuidado, por favor.

E. Transformez selon le modèle

¡Quítese *la blusa*! → Quiere que te quites *la blusa*.
1. ¡Siéntese en esa silla!
2. ¡Vístase!
3. ¡Póngase esta inyección!

A los toros

(Lorenzo escribe a Amélie)

Madrid, 17 de agosto de 20...

Querida Amélie,

Ayer fui a ver una corrida de toros. Me encontré con Juan que iba a la de por la tarde y tanto me dio la tabarra, que acabé por acompañarlo. Tú ya sabes lo que yo pienso, bueno, pensaba de los toros. Pues no te lo creerás, pero después de haber visto la corrida, he cambiado de opinión. Después de comprar las entradas nos instalamos en las gradas. Los tendidos son un espectáculo en sí mismos. Nunca he visto un ambiente más cálido ni una alegría más comunicativa. Pronto sonaron los clarines; inmediatamente aparecieron las cuadrillas y empezó el paseíllo. Estoy seguro de que jamás has visto algo parecido: todos los participantes, toreros, banderilleros, picadores, vestidos con los trajes de luces entran en la arena para saludar al presidente de la corrida. La música, el colorido y el movimiento le dan al paseíllo una belleza que yo nunca hubiera sospechado. En cuanto vuelvas, iremos a ver una corrida de toros.

Observez

● L'emploi conjoint des deux prépositions **de por** (l. 5) :
la de por la tarde, *celle de l'après-midi.*
● La valeur de **tanto... que...** (l. 5) :
tanto me dió la tabarra que acabé por acompañarlo, *il m'a tellement cassé les pieds que j'ai fini par l'accompagner.*

Sachez que...

Parallèlement aux corridas traditionnelles où le matador affronte le taureau à pied, il existe des corridas où le matador **(rejoneador)** affronte le taureau à cheval.

À la corrida

(Lorenzo écrit une lettre à Amélie)

Madrid, le 17 août 20...

Chère Amélie,

Hier je suis allé voir une corrida. J'ai rencontré Juan qui allait à celle de l'après-midi et il m'a tellement cassé les pieds que j'ai fini par l'accompagner. Tu sais bien ce que je pense, enfin, ce que je pensais, des corridas. Eh bien, tu ne me croiras pas mais, après avoir vu celle-ci, j'ai changé d'avis. Après avoir acheté les billets, nous nous sommes installés sur les gradins. Les tribunes sont à elles seules un spectacle. Jamais je n'ai vu une ambiance aussi chaleureuse ni une joie aussi communicative. Peu après, les clairons se sont mis à sonner, aussitôt sont apparues les cuadrillas *et le défilé a débuté. Je suis sûr que tu n'as jamais rien vu de pareil ; tous les participants : les toreros, les banderilleros, les picadors, vêtus de leurs habits de lumière entrent dans l'arène pour saluer le président de la corrida. La musique, les couleurs et le mouvement donnent à la promenade une beauté que je n'aurais jamais imaginée. Dès que tu reviendras, nous irons voir une corrida ensemble.*

Vocabulaire

La tauromachie imprègne la culture espagnole. Rien d'étonnant à ce que certaines expressions tauromachiques soient passées dans le langage quotidien :

ech**a**r un cap**o**te a **a**lguien [*lancer la muleta à quelqu'un*], *aider quelqu'un, le protéger.*

est**a**r p**a**ra el arr**a**stre [*être bon à être traîné*, comme le taureau quand il est mort], *être épuisé.*

mir**a**r por enc**i**ma del h**o**mbro [*regarder par-dessus l'épaule*, comme le torero lorsqu'il tourne le dos au taureau], *mépriser.*

GRAMMAIRE

ADVERBES DE TEMPS

Vous avez appris (leçon 55) quelques adverbes de temps. En voici d'autres :

● **Ya** peut signifier :
déjà : **Ya lo he visto.** *Je l'ai déjà vu.*
voici ou *voilà* : **Ya están aquí.** *Les voici.*

***bien* : Ya lo sé.** *Je le sais bien.*

plus (lorsqu'il est employé avec la négation **no**) : **Ya no me acuerdo.** *Je ne m'en souviens plus.*

● **Durante** est l'équivalent de *pendant* :
Estuve con Juan durante toda la corrida.
J'ai été avec Juan pendant toute la corrida.

| **Attention !**
| **Durante** ne peut être suivi que d'un nom. Aussi, dans des phrases comme : *Pendant que j'assistais à la corrida…* (dans lesquelles *pendant* est suivi d'un verbe), vous utiliserez non pas **durante** mais **mientras** ou **mientras que** (cf. leçon 25) : **Mientras asistía a la corrida… Mientras que asistía a la corrida…**

● **Nunca, jamás**
Jamais peut se traduire indifféremment par **nunca** ou par **jamás.**

Jamás lo vi. Nunca lo vi. *Je ne l'ai jamais vu.*

Ces deux formes permettent une structure renforcée, **nunca jamás :**

No lo haré nunca jamás. *Je ne le ferai jamais plus.*

A. Traduisez

1. Il ira à celle de l'après-midi.
2. J'ai tant insisté qu'elle a fini par m'accompagner.
3. Vous *(usted)* savez bien que je n'aime pas les corridas.
4. Je suis sûre que tu n'as jamais rien vu de pareil.
5. Vous *(vosotros)* avez changé d'avis après avoir vu une corrida.
6. J'ai rencontré Jean pendant qu'il achetait des billets pour la corrida du 9.
7. Il n'a rien dit pendant tout le spectacle.
8. Tu ne me croiras pas mais cela m'a plu.

B. Choisissez l'adverbe qui convient

1. Se oye música *(durante, mientras)* todo el paseíllo.
2. *(Durante, mientras)* yo compro las entradas, tú compras el periódico.
3. He visto tres corridas *(durante, mientras)* estabas en Canarias.
4. *(Durante, mientras)* estas dos semanas, no he visto a Juan.

C. Transformez selon le modèle

No *has visto* nunca *algo parecido*.
→ Nunca *has visto algo parecido*.

1. No hubieras sospechado nunca lo bonito que es.
2. No fui nunca a los toros.
3. No me gustaron nunca las corridas.
4. No había visto nunca un ambiente más cálido.

D. Transformez selon le modèle

Voy *a ver una corrida* → Dice que va *a ver una corrida*.
→ Dijo que iba *a ver una corrida*.

1. Acompaño a Juan a los toros.
2. Estoy en la plaza de toros.
3. Las corridas son un espectáculo fabuloso.

Fragmentos de un reglamento de las corridas

Artículo 61: Todos los espectadores permanecerán sentados durante la lidia. En los pasillos sólo se permitirá la presencia de los agentes de la Autoridad o de los dependientes de la Empresa. Queda prohibido proferir insultos o palabras que ofendan a la moral o decencia públicas, golpear o pinchar al toro si saltara al callejón; arrojar almohadillas u objetos que puedan interrumpir la lidia. Los infractores serán multados.

Artículo 62: El espectador que durante la lidia se lance al ruedo será retirado por las asistencias de servicio y por el personal de las cuadrillas que le conducirán al callejón para ser entregado a las Autoridades que le impondrán una multa. En caso de hacer resistencia se le impondrá otra multa de igual cuantía.

Observez

● L'absence de préposition :
queda prohibido proferir insultos (l. 4 et 5), *il est interdit de proférer des insultes.*
● L'emploi et la valeur du subjonctif imparfait :
si saltara al callejón (l. 6), *s'il venait à sauter la barrière.*

Sachez que...

Le règlement de la tauromachie date de 1930.

Extraits d'un règlement des corridas

Article 61 : *Tous les spectateurs demeureront assis pendant le combat. Seuls seront admis dans les couloirs les représentants de l'ordre et les employés de l'entreprise. Il est interdit de proférer des insultes ou de tenir des propos qui iraient à l'encontre de la bienséance et de la morale publiques ; il est interdit de frapper ou de piquer le taureau si celui-ci vient à sauter la barrière ; il est interdit de jeter des coussins ou tout autre objet susceptible d'interrompre le combat. Les contrevenants seront passibles d'une amende.*

Article 62 : *Le spectateur qui, durant le combat, sautera dans l'arène sera saisi par le service d'assistance et les membres des* cuadrillas *qui le reconduiront de l'autre côté de la barrière afin de le remettre aux autorités qui le condamneront à une amende. Dans le cas où le contrevenant opposerait une résistance, il se verrait condamné à une nouvelle amende d'un montant égal à celui de la première.*

Vocabulaire

- La ignor**a**ncia de la l**e**y no ex**i**me de su cumplim**ie**nto.
  Nul n'est censé ignorer la loi.

permit**i**r, *permettre*
prohib**i**r, *interdire*
autoriz**a**r, *autoriser*
una m**u**lta, *une amende*
una den**u**ncia, *un procès-verbal*
un decr**e**to, *un décret*
un ed**i**cto, *un édit*
un b**a**ndo, *un ban*

GRAMMAIRE

VERBES ET PRÉPOSITIONS

● La plupart des verbes peuvent être employés avec différentes prépositions.

Trabaja en Madrid. *Il travaille à Madrid.*
Trabaja hasta las ocho. *Il travaille jusqu'à huit heures.*

● Certains n'en admettent qu'une. C'est le cas de :
– **estar seguro de**, *être sûr de*

Estoy seguro de que jamás has visto algo semejante.
Je suis sûr que tu n'as jamais rien vu de pareil.

– **acordarse de**, *se souvenir de*

No se acuerda del reglamento.
Il ne se souvient pas du règlement.

– **consistir en**, *consister en*

El primer trofeo consiste en una vuelta al ruedo.
Le premier trophée consiste en un tour d'honneur.

– **pensar en**, *penser à*

Pensó en comprar los billetes.
Il a pensé à acheter les billets.

L'IMPERSONNALITÉ

L'impersonnalité peut être exprimée par *on* (leçon 38), ou plus simplement encore par des tournures du type : *il est…*

En espagnol, comme en français, ces tournures se construisent à partir de la troisième personne du singulier :

Está prohibido proferir insultos.
Il est interdit de proférer des insultes.

Se prohibe proferir insultos.
Proférer des insultes est interdit.

Está permitido hablar durante la lidia.
Il est permis de parler pendant le combat.

Se permite hablar durante la lidia.
Parler pendant le combat est permis.

A. Traduisez

1. Tous les spectateurs resteront assis pendant le combat.
2. Il est interdit de sauter dans l'arène.
3. Seules seront admises dans l'arène les cuadrillas.
4. Il est interdit de lancer des objets dans l'arène.
5. Le spectateur qui pendant le combat lancera un objet
dans l'arène se verra condamné à une amende.

B. Transformez selon le modèle

Se prohibe *arrojarse al ruedo*. → Está prohibido *arrojarse al ruedo*.
1. No se permite permanecer en los pasillos.
2. Se prohibe permanecer de pie.
3. Se prohibe fumar.

C. Choisissez la préposition qui convient

1. El torero salió *(en, por)* la puerta principal.
2. Pensaba *(en, a)* vosotros.
3. Estaba seguro *(en, de)* que triunfaría.

D. Transformez selon le modèle

Se le impondrá *una multa al que se* lance *al ruedo.*
→ *Se le* impondría *una multa al que se* lanzara *al ruedo.*
1. Se multará al que arroje almohadillas al ruedo.
2. Se expulsará al que interrumpa la lidia.
3. Se prohibirá la entrada al que ofenda la moral.

E. Transformez selon le modèle

En los pasillos sólo *se permitirá la presencia de los agentes de la autoridad.* →
En los pasillos no *se permitirá* sino *la presencia de los agentes de la autoridad.*
1. Sólo se multará a los infractores.
2. Sólo se admitirá al personal de cuadrillas.
3. Sólo se prohibe proferir insultos.

Receta de cocina con una pizca de humor

Lorenzo y Amélie están preparando la cena (hoy, Amélie hace de pinche y Lorenzo de jefe de cocina).

Lorenzo: — Primero pon dos cucharadas de aceite a calentar en una sartén. Añade cuatro o cinco ajos cortados por la mitad y unos tacos de jamón. Fríe los ajos hasta que empiecen a dorarse.

Amélie: — Ya está.

Lorenzo: — Retira la sartén del fuego. Deja enfriar. Echa una cucharada de pimentón dulce y revuelve. Añade un cacillo de agua caliente. Machaca un ajo con un poco de comino y una pizca de sal. Échalo en la mezcla, añade agua caliente y deja hervir.

Amélie: — Y ahora, ¿qué?

Lorenzo: — Cuando hierva, echa dos huevos batidos y revuelve. Moja las sopas. Y ya está.

Amélie: — Y esto, ¿cómo se llama?

Lorenzo: — Depende. Si se come en cazuelas de barro, con cucharas de madera se le llama *sopa castellana del siglo xv*; si no, *sopa de ajo*, sencillamente. Pruébala y, si te gusta, acuérdate de lo que se dice: «Si no alimenta, calienta el cuerpo.»

Observez

- La forme de l'impératif **pon** : **pon dos cucharadas de aceite a calentar** (l. 3 et 4), *mets deux cuillerées d'huile à chauffer*.
- La valeur de **por** : **cortados por la mitad** (l. 5), *coupés en deux (par le milieu)*.

Vocabulaire

- Utensilios de cocina ; *instruments de cuisine :*

una sart**é**n, *une poêle*	un cuchillo, *un couteau*
una **o**lla, *une casserole*	**u**na cuchara, *une cuiller*

Recette de cuisine avec une pincée d'humour

Lorenzo et Amélie sont en train de préparer le dîner (aujourd'hui, Amélie joue les marmitons et Lorenzo, les chefs cuisiniers).

Lorenzo : — *D'abord, mets à chauffer deux cuillerées d'huile dans une poêle. Ajoute quatre ou cinq gousses d'ail coupées en deux et quelques dés de jambon. Fais revenir* [fris] *l'ail jusqu'à ce qu'il commence à dorer.*

Amélie : — *Ça y est.*

Lorenzo : — *Retire la poêle du feu. Laisse refroidir. Ajoute une cuillerée de piment doux et mélange le tout. Ajoute une petite casserole d'eau chaude. Écrase une gousse d'ail avec un peu de cumin et une pincée de sel. Ajoute-la au mélange, avec un litre d'eau chaude et laisse bouillir.*

Amélie : — *Et maintenant, qu'est-ce que je fais* [quoi] *?*

Lorenzo : — *Quand ce sera à ébullition* [ça bouillira], *ajoute deux œufs battus et mélange-les au reste* [mélange]. *Trempe des petits morceaux de pain. Et voilà !*

Amélie : — *Et ça s'appelle comment ?*

Lorenzo : — *Ça dépend. Si on la mange dans des cassolettes en terre, avec des cuillers en bois, on l'appelle* soupe castillane du xvᵉ siècle, *sinon,* soupe à l'ail, *tout simplement. Goûte-la et, si tu aimes, souviens-toi de ce qu'on en dit : « Faute d'être nourrissante, elle réchauffe »* [si elle ne nourrit pas, elle réchauffe le corps].

Receta de cocina con una pizca de humor ◦ Recette de cuisine avec une pincée d'humour

---

una ensalad**e**ra, *un saladier*
el h**o**rno, *un four*
un m**o**lde, *un moule*
pon**er** los mant**e**les, *mettre la nappe*

un tened**o**r, *une fourchette*
un v**a**so, *un verre*
un pl**a**to, *une assiette*
una f**ue**nte, *un plat*

GRAMMAIRE

LA PRÉPOSITION *POR*

La préposition **por** sert :

● à dire un mouvement à l'intérieur d'un espace délimité
Paseaba por el pueblo.
Il (ou elle) se promenait dans le village.

● à situer dans l'espace ou dans le temps de façon approximative
El libro de recetas está por la mesa.
Le livre de recettes est sur la table.

Te llamaré por la mañana.
Je t'appellerai dans le courant de la matinée.

● à exprimer une cause
Amélie prepara la cena por gusto.
Amélie prépare le dîner par plaisir [parce que ça lui plaît].

● à exprimer un échange
Compré este libro por tres Euros (3 €).
J'ai acheté ce livre [pour] *trois euros.*

METER ET *PONER*

Il existe en espagnol deux verbes traduisibles par *mettre* : **meter**
et **poner**. Mais ***Attention !*** le premier, **meter**, a le sens de *mettre
à l'intérieur, introduire*, alors que le second, **poner**, a le sens de
mettre sur, poser, déposer.

Mets le moule sur le feu.
Pon el molde en el fuego.

Mets le moule au four.
Mete el molde en el horno.

A. Traduisez

1. Mets trois cuillerées d'huile dans une poêle.
2. Ajoute deux œufs et laisse-les frire.
3. Ajoute une pincée de sel.
4. On les mange dans des cassolettes en terre.
5. Mélange le tout avant d'ajouter un verre d'eau.

B. Transformez selon le modèle

No *alimentan*, pero *calientan el cuerpo*.
→ Si no *alimentan, calientan el cuerpo*.
1. No le gusta cocinar, pero le gusta comer.
2. No lo hago, pero lo sé hacer.
3. No apuntó la receta, pero se acordó perfectamente de todo.

C. Passez du tutoiement au vouvoiement

1. Pon dos cucharadas de aceite a calentar.
2. Deja freír los ajos hasta que se doren.
3. Bate dos huevos.
4. Añade una pizca de sal.
5. Acuérdate de la receta.

D. Choisissez le verbe qui convient

1. Hay que *(meter, poner)* aceite en la sartén.
2. *(Mete, pon)* el pescado en el frigorífico.
3. *(Meted, poned)* los libros en la mesa.
4. *(Meten, ponen)* la ropa en la maleta.

E. Mettez à la forme négative

1. ¡Moja las sopas!
2. ¡Añadid agua!
3. ¡Retire usted la sartén del fuego!
4. ¡Dejen enfriar!

Receta de cocina con una pizca de humor • Recette de cuisine avec une pincée d'humour

¡Ojo al timo!

… tres individuos: el listo, el tonto y la víctima (el inocente).

El tonto se dirige a su futura víctima (alguien bien vestido) y le enseña tres billetes de diez Euros. La víctima le aconseja que los guarde. («Cuidado, que se los pueden robar.») «Me da lo mismo, tengo muchos más», replica el tonto y se saca del bolsillo un sobre muy abultado. En ese momento entra en escena el listo. Dice haberlo visto todo y le propone al tonto veinte Euros por el sobre. Si la «víctima» es avariciosa, dice «yo estaba antes» y propone veinticinco € que el «tonto» acepta; si no lo es, el «tonto» le dice al «listo» que quiere cincuenta. El «vivo», que dice no tener consigo más que veinticinco, hace un trato con la «víctima» («¿Por qué no se las damos entre los dos? Yo me quedo con los treinta que tiene en la mano y usted se lleva lo del sobre.»)
Hecho el trato, cada uno se va por su lado. Ni que decir tiene que en el sobre sólo hay recortes de periódicos.

Observez

• L'emploi conjoint de **todo** et **lo** :
Dice haberlo visto todo (l. 8), *il dit avoir tout vu.*
• La valeur de **quedar** :
Yo me quedo con los treinta Euros (l. 14 et 15), *moi, je garde les trente euros.*

Sachez que…

Ces escrocs des rues font partie du folklore… Ils perpétuent la tradition des héros de romans picaresques. N'oubliez pas que c'est en Espagne qu'est né, avec *El Lazarillo de Tormes*, ce genre littéraire.

Attention à l'escroquerie !

… trois individus : le malin, le nigaud et la victime (le naïf).

Le nigaud aborde sa future victime (une personne bien habillée) et lui présente trois billets de 10 €. La victime lui conseille de les ranger (« Attention, on peut vous les voler ! ») « Ça m'est égal, j'en ai beaucoup d'autres », réplique le nigaud, et il sort de sa poche une enveloppe bien rondelette. C'est à ce moment qu'entre en scène le malin. Il dit avoir tout vu et propose au nigaud 20 € en échange de l'enveloppe. Si la « victime » est avide, elle rétorque : « J'étais là avant vous », et elle propose 25 € que le « nigaud » accepte ; si elle n'est pas avide, le « nigaud » dit au « malin » qu'il veut 50 €. Celui-ci prétend n'en avoir sur lui que 25 et propose un marché à la « victime ». (« Pourquoi ne lui donnons-nous pas ces 50 €, à nous deux ? Moi je garde les 30 qu'il a à la main, et vous, vous emportez ce qu'il y a dans l'enveloppe. »)
Une fois ce marché conclu, chacun repart de son côté. Il va sans dire que l'enveloppe ne contient que des coupures de journaux.

Vocabulaire

● ¡Al ladr**ó**n! *Au vol !*

estaf**a**r (tim**a**r), *escroquer*
una est**a**fa (un t**i**mo), *une escroquerie*
un estafad**o**r (un timad**o**r), *un escroc*
hurt**a**r, *dérober*
un h**u**rto, *un larcin*
usurp**a**r, *usurper*
un rat**e**ro, *un voleur à la tire*

GRAMMAIRE

LO ... TODO

Lorsqu'il est complément d'objet direct, le pronom indéfini **todo** *(tout)* est presque systématiquement précédé du pronom **lo**.

Dice haberlo visto todo.
Il dit avoir tout vu.

Lo perdiste todo.
Tu as tout perdu.

Lo han robado todo.
Ils ont tout volé.

TRANSFORMATION DES ADJECTIFS ET DES VERBES EN NOM

En espagnol, comme en français, un adjectif qualificatif peut être transformé en nom commun : il suffit pour cela de le faire précéder d'un article.

Al hombre rubio lo van a timar.
L'homme blond va se faire escroquer.

Al rubio lo van a timar.
Le blond va se faire escroquer.

Tres individuos : un listo, un tonto, un inocente.
Trois individus : un malin, un nigaud, un naïf.

> **Attention !**
> Ce procédé est très fréquent en espagnol.

Il s'applique non seulement aux adjectifs qualificatifs mais aussi aux verbes.

Le molesta la espera.
L'attente l'agace.

Le molesta el esperar.
Le fait d'attendre l'agace.

EXERCICES

A. Traduisez

1. Le nigaud lui montre trois billets de cinq euros.
2. Le naïf lui conseille de les ranger.
3. Attention, on peut te les voler !
4. Ça t'est égal.
5. Il accepte tout.
6. Il va sans dire que j'ai tout vu.
7. Il n'y a que des coupures de journaux.
8. Le malin entre en scène.
9. Chacun repart de son côté.

B. Donnez le contraire

No *ha visto* nada. → Lo *ha visto* todo.

1. No dirá nada.
2. No se llevarán nada.
3. No guardáis nada.
4. No sabemos nada.

C. Transformez selon le modèle

Dame el jersey azul → *Dame el azul.*

1. Déjenos el sobre grande.
2. Coge el coche verde.
3. ¿Conoces al chico rubio que está sentado ahí?
4. ¿Has visto pasar a una chica joven?

D. Mettez les verbes au temps indiqué

1. El tonto le enseña *(passé composé)* los billetes.
2. Te vas *(passé simple)* por tu lado.
3. Decís *(imparfait)* haberlo visto todo.

E. Complétez en ajoutant le pronom qui convient

1. A mí … da lo mismo.
2. A él no … gustó nada.
3. A nosotros … pareció escandaloso.

En el Rastro

Amélie va muy a menudo al Rastro los domingos. Por lo general, no tiene nada especial que comprar, pero, como ella suele decir: «¡Cuanto más voy al Rastro, más me gusta esa atmósfera tan peculiar!» Tiene por costumbre bajar en el metro Latina y deambular luego por las callejuelas entre el gentío. Los primeros domingos no se atrevía a preguntar los precios y, cuando lo hacía, todo le parecía caro. Poco a poco, fue aprendiendo que el precio de algo está, por lo general, a medio camino entre el propuesto por el comprador y el del vendedor. Es el regateo. «Mientras no sepas poner de relieve los defectos de un objeto y no mostrar demasiado interés, no sabrás regatear» le había dicho Lorenzo.

Ahora, desde hace unas semanas, Amélie va al Rastro con un objetivo preciso: como va a pasar las Navidades a Francia, quiere comprar algunos regalos. Ya ha comprado una espada toledana y un jarrón de cerámica de Talavera.

Observez

La structure **cuanto más... más...** :
Cuanto más voy al Rastro, más me gusta (l. 3), *plus je vais aux puces, plus j'aime…*

Sachez que...

Le premier marché aux puces espagnol a été celui de Madrid. Aujourd'hui, les ventes à la brocante **(los mercadillos)** se multiplient un peu partout.

Aux Puces

Amélie va très souvent aux Puces le dimanche. Généralement elle n'a rien de spécial à acheter, mais, comme elle le dit [souvent] : « Plus je vais aux Puces, plus j'aime cette atmosphère si particulière ! » Elle a l'habitude de descendre à la station de métro Latina et puis de déambuler dans les ruelles au milieu de la foule. Les premiers dimanches elle n'osait pas demander les prix, et lorsqu'elle le faisait tout lui semblait cher. Petit à petit, elle a appris que le prix des choses est en général à mi-chemin entre celui proposé par l'acheteur et celui proposé par le vendeur. C'est le marchandage. « Tant que tu ne sauras pas mettre en relief les défauts d'un objet et faire semblant de ne pas trop t'y intéresser, tu ne sauras pas marchander », lui avait dit Lorenzo.

[Maintenant], depuis quelques semaines, Amélie va aux Puces dans un but précis : puisqu'elle va passer les fêtes de Noël en France, elle veut acheter quelques cadeaux. Elle a déjà acheté une épée de Tolède et un vase de céramique de Talavera.

Vocabulaire

● *Qui dit mieux ?*

subastar, *vendre aux enchères*

comprar a plazos, *acheter à crédit*

pagar al contado (ou **a toca teja**), *payer comptant, « cash »*

pagar con dinero, con tarjeta, *payer en espèces, avec une carte de crédit*

tener dinero contante y sonante, *avoir des espèces sonnantes et trébuchantes*

GRAMMAIRE

LA FRÉQUENCE

Pour exprimer la fréquence, l'espagnol peut avoir recours :

● à des adverbes
– **raramente :**
Va raramente al Rastro.
Il (ou elle) va rarement aux puces.

– **frecuentemente :**
Toma frecuentemente el metro.
Il (ou elle) prend fréquemment le métro.

● à des expressions adverbiales
– **pocas veces :**
Lo he visto pocas veces.
Je l'ai vu peu de fois.

– **a veces :**
A veces compra algo.
Parfois il (ou elle) achète quelque chose.

– **a menudo :**
Va a menudo al cine.
Il (ou elle) va souvent au cinéma.

● à un verbe
– **soler :**
En el Rastro, Lorenzo suele regatear.
Aux Puces, Lorenzo a l'habitude de marchander.

– **acostumbrar :**
Acostumbra a ir al Rastro los domingos.
Il (ou elle) a l'habitude d'aller aux Puces le dimanche.

LA RÉPÉTITION

Le préfixe **re** qui marque la répétition n'est utilisé en espagnol qu'avec quelques verbes. Pour exprimer la répétition, l'espagnol a recours aux structures et aux expressions suivantes :

● **volver a** + infinitif :
Vuelve a ir al Rastro.
Il (ou elle) retourne aux Puces.

● **otra vez** ou **de nuevo** :
Va otra vez al Rastro ou **va de nuevo al Rastro.**
Il (ou elle) va une autre fois ou à nouveau aux Puces.

A. Traduisez
1. Généralement le dimanche ils vont aux Puces.
2. Il a coutume de déambuler dans les ruelles.
3. Vous *(usted)* n'avez pas l'habitude de demander les prix.
4. Le prix d'un objet est à mi-chemin entre le prix proposé par le vendeur et celui proposé par l'acheteur.
5. Tant que tu ne sauras pas mettre en relief les défauts, tu ne sauras pas marchander.

B. Transformez selon le modèle
Le pregunta otra vez *el precio*.
→ Le vuelve a preguntar *el precio*.
1. Lo mira otra vez.
2. Le dice otra vez lo mismo.
3. ¿Llamarás otra vez a Amélie?
4. Te explicará otra vez cómo se regatea.

C. Choisissez parmi les différentes formes qui vous sont proposées celle qui convient
1. Como no me gusta el Rastro, voy *(a menudo, pocas veces)*.
2. Lo conozco muy bien. Nos vemos *(a veces, a menudo)*.
3. El Rastro está muy cerca de su casa, por eso *(suele, no suele)* ir a menudo.
4. No le gusta regatear ; *(siempre, nunca)* lo hace.

D. Mettez les verbes au temps indiqué
1. Yo solía *(présent)* ir a menudo.
2. Juan no se acostumbra *(imparfait)* a eso.
3. No solíamos *(présent)* regatear.

E. Passez du tutoiement au vouvoiement
1. ¿Volvéis a ir?
2. ¿Sueles preguntar el precio?
3. ¿No sabes regatear?

Navidades en París

Amélie quiere llevarse a sus amigos a pasar las Navidades en París. («¿Por qué no venís conmigo? Mientras esté yo en París, no tendréis que preocuparos por el alojamiento.») Mañana tomará el tren; mientras hace las maletas, Lorenzo y Pepi han ido a comprarle, como regalo de Reyes, un Quijote en tres volúmenes del que Amélie se había quedado prendada. Cuando los vió llegar con el libro, se le saltaron las lágrimas. («No te pongas triste, le dijeron, ni que te fueras para siempre.»)

A la mañana siguiente, cuando llegan a la estación, el tren ya está en el andén.

Amélie: — Pasad por el piso cuando podáis. Le echáis una ojeada y me regáis las plantas de paso. Gracias.

Pepi y Lorenzo: — Dalo por hecho. No te preocupes. ¡Qué nos escribas en cuanto llegues! Te llamaremos por teléfono de vez en cuando.

En cuanto arranca el tren, Amélie se da cuenta de que se ha olvidado de darles las llaves del piso.

Observez

- L'expression **ni que te fueras para siempre** (l. 8 et 9), *tu ne pars tout de même pas pour toujours.*
- La phrase **se le saltaron las lágrimas** (l. 7 et 8), *elle en a eu les larmes aux yeux.*

Sachez que...

En Espagne, les enfants ne reçoivent leurs cadeaux de Noël que la nuit du 5 au 6 janvier. Sachez aussi que ce sont les Rois Mages **(los Reyes Magos)** qui les leur apportent et non le Père Noël. Même si, dans le langage théologique, le mot **Pascua** désigne à la fois les fêtes de *Pâques* **(la Pascua florida)**, celles de la *Pentecôte* **(la Pascua del Espíritu Santo)** et celles de *Noël* **(laS PascuaS)**, dans la pratique, il s'applique essentiellement aux fêtes de Noël.

Noël à Paris

Amélie veut emmener ses amis passer les fêtes de Noël à Paris. (« Pourquoi ne venez-vous pas avec moi ? Tant que je serai à Paris, vous n'aurez pas à vous soucier de l'hébergement. ») Elle prendra le train demain ; tandis qu'elle fait ses valises, Lorenzo et Pepi sont allés lui acheter, comme cadeau de Noël [des Rois], un Don Quichotte en trois volumes dont Amélie s'était entichée. Lorsqu'elle les a vus revenir avec le livre, elle en a eu les larmes aux yeux. (« Ne sois pas triste, lui ont-ils dit, tu ne pars tout de même pas pour toujours. »)
Le lendemain, lorsqu'ils arrivent à la gare, le train est déjà à quai.

Amélie : — *Passez à l'appartement quand vous pourrez. Vous y jetez un coup d'œil et, en passant, vous arrosez mes plantes. Merci.*

Pepi et Lorenzo : — *C'est comme si c'était fait. Ne t'inquiète pas. Écris-nous dès que tu arriveras ! On te téléphonera de temps en temps.*

Dès que le train démarre, Amélie se rend compte qu'elle a oublié de leur donner les clés de l'appartement.

Vocabulaire

- ¡Felices Pascuas! *Joyeux Noël !* (et non pas « Joyeuses Pâques ! »)

Noche**bue**na, *la nuit de Noël*
Noche**vie**ja [la nuit vieille], *le 31 décembre*
el **dí**a de los **Re**yes, *le Jour des Rois* (le 6 janvier)
Navi**da**d, *Noël*
un reg**a**lo de **Re**yes, *un cadeau de Noël*
Año Nuevo, *le Jour de l'An*
el aguin**a**ldo, *les étrennes*
F**eli**ces **Pa**scuas y **Pró**spero **a**ño n**ue**vo, *Joyeux Noël et Bonne Année*

GRAMMAIRE

INDICATIF ET SUBJONCTIF

Les conjonctions temporelles du type : **mientras** *(pendant)*, **cuando** *(quand)*, **en cuanto** *(dès que)*… peuvent être suivies soit d'un indicatif, soit d'un subjonctif. Cela étant, sachez que votre phrase n'aura pas le même sens selon que vous emploierez l'un ou l'autre de ces modes.

A. Le subjonctif
Comme nous l'avons signalé lors des leçons 18 et 19, le subjonctif espagnol vous permet de parler d'une action non encore accomplie et dont la réalisation est hypothétique.

Pasad por el piso cuando podáis.
Passez à l'appartement quand vous pourrez.

(Il se peut que les amis d'Amélie ne puissent pas passer chez elle.)

Escribe en cuanto llegues.
Écris dès que tu arriveras.

(Amélie n'est pas encore arrivée.)

Mientras esté en Paris.
Tant que je serai à Paris.

(Amélie n'est pas encore à Paris, il se peut qu'un incident quelconque l'empêche de s'y rendre.)

> **Attention !**
> Lorsque **mientras** est suivi d'un subjonctif, il acquiert le sens de *tant que*.

Remarque
Comme vous l'avez sans doute noté dans chacune de ces phrases, le présent du subjonctif correspond en français à un futur.

A. Traduisez

1. Pourquoi ne viens-tu pas avec moi passer Noël à Paris ?
2. Tant qu'il sera ici, tu n'auras pas à te soucier de l'hébergement.
3. Ils sont allés acheter les cadeaux de Noël.
4. Nous ne partons tout de même pas pour toujours.
5. Téléphone-moi quand tu arriveras.
6. Quand tu reviendras, j'irai te voir.
7. Arrose les plantes.
8. J'en avais les larmes aux yeux.

B. Transformez selon le modèle

Si puedes, *ven a verme.* → *Ven a verme*, cuando puedas.
1. Si quieres, vamos a París.
2. Si te acuerdas, escríbele.
3. Si lo ves, dale las llaves.
4. Si pasáis por el piso, regad las plantas.

C. Choisissez le mode qui convient

1. Mientras *(vivo, viva)* en Madrid, no tendrás problemas de alojamiento.
2. Cuando *(pueden, puedan)*, irán a París.
3. Mientras *(haces, hagas)* las maletas, voy a comprar un regalo.
4. En cuanto los *(ve, vea)*, se le saltan las lágrimas.
5. Cuando se *(van, vayan)*, se pone triste.
6. En cuanto *(pasas, pases)*, llámame.

D. Transformez selon le modèle

Pasa *por casa y te lo doy.*
→ En cuanto pases *por casa, te lo doy.*
1. Prepara las maletas y nos vamos.
2. Llama y te lo digo.
3. Compra el regalo y se lo ofrecemos.

El estudiante y el autor se toman un café juntos

Autor: — ¿Qué, vas aprendiendo? ¿No te aburres?

Estudiante: — Eso depende. Hay días que esto funciona a las mil maravillas, ya sea porque yo esté más despabilado, porque la lección sea más interesante o por lo que sea, pero hay otros que... Sobre todo cuando me paro un día o dos, después me cuesta Dios y ayuda ponerme de nuevo a estudiar. Oye: ¿a ti no te parece que tu método es demasiado clásico? Amélie es muy simpática, pero sólo le pasan cosas de la vida diaria.

Yo, que tengo pensado irme a trabajar a España en cuanto pueda, necesito que me hables un poco del mundo del trabajo. Necesito saber adónde hay que dirigirse, qué trámites hay que hacer, cómo se escribe un currículum vitae, etc.

Autor: — Pues mira, lo que sigue te va a venir de perlas porque Lorenzo se ha puesto a buscar trabajo.

Estudiante: — Y el mundo actual, los periódicos, el cine, la televisión... ¿vas a ponerme al corriente de todo eso?

Autor: — De todo habrá.

Observez

• L'emploi et la valeur du verbe **ir** :
¿Qué, vas aprendiendo? (l. 1), *Alors, tu progresses ?*
• L'emploi et la valeur du verbe **tener** :
yo, que tengo pensado... (l. 13), *moi qui ai dans l'idée…*

Sachez que...

C'est la croix et la bannière se dit **costar Dios y ayuda**.
C'est enfantin se dit **es coser y cantar**.

L'étudiant et l'auteur prennent un café ensemble

Auteur : — Alors ? Tu progresses ? Tu ne t'ennuies pas ?

Étudiant : — Ça dépend. Il y a des jours où ça marche à merveille, soit parce que ces jours-là je suis plus réveillé, soit parce que la leçon est plus intéressante, ou parce que je ne sais quoi, mais il y a des jours où... Surtout quand j'arrête un jour ou deux, après c'est la croix et la bannière pour me remettre au travail. Écoute : tu ne crois pas que ta méthode est trop classique ? Amélie est très sympathique, mais il ne lui arrive que des choses de la vie de tous les jours.
Moi, qui ai dans l'idée d'aller travailler en Espagne dès que je pourrai, j'ai besoin que tu me parles un peu du monde du travail. Il faut que je sache où il faut s'adresser, quelles sont les démarches à faire, comment écrit-on un curriculum vitae, etc.

Auteur : — Eh bien voilà, ce qui suit va te convenir à merveille, parce que Lorenzo s'est mis à chercher du travail.

Étudiant : — Et le monde moderne, les journaux, le cinéma, la télévision... tu vas en parler ?

Auteur : — Il y aura de tout.

Vocabulaire

● C'est super !

venir de perlas, *tomber à pic, convenir à merveille*
venir a las mil maravillas, *convenir à merveille*
venir de perilla, *convenir tout à fait*
ir viento en popa, *aller vent en poupe*
sentar bien (ou sentar mal), *faire du bien (ou du mal)*
estupendo, *parfait*

INDICATIF ET SUBJONCTIF (SUITE)

B. L'indicatif

Contrairement au subjonctif, l'indicatif vous permet de parler d'actions dont la réalisation est envisagée comme certaine ou comme probable.

Cuando me paro un día o dos…

Quand j'arrête un jour ou deux…

(L'arrêt est ici un fait réel ou envisagé comme tel.)

Mientras te tomas el café…

Pendant que tu prends ton café…

(Certes, l'action n'est pas encore réalisée, mais vous l'envisagez comme une réalité.)

En cuanto dejo de trabajar…

Dès que j'arrête le travail…

(Là encore, l'interruption correspond à une réalité, l'éventualité n'a pas de place ici.)

L'ALTERNATIVE

Pour exprimer une alternative, une multiplicité (de choix, de causes…), l'espagnol, tout comme le français, dispose de plusieurs structures. En voici quelques-unes :

- **o… o… :**
  Háblame o de cine o de televisión.
  Parle-moi ou de cinéma ou de télévision.

- **ya… ya… :**
  Ya porque esté cansado, ya porque la lección sea más difícil.
  Soit parce que je suis fatigué, soit parce que la leçon est plus difficile.

- **sea… sea… :**
  Sea le parece difícil, sea se aburre.
  Soit cela lui semble difficile, soit il s'ennuie.

- **ya sea… ya sea… :**
  Ya sea porque sea más interesante, ya sea porque esté más despabilado.
  Soit parce que c'est plus intéressant, soit parce que je suis plus réveillé.

EXERCICES

A. Traduisez
1. Tu t'ennuies ? Ça dépend.
2. Ça marche à merveille.
3. Quand il arrête quelques jours, ensuite c'est la croix et la bannière.
4. Ou il est fatigué, ou c'est trop difficile.
5. Parfait ! Ça me convient tout à fait.
6. Il a dans l'idée d'aller vivre en Espagne.
7. Alors ? Vous *(usted)* progressez ?
8. Mets-moi au courant.

B. Choisissez le mode qui convient
1. Mientras *(sigo, siga)* trabajando, todo irá bien.
2. Cuando *(voy, vaya)* a España, necesitaré saber cosas del mundo actual.
3. En cuanto me *(paro, pare)*, me cuesta mucho ponerme a estudiar.
4. Mientras *(trabaja, trabaje)*, no se aburre.

C. Transformez selon le modèle
Háblame del mundo del trabajo y del mundo actual.
→ *Háblame o del mundo del trabajo o del mundo actual.*
→ *Háblame sea del mundo… sea del mundo…*
→ *Háblame ya del mundo… ya del mundo…*
1. Lees el periódico y ves la televisión.
2. Es un método demasiado clásico y no le interesa lo moderno.

D. Passez du tutoiement au vouvoiement
1. ¿No te aburres?
2. Necesito que me hables del mundo del trabajo.
3. ¿A ti no te parece que es demasiado clásico?

E. Passez du vouvoiement au tutoiement
1. A usted le viene de perlas.
2. ¿Van ustedes a trabajar en España?
3. ¿Se ha puesto usted a buscar trabajo?

El estudiante y el autor se toman un café juntos • L'étudiant et l'auteur prennent un café ensemble

Lorenzo busca trabajo

A Lorenzo le ha llegado el momento de incorporarse a la vida activa. El panorama del mundo del trabajo lo inquieta; lamenta no haber aprovechado las ocasiones que se le presentaron en el pasado. («¿Por qué las habré dejado pasar?»)

La primera fue en la publicidad. Un conocido suyo que había montado una agencia de publicidad, le propuso un puesto de publicista. En aquel entonces Lorenzo lo rechazó — piensa él ahora — un poco a la ligera. («Si lo hubiese aceptado, hoy tendría un trabajo bien pagado.»)

Cuando terminó el bachiller pensó hacerse funcionario, pero las oposiciones eran tan difíciles y había tan pocas plazas que abandonó antes de ponerse a prepararlas. «Ojalá las hubiera preparado. Ahora tendría un puesto fijo», se lamenta. «Hay tanto paro que no se puede ser delicado. Tampoco hay que esperar a que salga algo, tiene uno que buscarlo.» Y decide bajar al quiosco.

Observez

● La différence entre **tan... que** et **tanto... que** :
había tan pocas plazas (l. 12 et 13), *il y avait si peu de postes* ;
hay tanto paro (l. 15), *il y a tant de chômage.*
● La place de l'adjectif possessif **suyo** :
un conocido suyo (l. 6), *une de ses relations.*

Sachez que...

L'Agence nationale pour l'emploi correspond en Espagne à la **Oficina de Desempleo**.

Lorenzo cherche du travail

Pour Lorenzo, le moment d'entrer dans la vie active est arrivé. Le panorama du monde du travail l'inquiète ; il regrette de ne pas avoir profité des occasions qui s'étaient présentées par le passé. (« Pourquoi donc les ai-je laissées passer ? »)

La première occasion s'était présentée dans la publicité. Une de ses relations, qui avait monté une agence de publicité, lui avait proposé un poste de publiciste. À cette époque-là Lorenzo avait repoussé l'offre, un peu à la légère, pense-t-il aujourd'hui. (« Si j'avais accepté, aujourd'hui j'aurais un travail bien rémunéré »)

Après le baccalauréat, il avait pensé devenir fonctionnaire, mais les concours étaient si difficiles et il y avait si peu de postes qu'il abandonna avant même de se mettre à les préparer. « Si seulement j'avais préparé ces concours, maintenant j'aurais un poste sûr, se lamente-t-il. Il y a tant de chômage qu'on ne peut pas faire le difficile, il ne faut pas non plus attendre que ça vienne tout seul, il faut que je cherche. » Il décide de descendre au kiosque à journaux.

Vocabulaire

● *Au boulot !*

un trab**a**jo, *un travail*
un p**ue**sto, *un poste*
hac**e**r chap**u**zas, *faire des petits boulots, travailler au noir*
prepar**a**r **u**nas oposic**io**nes, *préparer un concours* (en général, pour devenir fonctionnaire)
est**a**r en el p**a**ro, *être au chômage*
ser un par**a**do, *être un chômeur*
trabaj**a**r a dest**a**jo, *être payé à la tâche*

GRAMMAIRE

LE REGRET

L'expression du regret, tout comme celle du souhait (cf. leçon 58), peut se faire de diverses façons :

- **sentir** + infinitif
  Siento no haber aceptado.
  Je regrette de ne pas avoir accepté.

  | **Attention !**
  | Les expressions *je regrette, désolé,* se traduisent par **lo siento** ou **lo siento mucho**.

- **pesar** + infinitif
  Me pesa no haber aceptado.
  Je regrette (il me pèse) de ne pas avoir accepté.

  | **Attention !**
  | **Pesar** se conjugue, dans ce cas-là, de la façon suivante : **me pesa, te pesa, le pesa, nos pesa, os pesa, les pesa**.

- **lamentar** + infinitif
  Lamento no haber aceptado.
  Je regrette (je déplore) de ne pas avoir accepté.

- **ojalá** + plus-que-parfait du subjonctif
  Ojalá hubiera (ou **hubiese**) **aceptado.**
  Si seulement j'avais accepté.

- **si** + plus-que-parfait du subjonctif
  Si hubiera (ou **hubiese**) **aceptado.**
  Si j'avais accepté (sous-entendu : je ne l'ai pas fait).

  | **Attention !**
  | Comme vous l'avez remarqué, ces deux dernières structures nécessitent l'emploi d'un subjonctif plus-que-parfait. En effet, seul ce temps vous permet d'exprimer le regret. Comparez : **ojalá venga**, *pourvu qu'il vienne* ; **ojalá viniera**, *si seulement il venait* ; **ojalá hubiera venido**, *si seulement il était venu.*

A. Traduisez

1. Le moment est venu d'entrer dans la vie active.
2. Maintenant qu'il est au chômage, il déplore de ne pas avoir accepté le poste qu'un de ses amis lui avait proposé.
3. Il y a si peu de postes de travail qu'on ne peut pas faire le difficile.
4. S'il lui avait proposé un poste, il l'aurait accepté.
5. Si seulement il avait préparé les concours.

B. Transformez selon le modèle

Ojalá no deje *pasar esta ocasión.*
→ *Ojalá no* dejara *pasar esta ocasión.*
→ *Ojalá no* hubiera dejado *pasar esta ocasión.*

1. Ojalá obtenga un puesto fijo.
2. Ojalá encuentre trabajo.
3. Ojalá termine pronto.
4. Ojalá lo llamen.

C. Mettez le verbe en italique au plus-que-parfait du subjonctif

1. Si las *preparar (yo)*, hoy tendría un puesto fijo.
2. Si no *dejar (tú)* pasar esta ocasión, no estarías en el paro.
3. Ojalá *encontrar (nosotros)* trabajo.

D. Transformez selon le modèle

Me pesa que no lo veas. → *Me pesó que no lo vieras.*

1. Le pesa que no lo llames.
2. Nos pesa que dejéis pasar esta ocasión.
3. Te pesa que no obtenga un puesto fijo.

E. Choisissez le verbe qui convient

1. *(Es, está)* buscando trabajo.
2. *(Somos, estamos)* publicistas.
3. *(Eran, estaban)* unas oposiciones tan difíciles.

Seleccionando anuncios

Lorenzo ha comprado cinco periódicos cuyos anuncios ha leído uno por uno; éste le pareció interesante: «Martissi y Roni, para formar parte de su plantilla de ventas necesita vendedor (zona de Barcelona).

Se requiere:

— Formación mínima de Bachillerato Superior o similar.

— Edad no superior a los treinta años.

— Dispuesto a viajar por toda la provincia.

— Residencia aconsejable en Barcelona.

Se ofrece:

— Ampliación de su formación a cargo de la empresa.

— Coche de la empresa, dietas, gastos de viajes, etc.

— Trabajo en equipo y posibilidades de promoción.

— Alta remuneración compuesta de importante fijo más incentivos.

Interesados, dirigirse por carta manuscrita adjuntando fotografía reciente e historial personal y profesional completos al apartado 2664 de Barcelona.»

Observez

• L'absence de la préposition **a** devant le nom **vendedor** : **necesita vendedor** (l. 3 et 4), *cherche vendeur.*

• L'emploi et la valeur de l'infinitif : **dirigirse por carta** (l. 16), *les intéressés doivent nous adresser une lettre.*

Sachez que...

Dans toute l'Espagne, à l'exception du Pays basque et de la Navarre, chaque province (département) porte le nom de sa capitale (préfecture) ; ainsi Barcelone désigne à la fois la province et sa capitale.

Sélection des petites annonces

Lorenzo a acheté cinq journaux dont il a lu une par une les petites annonces ; celle-ci lui a semblé intéressante :

« Martissi et Roni cherche pour son équipe de vente un vendeur (région de Barcelone).

On demande :

— Formation minimum : baccalauréat ou équivalent.

— Être âgé de moins de trente ans.

— Être prêt à voyager dans toute la région.

— Résider de préférence à Barcelone.

On offre :

— Complément de formation à la charge de l'entreprise.

— Voiture de fonction, remboursement des frais professionnels (repas et déplacements).

— Travail en équipe et possibilités de promotion.

— Rémunération élevée composée d'un fixe important et de primes.

Les personnes intéressées doivent nous adresser un C.V. retraçant leur parcours professionnel et une lettre manuscrite à laquelle ils joindront une photo récente à la boîte postale 2664 de Barcelone. »

Vocabulaire

• ¿Y si habláramos del sueldo? *Et si on parlait salaire ?*

una remuneración, *une rémunération*

un sueldo, *une paye*

un salario, *un salaire*

una prima (ou un incentivo), *une prime*

una (o dos) pagas extraordinarias, *un treizième, un quatorzième mois*

unos emolumentos, *un traitement*

un jornal, *le salaire d'un jour*

un jornalero, *personne qui est payée à la journée*

GRAMMAIRE

ABSENCE DE LA PRÉPOSITION *A*

Dans la leçon 50, nous vous avons signalé que l'espagnol employait la préposition **a** devant un complément d'objet direct lorsque celui-ci désignait une personne.

Busco a un vendedor; se llama Manolo, es rubio.
Je cherche un vendeur ; il s'appelle Manolo, il est blond.

Mais ***attention !*** lorsque le nom complément d'objet direct désigne une fonction (un métier) et non pas l'individu qui occupe cette fonction, vous n'avez pas à utiliser la préposition.

Se necesita vendedor. *On a besoin d'un vendeur.*
(Toute personne capable d'occuper le poste de vendeur.)

Valeur impérative des infinitifs
En espagnol, comme en français, les infinitifs peuvent parfois avoir un sens impératif.

Dirigirse a Martissi y Roni, plaza Colón n° 3.
S'adresser à Martissi et Roni, 3, place Colón.

> **Attention !**
> Cette tournure apparaît surtout dans des phrases impersonnelles.

CONTRACTION DE *DE* ET DE *EL*

Lorsque la préposition **de** est suivie de l'article masculin singulier **el**, il vous faut utiliser la forme contractée **del**.

Los anuncios del periódico. *Les annonces des journaux.*

Remarque
Vous avez déjà rencontré une contraction similaire avec la préposition **a** et l'article **el** (cf. leçon 50).

Dirígete al jefe de personal.
Adresse-toi au chef du personnel.

A. Traduisez
1. Clinique dentaire cherche secrétaire.
2. Il cherche une secrétaire qui s'appelle Julia.
3. Écrire à M. Ramírez, chef du personnel.
4. Se présenter demain à huit heures.
5. On offre : salaire important, travail en équipe.
6. On demande : parler espagnol, être prêt à voyager.
7. Carrosseries « Como Nuevo » cherchent deux ouvriers pour leurs ateliers.

B. Transformez selon le modèle
Interesados, dirigirse a M y R.
→ *Interesados, diríjanse a M y R.*
1. Escribir a Juan López, director de ventas.
2. Presentarse en la oficina central a las diez.
3. Enviar curriculum vitae.
4. Entregar cuatro fotografías de identidad.

C. Mettez au singulier la partie en italique
1. He leído los anuncios *de los periódicos*.
2. Vas a ver *a los jefes* de la empresa.
3. Forma parte *de los equipos* de venta.
4. Envíale el C.V. *a los responsables*.

D. Transformez selon le modèle
No hay que tener más de treinta años.
→ *No se tiene que tener más de treinta años.*
1. Hay que vivir en Barcelona.
2. Hay que estar dispuesto a viajar.
3. Hay que saber conducir.

E. Mettez les verbes au temps indiqué
1. Lorenzo ha *(imparfait)* leído todos los anuncios.
2. Le escribes *(passé simple)* a la empresa.
3. Trabajamos *(futur)* en equipo.

¡No hay nada peor que un dolor de muelas!

Pepi:	— ¿Qué te pasa? ¡Qué cara tienes! ¡Anda, cuéntamelo todo!
Lorenzo:	— No he pegado ojo en toda la noche. Tengo una muela picada. ¡Cómo duele! Y esto lo tengo desde hace tres días. ¡Ya no aguanto más!
Pepi:	— ¡Ay, qué dejado eres! ¡Venga! Te voy a hacer un favor. Voy a darte el número de teléfono de un dentista. Es genial.

(Media hora más tarde)

Lorenzo:	— **Oi**ga, ¿clínica dental del doctor Ramírez? ¿Cuando me podría ver el doctor, por favor?
Secretaria:	— Las consultas están completas hasta el martes próximo. ¿Le parece bien el miércoles a las nueve?
Lorenzo:	— ¡No, no! Es una urgencia. Tengo una muela picada que me hace sufrir terriblemente.
Secretaria:	— En tal caso, venga hoy a las ocho. Y anímese. Piense que dentro de tres horas ya se le habrá pasado el dolor.
Lorenzo: *(a Amélie)*	— Acompáñame, que yo tengo muy poco aguante.

Observez

● L'emploi conjoint de **lo** et de **todo** : **cuéntamelo todo** (l. 2), *raconte-moi tout*.
● La valeur de **que** : **que yo tengo muy poco aguante** (l. 25 et 26), *parce que je ne suis pas très courageux*.

Sachez que...

Avoir une dent contre quelqu'un se dit **tenerle ojeriza a alguien**.
Être capable de supporter (un peu, assez, beaucoup) se dira **tener (poco, bastante, mucho) aguante**.

Il n'y a rien de pire qu'une rage de dents !

Pepi : — Qu'est-ce qui t'arrive ? Tu en fais une tête ! Allez, raconte-moi tout !

Lorenzo : — Je n'ai pas fermé l'œil de toute la nuit. J'ai une dent cariée, ça fait un mal ! Et ça dure depuis trois jours. Je n'en peux plus !

Pepi : — Ah, ce que tu peux être négligent ! Allez, va ! Je vais te rendre un service. Je vais te donner le numéro de téléphone d'un dentiste. Il est génial.

(Une demi-heure plus tard)

Lorenzo : — Allô ? La clinique dentaire du docteur Ramírez ? Quand le docteur pourrait-il me prendre, s'il vous plaît ?

Secrétaire : — Tout est complet jusqu'à mardi prochain. Mercredi à neuf heures, ça vous convient ?

Lorenzo : — Non, non ! C'est une urgence ! J'ai une dent cariée qui me fait terriblement souffrir.

Secrétaire : — Dans ce cas, venez aujourd'hui à huit heures. Et courage, pensez que dans trois heures vous n'aurez plus mal.

Lorenzo : (à Amélie) — Accompagne-moi, parce que je suis très douillet.

Vocabulaire

● Me d**ue**len las m**ue**las ; *j'ai mal aux dents.*
una m**ue**la, *une molaire*
una m**ue**la de j**ui**cio, *une dent de sagesse*
un d**ie**nte, *une dent* (en espagnol, du masculin)
un emp**a**ste, *une obturation*
una c**a**ries, *une carie*
un p**ue**nte, *un bridge*
una dentad**u**ra post**i**za, *un dentier*

GRAMMAIRE

LA DURÉE

L'expression de la durée, contrairement à l'expression de l'heure (cf. leçon 57), ne nécessite ni l'emploi du verbe **ser**, ni l'emploi des articles **la** ou **las**. En revanche, pour exprimer une durée, il vous faudra utiliser le mot **hora**.

Te esperaré una hora. *Je t'attendrai une heure.*

Te estoy esperando desde hace una hora.
Je t'attends depuis une heure.

Te estuve esperando durante una hora.
Je t'ai attendu pendant une heure.

TRADUCTION DE *DEPUIS*

Depuis se traduira différemment selon que vous le ferez suivre d'une date (ou d'une heure) ou d'une durée.

- *depuis* + date (heure)

  Le duele desde el martes. *Il a mal depuis mardi.*

  Le espera desde las dos de la tarde.
  Il l'attend depuis deux heures de l'après-midi.

- *depuis* + une durée

  Le duele desde hace tres días. *Il a mal depuis trois jours.*

  Le espera desde hace dos horas.
  Il l'attend depuis deux heures.

INTERJECTIONS

Chaque langue possède des interjections qui lui sont propres. En voici quelques-unes, particulières à l'espagnol :

¡Anda! *Allez !*

¡Anda, cuéntamelo todo! *Allez, raconte-moi tout !*

¡Venga! *Allez ! Allez, va !*

¡Venga! Te voy a hacer un favor.
Allez, va ! Je vais te rendre un service.

¡Caramba! *Bon sang !*

¡Caramba! ¡Cómo duele! *Bon sang ! Comme ça fait mal !*

A. Traduisez

1. Allez, dis-moi tout !
2. Vous *(usted)* n'avez pas fermé l'œil de toute la nuit ?
3. Ils ont mal aux dents depuis une semaine.
4. Elle n'en peut plus.
5. Comme vous *(vosotros)* êtes négligents.
6. Nous avons attendu pendant trois heures.
7. Viens demain à trois heures.
8. Tout est complet depuis une semaine.

B. Choisissez la forme qui convient

1. Le duele *(desde, desde hace)* una semana.
2. Está durmiendo *(desde, desde hace)* las tres.
3. No ha ido al dentista *(desde, desde hace)* un año.
4. Te he estado llamando *(desde, desde hace)* las ocho.
5. La clínica está cerrada *(desde, desde hace)* el martes.

C. Remplacez la première personne du singulier par la troisième personne du singulier

1. No he pegado ojo en toda la noche.
2. Tengo una muela picada.
3. Me hace sufrir terriblemente.
4. Ya no aguanto más.

D. Choisissez le mode qui convient

1. En cuanto *(puede, pueda)*, lo verá.
2. Lorenzo llama al dentista, mientras Amélie *(lee, lea)* el periódico.
3. En cuanto te *(duele, duela)*, llámame.

E. Mettez à la forme affirmative

1. No me acompañes.
2. No llaméis al médico.
3. No vengan el sábado.

¡No hay nada peor que un dolor de muelas! • Il n'y a rien de pire qu'une rage de dents !

305

¿Qué dice mi horóscopo?

Mientras que Lorenzo, en el sillón del dentista, se muere de miedo, Amélie, en la sala de espera, lee su horóscopo:

«El Sol entra en el signo de Leo el próximo viernes, índice de revitalización general. Pero antes, es decir, durante esta semana, Mercurio se encuentra en inarmonía con Neptuno — confusión mental —, compensada por la armonía con Plutón — intuición — afectando ello principalmente a los nacidos durante la 1ª quincena de cada signo. Los de la 2ª quincena, por su parte, disfrutarán de la armonía del Sol con Júpiter — expansión vital, suerte y éxito.»

Amélie: — *Veamos Cáncer. «El tránsito de Mercurio por su signo agudiza su agilidad mental, pero aún así corre el riesgo de equivocarse. Buen momento en dinero.»* A ver para Lorenzo. *«Virgo. Semana problemática en la que sólo podrá guiarle su acusado instinto. Si padece de algún trastorno de salud, no se someta a exámenes, ya que hay riesgo de error de diagnóstico.»* ¡El pobre! ¡Por eso le duelen las muelas!

Observez

● La forme pronominale **morirse** :
Lorenzo **se muere de miedo** (l. 1 et 2), Lorenzo *meurt de peur.*
● La valeur du pronom neutre **ello** :
afectando ello... (l. 7), *cela affecte…*

Sachez que...

Le mot **agilidad** (l. 12) se compose d'un radical **(agil)** et d'un suffixe **(idad)**. C'est le cas de beaucoup de noms qui signifient des abstractions : **la libertad, la bondad** *(la liberté, la bonté).*

Que dit mon horoscope ?

Alors que Lorenzo meurt de peur dans le fauteuil du dentiste, Amélie lit son horoscope dans la salle d'attente :

« Le Soleil fera son entrée dans le signe du Lion vendredi prochain, indice de revitalisation générale. Mais avant, c'est-à-dire durant cette semaine, Mercure se trouve en dissonance avec Neptune — confusion mentale — mais cela est compensé par l'harmonie avec Pluton — intuition ; cela affecte principalement les natifs du premier décan [de la première quinzaine] de chaque signe. Les natifs du deuxième décan [de la deuxième quinzaine], quant à eux, bénéficieront de l'harmonie du Soleil et de Jupiter, expansion vitale, chance et réussite. »

Amélie : — *Voyons Cancer.* « Le passage de Mercure dans votre signe aiguise votre vivacité mentale, mais cela étant vous courez le risque de vous tromper. Bonne période sur le plan financier. » *Voyons pour Lorenzo.* « Vierge : semaine problématique, où seule votre profonde intuition pourra vous aider. Si vous avez un problème de santé, ne vous soumettez à aucun examen, vous risquez une erreur de diagnostic. » *Le pauvre ! Voilà pourquoi il a mal aux dents !*

Vocabulaire

● *Nostradamus...*

Aries, *Bélier*	**Li**bra, *Balance*
Tauro, *Taureau*	Escor**pió**n, *Scorpion*
Géminis, *Gémeaux*	Sagit**a**rio, *Sagittaire*
Cáncer, *Cancer*	Capri**co**rnio, *Capricorne*
Leo, *Lion*	Ac**ua**rio, *Verseau*
Virgo, *Vierge*	**Pi**scis, *Poissons*

le**er** la buenaven**tu**ra, *dire la bonne aventure*
ser **ga**fe, ser **cie**zo, *porter malheur*

EMPLOI DES ADJECTIFS POSSESSIFS

Les adjectifs possessifs (cf. leçon 27) s'emploient sensiblement moins en espagnol qu'en français. Dans la langue parlée, le français a tendance à multiplier les adjectifs possessifs.

Il met son chapeau. J'ai raté mon train.

Cette « appropriation » des choses et des êtres n'est au fond qu'une mise en valeur de la relation qui unit le locuteur à la chose ou à l'être dont il parle.

Sachez que ce processus de mise en valeur existe aussi en espagnol, mais qu'il ne se fait pas par le biais des adjectifs possessifs. En espagnol, la mise en valeur s'effectue grâce à la pronominalisation du verbe (cf. leçon 11).

Se pone el sombrero. Se me escapó el tren.

Cela étant, les adjectifs possessifs ne seront utilisés que pour marquer un véritable rapport d'appartenance.

Amélie lee su horóscopo.
Amélie lit son horoscope. (Elle lit le sien et non un autre.)

> **Attention !**
> Il n'existe qu'une forme **su** pour dire *son*, *sa* et *leur*.

Amélie lee su horóscopo.
Amélie lit son horoscope.

Espera a su amiga.
Elle attend sa copine.

Amélie y él llaman a su amiga.
Amélie et lui appellent leur amie.

Il n'existe qu'une forme **sus** pour dire *ses* et *leurs*.

Visita a sus amigas.
Il rend visite à ses amies.

Visitan a sus amigas.
Ils rendent visite à leurs amies.

EXERCICES

A. Traduisez
1. Pendant que je lis mon journal, tu vas chez le dentiste.
2. Moi je suis Balance, et toi, de quel signe es-tu ?
3. Le Soleil entre dans le signe des Poissons.
4. Si vous *(usted)* avez mal aux dents, soumettez-vous à un examen médical.
5. Voyons ! Verseau : semaine problématique.
6. Mais cependant vous *(vosotros)* courez le risque de vous tromper.

B. Passez du tutoiement au vouvoiement
Préstame tu *periódico.* → Présteme su *periódico.*
1. Háblame de tu salud.
2. Estáis leyendo vuestro horóscopo.
3. ¿Cuál es tu signo?
4. Corres el riesgo de equivocarte en tu diagnóstico.

C. Complétez en ajoutant l'adjectif possessif qui convient
Leo… horóscopo. (yo) → Leo mi horóscopo.
1. Angel no sabe cuál es … signo. (él)
2. Vamos a ver a … amigas. (nosotros)
3. Déjese guiar por … instinto. (usted)
4. Mostradnos los resultados de … análisis. (vosotros)

D. Passez l'élément en italique de la première personne du singulier à la deuxième personne du singulier
1. Es el *mío.*
2. *Me* duelen mucho las muelas.
3. Cáncer : este es *mi* signo.

E. Mettez à la deuxième personne du pluriel les termes en italique
1. *Corremos* el riesgo de equivocar*nos.*
2. A *nosotros* no *nos* dicen nada.
3. ¿El periódico es *nuestro?*

¡Vámonos al cine!

Lorenzo: — Anoche, Amélie quiso que fuéramos al cine. A mí no me apetecía demasiado, pero ya sabes lo testaruda que es. Cuando se le mete algo en la cabeza, no hay quien se lo saque. No tuve más remedio que aceptar. Cenamos y después de cenar me puse a pensar que, a decir verdad, Amélie había tenido una excelente idea. «¿Y si fuéramos a ver una película de Almodóvar?» — pensé. «Te propongo que vayamos a ver una película del director del que tanto te he hablado, de Almodóvar» — le dije. Amélie aceptó, aunque sin gran entusiasmo; abrí la cartelera y comprobé que no ponían ninguna. «No te preocupes» — me dijo ella — «a mí lo que me gustaría es ir a ver una película de un clásico, de un Buñuel, pongo por caso. En la cinemateca echan hoy mismo, a las nueve, *Tristana*. Si nos vamos ahora mismo, no tendremos problemas. Por mucho tráfico que haya, estaremos allí antes de que empiece.»

Observez

- La valeur de la structure **lo** + adjectif + **que** :
lo testaruda que es (l. 3), *comme elle est têtue*.
- La valeur de la structure **del que** :
el director del que tanto te he hablado (l. 10 et 11), *le metteur en scène dont je t'ai tant parlé*.

Sachez que...

Le cinéma espagnol ne se limite pas à Luis Buñuel ni à Carlos Saura. On assiste depuis quelques années à la montée d'une nouvelle génération de metteurs en scène pleins d'imagination et de talent : Pedro Almodóvar, Gutiérrez Aragón…

Allons au cinéma !

Lorenzo : — *Hier soir, Amélie a voulu que nous allions au cinéma. Moi, je n'en avais pas très envie, mais tu sais comme elle est têtue. Quand elle a décidé quelque chose, il n'y a pas moyen de la faire changer d'avis. Je n'ai pas pu faire autrement que d'accepter. Nous avons dîné et, après dîner, j'ai pensé qu'à vrai dire, Amélie avait eu une excellente idée. « Et si nous allions voir un film d'Almodóvar ? » ai-je pensé. « Je te propose d'aller voir un film du metteur en scène dont je t'ai tant parlé, d'Almodóvar », lui ai-je dit. Amélie a accepté, mais sans grand enthousiasme ; j'ai ouvert l'officiel et je me suis rendu compte qu'on n'en passait aucun. « Écoute, ne t'en fais pas, m'a-t-elle dit, moi, ce qui me plairait, c'est d'aller voir un classique, un Buñuel, par exemple. À la cinémathèque on projette ce soir même, à neuf heures, Tristana. Si nous partons tout de suite, nous n'aurons pas de problèmes. Même s'il y a beaucoup de circulation, nous y serons avant que ça ne commence. »*

Vocabulaire

• ¡De película! (sens figuré) ; *c'est merveilleux !*

un direct**or**, *un metteur en scène*
un act**or** (**u**na act**riz**), *un acteur, une actrice*
una película de ri**s**a, *un film comique*
una pelí**u**la del O**e**ste, *un western*
una película poli**cía**ca, *un film policier*
un c**i**ne de **A**rte y Ens**a**yo, *un cinéma d'art et d'essai*

GRAMMAIRE

LA CONCESSION

Lors de la leçon 36, nous vous avons signalé que l'espagnol disposait de plusieurs possibilités pour dire la concession. Il pouvait employer : **aunque, a pesar de, a pesar de que, por muy**.

Sachez qu'il peut aussi utiliser les structures suivantes :

● **por mucho** + nom + **que** + subjonctif
Por mucho tráfico que haya…
Même s'il y a beaucoup de circulation…

● **por poco** + nom + **que** + subjonctif
Por poco tiempo que tenga…
Même s'il (ou elle) a peu de temps…

● **por** + adjectif + **que** + subjonctif
Por tarde que lleguemos…
Même si nous arrivons tard…

TRADUCTION DE *DONT*

Lors de la leçon 39 nous vous avons dit que le relatif français *dont* se traduisait par **cuyo, cuya, cuyos** ou **cuyas** s'il existait un rapport d'appartenance entre les éléments qu'il mettait en relation.

La reina, cuyo amor… *La reine dont l'amour…*

En revanche, s'il n'existe aucun rapport d'appartenance entre les éléments mis en relation par *dont*, vous le traduirez par :

● del que
El director del que te hablé.
Le metteur en scène dont je t'ai parlé.

● de la que
La película de la que te hablé.
Le film dont je t'ai parlé.

● de los que
Los actores de los que te hablé.
Les acteurs dont je t'ai parlé.

● de las que
Las críticas de las que te hablé.
Les critiques dont je t'ai parlé.

A. Traduisez

1. Tu n'en as pas très envie.
2. Lorsque vous *(usted)* décidez quelque chose, il n'y a pas moyen de vous faire changer d'avis.
3. Et si vous *(vosotros)* alliez au cinéma ?
4. J'aimerais voir le film dont tu m'as parlé.
5. Même si tu en as vu beaucoup, tu dois aller voir celui-ci.

B. Transformez selon le modèle

Te propongo que vayamos al cine.
→ *¿Y si fuéramos al cine?*

1. Te propongo que me acompañes.
2. Te propongo que cenemos juntos.
3. Te propongo que veamos un Buñuel.

C. Transformez selon le modèle

Aunque *lleguemos* tarde, *encontraremos sitio.*
→ *Por tarde que lleguemos, encontraremos sitio.*

1. Aunque te guste poco ir al cine, debes ir a ver esta película.
2. Aunque sea un buen director, su última película es un fracaso.
3. Aunque tardes mucho, te esperaré.

D. Choisissez le relatif qui convient

1. El director *(cuya, de la que)* fama es reconocida por todos.
2. Vimos la película *(cuya, de la que)* nos hablaste.
3. Una sala *(cuyos, de los que)* asientos eran muy cómodos.

E. Transformez selon le modèle

Es muy testaruda, ya lo sabes. → *Ya sabes lo testaruda que es.*

1. Es muy tarde, ya lo sabes.
2. Es muy simpática, ya lo sabes.
3. Es muy rápido, ya lo sabes.

Crítica de cine

En *El último suspiro*, Buñuel explicaba que desde hacía tiempo se sentía atraído por esta novela epistolar. No era, según él, «de las mejores de Galdós», pero el personaje de Don Lope le interesaba especialmente. Pensó inicialmente en Silvia Pinal como protagonista femenina (la actriz mexicana había declarado en el seminario dedicado a Buñuel en el festival de cine de Barcelona que Catherine Deneuve «no se enteró de qué iba el papel»), y más tarde en Stefania Sandrelli. Quería realizar el filme en España, pero el escándalo de *Tristana* hizo que se prohibiera el rodaje. Cuando finalmente pudo concretizar su proyecto, escogió Toledo, aunque la acción de la novela pasaba en Madrid. Con *Viridiana* realizó una de sus películas de mayor éxito internacional. La relación entre un hombre maduro y una mujer joven, tema predilecto del cineasta, cobra en esta película especial relieve, gracias a la espléndida creación de Fernando Rey, y a la Deneuve, de cuya aparente frialdad Buñuel supo sacar un enorme partido.

Observez

● Le temps du verbe **hacer** :
desde hacía tiempo (l. 1 et 2), *depuis longtemps.*
● L'emploi d'une préposition devant **cuya** :
de cuya aparente frialdad Buñuel... (l. 17 et 18), *l'apparente froideur que Buñuel...*

Sachez que...

Les romans de Benito Pérez Galdós ont souvent donné lieu à des films *(Tristana, Nazarín)*. Cet écrivain espagnol du XIXe siècle est en quelque sorte « le Balzac espagnol ».

Critique de cinéma

Dans Le Dernier Soupir, *Buñuel expliquait que depuis longtemps il se sentait attiré par ce roman épistolaire. Ce n'était pas, selon lui, « l'un des meilleurs romans de Galdós », mais le personnage de Don Lope l'intéressait tout particulièrement. Il pensa tout d'abord confier le rôle féminin à Silvia Pinal (au cours du séminaire sur Buñuel lors d'un Festival cinématographique de Barcelone, l'actrice mexicaine a déclaré que Catherine Deneuve n'avait rien compris au rôle), puis, plus tard, il pensa à Stefania Sandrelli. Buñuel voulait réaliser ce film en Espagne, mais le scandale de* Tristana *provoqua l'interdiction du tournage. Lorsque, enfin, il put mener à bien son projet, il choisit Tolède, bien que l'action dans le roman se passât à Madrid. Avec* Viridiana *Buñuel obtint un de ses plus grands succès internationaux. Dans ce film, la relation entre un homme mûr et une jeune femme, thème cher au cinéaste, acquiert un relief particulier grâce à la magistrale interprétation de Fernando Rey et à l'apparente froideur de Deneuve que Buñuel a si bien su exploiter.*

Vocabulaire

● *En avant-première…*

un pap**e**l, *un rôle*
un gui**ó**n, *un scénario*
una p**ue**sta en esc**e**na, *une mise en scène*
un pl**a**no americ**a**no, *un plan américain*
un prim**e**r pl**a**no, *un gros plan*
un estr**e**no, *une exclusivité*
trabaj**a**r en **u**na pel**í**cula, *jouer dans un film*

GRAMMAIRE

LA PRÉPOSITION *EN*

La préposition **en** sert à exprimer :

- une intériorité
  En *El último suspiro*, **Buñuel explicaba…**
  Dans Le Dernier Soupir, *Buñuel expliquait…*

  La acción pasaba en Madrid.
  L'action se passait à Madrid.

  Entró en el cuarto.
  Il est entré dans la pièce.

- une surface d'appui

  Pegaba unos carteles en la pared.
  Il collait quelques affiches sur le mur.

  Por primera vez en pantalla.
  Pour la première fois à l'écran.

  Dejó las entradas en la mesa.
  Il a déposé les billets sur la table.

- une compétence, une qualité
  Está muy puesto en directores de cine.
  Il sait tout des metteurs en scène.

  Un texto en prosa.
  Un texte en prose.

- l'échange
  Me lo dejó en cien pesetas.
  Il me l'a cédé pour cent pesetas.

- un moyen de transport
  Viajar en tren.
  Voyager en train.

- l'objet d'une action
  Pensó en ella como protagonista femenina.
  Il pensa à elle pour le rôle féminin.

A. Traduisez

1. Il se sentait attiré par ce personnage depuis longtemps.
2. Selon moi, c'est un des meilleurs films de Buñuel.
3. Tu n'as rien compris au rôle.
4. Dans *Tristana* réapparaît un thème cher à Buñuel : celui de l'homme mûr et de la jeune femme.
5. C'est une magistrale interprétation.

B. Choisissez la préposition qui convient

1. La película se rodó *(a, en, de)* España.
2. Obtuvo el primer premio *(a, en, de)* Avoriaz.
3. Tuvo que retrasar el rodaje *(a, de, en, por)* el escándalo.

C. Transformez selon le modèle

Dice desde hace tiempo que le atrae la novela.
→ *Decía desde hacía tiempo que le atraía la novela.*
1. Quiere rodar esta película desde hace un año.
2. Desde hace más de un año espera a que la llamen.
3. Busco su teléfono desde hace una hora.

D. Choisissez le verbe qui convient

1. *(Es, está)* un director muy conocido.
2. *(Eras, estabas)* realizando un filme en España.
3. *(Son, están)* sus temas predilectos.

E. Choisissez le verbe qui convient

1. *(Ha, tiene)* pensado en ella para ese papel.
2. *(Ha, tiene)* sido su mayor éxito.
3. *(Hemos, tenemos)* que interrumpir el rodaje.

F. Mettez le verbe au temps indiqué entre parenthèses

1. Buñuel sabe *(passé simple)* sacar partido de su frialdad.
2. Quiero *(imparfait du subjonctif)* realizar este filme en España.
3. Es *(passé simple)* un escándalo.

De ligue (1)

Amélie ha salido a tomarse un refresco a la terraza de un bar. De pronto, ve pasar a su amiga Pepi, que parece muy agitada. Amélie la llama y Pepi se acerca.

Amélie: — Chica, a ti te pasa algo. Anda, siéntate y cuéntamelo todo.

Pepi: — ¡Si supieras!... Me parece que me acabo de ligar a un tío genial; se llama Manolo... Pero, ¡si tú ya lo conoces! Acuérdate que lo vimos un día en la cafetería de la Universidad. ¿Verdad que es guapo? Pues figúrate que hoy lo veo entrar en la clase de economía. El corazón me dio un vuelco. Yo no hacía más que mirarlo y cuanto más lo miraba, más guapo me parecía. Viendo que él no hacía más que tomar apuntes, y que iba a perder la ocasión, decidí pasar al ataque. Al terminar la clase, me hice la encontradiza. Y funcionó: me ha reconocido... y va a venir esta noche a mi casa para que le dé los apuntes de la semana pasada. ¿Qué te parece?... ¿Por qué no me prestas esa falda tan sexy que llevabas la semana pasada?

Observez

● La valeur de l'imparfait du subjonctif **¡Si supieras!** (l. 6), *si tu savais !*

● L'expression **no hacer más que** + infinitif :
no hacía más que mirarlo (l. 12 et 13), *je n'arrêtais pas de le regarder.*

Sachez que...

Un **piropo** est un compliment que l'on adresse à une femme généralement inconnue. Il se doit d'être spirituel…

La drague (1)

Amélie est sortie prendre un rafraîchissement à la terrasse d'un café. Soudain, elle voit passer son amie Pepi, qui semble très excitée. Amélie l'appelle et Pepi s'approche.

Amélie : — *Eh, toi tu n'es pas dans ton état normal. Allez, assieds-toi et raconte-moi tout.*

Pepi : — *Si tu savais ! Je crois que je viens de me draguer un type super ; il s'appelle Manolo… mais, tu le connais ! Souviens-toi, nous l'avions vu un jour à la cafétéria de l'université. N'est-ce pas qu'il est beau ? Eh bien, figure-toi qu'aujourd'hui je l'ai vu entrer au cours d'économie. Mon cœur s'est mis à battre la chamade. Je n'arrêtais pas de le regarder et plus je le regardais, plus je le trouvais beau. Voyant qu'il n'arrêtait pas de prendre des notes et comme je risquais de laisser passer ma chance, j'ai décidé de passer à l'attaque. À la fin du cours, j'ai provoqué la rencontre. Et ça a marché : il m'a reconnue… et il va passer chez moi ce soir pour que je lui donne les notes de la semaine dernière. Qu'en dis-tu ? Pourquoi ne me prêtes-tu pas la jupe si sexy que tu portais la semaine dernière ?*

Vocabulaire

• ¡Qué bonitos ojos tienes! *Tu as de beaux yeux !*

cortejar, *courtiser*
ligar, *draguer*
enamorarse, *tomber amoureux*
estar enamorado, *être amoureux*
tener una querida, *avoir une maîtresse*
tener un amante, *avoir un amant*
echarse novio o novia, ponerse novio o novia, *se fiancer*
casarse, *se marier*
el casado casa quiere, *celui qui se marie a besoin d'une maison*

GRAMMAIRE

TRADUCTION DE *PLUS... PLUS,*
PLUS... MOINS, MOINS...

● Les structures *plus... plus, plus... moins*, etc., ont chacune leur équivalent en espagnol :

plus... plus : **cuanto más... más** ; *moins... moins :* **cuanto menos... menos** ; *plus... moins :* **cuanto más... menos**, etc.

● Sachez que vous pouvez les employer pour mettre en relation :

– deux verbes

Cuanto más lo miro, más me gusta.
Plus je le regarde, plus il me plaît.

Ici la relation s'établit entre **mirar** *(regarder)* et **gustar** *(plaire)*.

– deux verbes accompagnés d'adjectifs

Cuanto más bonito es, más caro cuesta.
Plus c'est beau, plus ça coûte cher.

Remarque 1
Dans ce cas, il vous faudra placer l'adjectif avant le verbe.
Cuanto más bonito, más caro.
Plus c'est beau, plus c'est cher.

Remarque 2
Le verbe peut rester, comme dans la phrase précédente, sous-entendu.

– deux verbes suivis d'un complément d'objet direct

Cuanto más leo este libro, más recuerdo aquella tarde.
Plus je lis ce livre, plus je me rappelle cet après-midi-là.

Attention !
Si le complément direct n'est précédé d'aucun déterminant (**este, el, un...**)*, il vous faudra :*

– placer le complément avant le verbe ;

– accorder **cuanto** en genre et en nombre avec ce complément.

Cuantas más golosinas comas, más caries tendrás.
Plus tu mangeras de friandises, plus tu auras de caries.

A. Traduisez

1. Je suis sortie prendre un rafraîchissement.
2. Allez, racontez-moi tout *(usted)* !
3. Si vous *(vosotros)* saviez !
4. N'est-ce pas qu'ils sont beaux ?
5. Eh bien, figurez-vous *(usted)* qu'il est tombé amoureux.
6. Plus je le vois, plus je l'aime.
7. Il a provoqué la rencontre.
8. Plus je le connais, plus je l'apprécie.

B. Transformez selon le modèle

Come, engorda (++)
→ Cuanto más *come*, más *engorda*.
1. Ganas, gastas (tu gagnes, tu dépenses). (+ —)
2. Viaja, le gusta viajar. (— —)
3. Esperes, te dolerá (attendras, te fera mal). (++)
4. Estudie, sabrá (il étudiera, il saura). (++)

C. Transformez selon le modèle

Leo libros, *cometo faltas* (lire des livres, faire des fautes)
→ Cuantos más *libros leo*, menos *faltas cometo*. (+ —)
1. Tiene dinero, compra ropa (ropa : des habits). (++)
2. Haces deporte, eres resistente. (++)
3. Bebas agua, sudarás (boire de l'eau, suer). (++)
4. Ve a Pepe, se acuerda de su padre. (++)

D. Transformez selon le modèle

A ti te pasa algo. → *A vosotros os pasa algo.*
1. A mí me parece que me lo acabo de ligar. A ella…
2. A vosotros os apetecía tomaros algo. A nosotros…
3. A ti ¿qué te parece? A ustedes…
4. A vosotros no os gustó verlo. A ti…

De ligue (2)

Amélie: — Unas con tanta suerte y otras con tan poca, chica. Yo acabo de librarme de un plomo de mucho cuidado. Estaba yo tan tranquila tomándome una horchata, cuando llega un tío y se sienta en la mesa de al lado. No me quitaba ojo de encima. Al cabo de cinco minutos se me acerca: «¿Tienes fuego, por favor?» Lo miré y casi me desmayo viendo lo feo que era. Le contesté que lo sentía pero que no fumaba. El tipo aprovecha la ocasión para sentarse a mi mesa e intenta entablar conversación, pero, ¡qué falta de imaginación! ¡Qué tipo más soso!

«¿Estás sola?», me lanza. (¡No sé con quién quería que estuviera!) «Más vale sola que mal acompañada», le contesté, con segundas, pero no se dio por aludido. «¿Qué tiempo más agradable, verdad?» (¡Decirme eso en Madrid y en pleno mes de abril!) «Como de costumbre», le contesté, y viendo que no se iba por las buenas, acabé por decirle: «Mira, si no me dejas en paz, llamo a mi novio, que es camarero en el bar y te echa a bofetadas.» Pues chica, salió pitando.

Observez

La valeur du verbe **acabar** :
acabo de librarme (l. 2), *je viens d'échapper* et **acabé por decirle** (l. 21), *j'ai fini par lui dire*.

Sachez que...

Mieux vaut faire envie que pitié se dit **más vale tener que desear**.
Un tiens vaut mieux que deux tu l'auras se dit **más vale pájaro en mano que ciento volando**.

La drague (2)

Amélie : — *Il y en a qui ont de la veine, alors que d'autres… Moi je viens d'échapper à un casse-pieds de première. Je prenais bien tranquillement un sirop d'orgeat quand arrive un type qui s'assoit à la table d'à côté. Il ne me quittait pas des yeux. Au bout de cinq minutes, il s'approche de moi : « Tu as du feu, s'il te plaît ? » Je l'ai regardé et j'ai failli m'évanouir tellement il était laid. Je lui ai répondu que je regrettais mais que je ne fumais pas. Le type en profite pour s'asseoir à ma table et tente d'engager la conversation, mais quel manque d'imagination ! Qu'est-ce qu'il était fade !*

« Tu es seule ? », me lance-t-il. (Avec qui voulait-il que je sois ?)

« Mieux vaut seule qu'en mauvaise compagnie », lui ai-je répondu intentionnellement, mais il ne s'est pas senti visé.

« Quel beau temps, n'est-ce pas ? » (Me dire ça à Madrid, en plein mois d'avril !) « Comme d'habitude », lui ai-je répondu et, voyant qu'il n'était pas disposé à partir, j'ai fini par lui dire : « Écoute, si tu ne me fiches pas la paix, j'appelle mon fiancé, qui est garçon de café ici et il te jettera dehors manu militari. » *Eh bien, il a pris ses jambes à son cou.*

Vocabulaire

● ¿Ten**é**is sed? *Vous avez soif ?*
una horcha**t**a, rafraîchissement à base d'amandes et de sucre. C'est une spécialité de la région de Valence.
una graniza**d**a de lim**ó**n (de café), sorte de sorbet pilé.

● ¡Empina**d** el c**o**do! *Alors levez le coude !*
un c**u**ba libre, cocktail à base de gin (ou de rhum) et de Coca-Cola.
un cara**j**illo, café et cognac.
una palomi**t**a, de l'anis et de l'eau.

GRAMMAIRE

TRADUCTION DE *QUI*

Sachez que *qui* se traduit de façon différente selon que son antécédent (l'être ou la chose qu'il désigne) est exprimé ou non.
Dans le cas où l'antécédent est exprimé :
Je vais appeler mon fiancé qui est garçon de café.

vous traduirez *qui* par :

● **que** s'il est sujet

El hombre que está sentado al fondo se llama Juan.
L'homme qui est assis au fond s'appelle Juan.

El libro que está en la mesa es suyo.
Le livre qui est sur la table est à lui.

● **quien, quienes, el que, los que, la que, las que**
s'il est complément précédé d'une préposition

El chico con quien hablo a menudo.
Le garçon avec qui je parle souvent.

Los amigos con quienes fui a Madrid.
Les amis avec qui je suis allé à Madrid.

La chica a la que le regalaste un disco.
La jeune fille à qui tu as offert un disque.

Los hombres con los que trabajaste.
Les hommes avec qui tu as travaillé.

Dans ces cas, comme vous l'avez sans doute remarqué, **quien** s'accorde en nombre, alors que **el que**, **la que**, etc., s'accordent en genre et en nombre.

Si les formes **el que**, **la que**, **los que**, etc., sont traduisibles par *qui*, elles peuvent aussi être traduites par *lequel, laquelle, lesquels*, etc.

A. Traduisez
1. Je viens d'échapper à un casse-pieds !
2. Tu ne le quittes pas des yeux.
3. Avez-vous *(usted)* du feu, s'il vous plaît ?
4. Au bout de cinq minutes, je me suis approché.
5. As-tu essayé d'engager la conversation ?
6. Qu'est-ce qu'il est fade !
7. Si vous *(usted)* ne me fichez pas la paix, j'appelle la police.
8. As-tu vu l'homme qui est assis à la table d'Amélie ?
9. J'ai pris mes jambes à mon cou.

B. Transformez selon le modèle
La chica con quien *hablaste…*
→ *La chica* con la que *hablaste…*
1. Los amigos *con quienes* hemos cenado…
2. El camarero *de quien* está enamorada…
3. Las chicas *a quienes* invitaste…
4. La mujer *a quien* diste la entrada…

C. Mettez au pluriel
1. Es el que está sentado.
2. ¿Y la chica? ¿La que estaba hablando con Luis?
3. ¿Quién es usted?
4. El hombre a quien escribiste.
5. Su amigo es el que está en el café.

D. Passez du tutoiement au vouvoiement
1. ¿Tienes fuego, por favor?
2. Si no me dejas en paz, vas a ver.
3. ¿Estáis solas?

E. Passez du vouvoiement au tutoiement
1. ¿Le molestaría decirme la hora?
2. ¡Qué suerte tuvo usted!
3. ¡Siéntense!

Hablando de trabajo

Lorenzo asiste a una charla sobre la inserción profesional de los jóvenes recién graduados. Cuando llega, el conferenciante ya ha empezado a hablar: «... las perspectivas son poco halagüeñas; sepan, sin embargo, que hay más posibilidades de trabajar en el País Vasco, Cataluña o Madrid, que en cualquier otra región española. Una ciudad como Sevilla, de desarrollo espectacular, ofrece aceptables posibilidades de trabajo. Con todo, se puede afirmar que, por lo general, la zona costera ofrece más posibilidades que las tierras del interior. Ante este panorama, la estrategia del joven graduado cara al empleo, dependerá, sobre todo, de su situación personal:

Si aún no ha realizado el servicio militar, le aconsejo que se incorpore a filas como voluntario; así tendrá un año por delante para buscar trabajo.

Si está libre de obligaciones militares, no podrá disfrutar de ese compás de espera. En tal caso, más vale no ser muy exigente en materia de empleo. Sepan que lo importante es entrar en la empresa. Luego, una vez dentro, a él le tocará demostrar su valía.

Observez

- L'emploi du subjonctif dans **le aconsejo que se incorpore** (l. 13 et 14), *je lui conseillerai de devancer l'appel.*
- La valeur du verbe **tocar**: **a él le tocará...** (l. 19 et 20), *ce sera à lui...*

À propos de travail

Lorenzo assiste à une conférence sur le thème de l'insertion professionnelle des jeunes diplômés. Lorsqu'il arrive, le conférencier a déjà commencé :

« … les perspectives sont peu réjouissantes ; sachez, cependant, qu'il y a plus de possibilités de trouver un emploi au Pays basque, en Catalogne ou à Madrid que dans n'importe quelle autre région d'Espagne. Une ville comme Séville, qui connaît un développement spectaculaire, offre des possibilités d'emploi tout à fait acceptables. Cela étant, on peut affirmer que, de façon générale, les offres d'emploi sont plus nombreuses dans la zone côtière qu'à l'intérieur des terres. Étant donné cette situation, la stratégie du jeune diplômé face à l'emploi dépendra surtout de sa situation personnelle :

S'il n'est pas dégagé de ses obligations militaires, je lui conseillerais de devancer l'appel ; il disposera ainsi d'un an pour prospecter.

S'il est dégagé de ses obligations militaires, il ne pourra pas profiter de ce sursis. Dans ce cas, mieux vaut qu'il limite ses exigences en matière d'emploi. Sachez que l'important est d'entrer dans l'entreprise ; ensuite, une fois à l'intérieur, ce sera à lui de démontrer ce qu'il vaut.

Vocabulaire

● A sus **ó**rdenes, mi capit**á**n ; *à vos ordres, mon capitaine.*

el recl**u**ta, *la recrue*	el ten**ie**nte coron**e**l, *le lieutenant-colonel*
el sold**a**do, *le soldat*	el coron**e**l, *le colonel*
el c**a**bo, *le caporal*	el gener**a**l, *le général*
el c**a**bo prim**e**ra, *l'adjudant*	el cuart**e**l, *la caserne*
el alf**é**rez, *le sous-lieutenant*	hac**e**r la m**i**li, *faire son service militaire*
el ten**ie**nte, *le lieutenant*	
el capit**á**n, *le capitaine*	
el comand**a**nte, *le commandant*	

GRAMMAIRE

LA PRÉPOSITION *PARA*

La préposition **para** permet d'exprimer :

- le but

  Tendrá un año para buscar trabajo.
  Il aura une année pour chercher du travail.

- la destination

  Como quería encontrar trabajo, se fue para Barcelona.
  Comme il voulait trouver du travail, il est parti à Barcelone.

- le destinataire

  Aquí hay una carta para usted.
  Il y a une lettre pour vous, ici.

- une échéance

  Anuncian una conferencia para la semana próxima.
  On annonce une conférence pour la semaine prochaine.

- un point de vue

  Para mí, más vale buscar en la zona costera.
  Selon moi, mieux vaut chercher dans la zone côtière.

Retenez aussi ceci qui vous aidera sûrement :
– *par* se traduira presque systématiquement par **por** ;
– *pour* se traduira par **por** ou par **para**, selon que vous prenez en compte les mobiles ou les objectifs de l'action.

Por no encontrar trabajo tuvo que incorporarse a filas como voluntario.
Il a dû devancer l'appel, parce qu'il n'a pas trouvé de travail. (mobiles)

Tuvo que ir a Barcelona, para encontrar trabajo.
Il a dû aller à Barcelone, pour trouver du travail. (objectifs)

A. Traduisez

1. On annonce une conférence pour la semaine prochaine.
2. L'insertion des jeunes diplômés est difficile.
3. Sachez cependant que la zone côtière offre plus de possibilités que les terres de l'intérieur.
4. Ta stratégie dépendra de ta situation personnelle.

B. Choisissez entre *por* et *para*

1. Se fue *(por, para)* Madrid en busca de trabajo.
2. Tiene que encontrar un trabajo *(por, para)* aquí.
3. Sólo trabaja *(por, para)* la mañana.
4. Prepáreme el informe *(por, para)* mañana.
5. Ha llegado un paquete *(por, para)* ti.

C. Mettez le verbe en italique à la forme qui convient

1. Ha venido para que le *dar (tú)* trabajo.
2. Para que *tener (usted)* más tiempo, acabaremos antes.
3. Os he traído el periódico para que *leer (vosotros)* los anuncios.
4. Nos ha llamado para que *ir (nosotros)* con él.
5. Le espera para que le *dar (usted)* algunos consejos.

D. Transformez selon le modèle

Las perspectivas son *poco halagüeñas*.
→ Dijo *que las perspectivas* eran *poco halagüeñas*.

1. Sevilla ofrece aceptables posibilidades de trabajo.
2. Lo importante es entrar en la empresa.
3. No puede disfrutar de ese compás de espera.

E. Remplacez les mots en italique par le pronom qui convient

1. Escucha *al conferenciante*.
2. Es una charla para *los recién graduados*.
3. *A Lorenzo* le tocará demostrar su valía.

Para muestra bien vale un botón

Lorenzo ha decidido solicitar el puesto de vendedor en Barcelona.

I. Carta de candidatura

Señor jefe de personal de Martissi y Roni:

En relación con el anuncio, aparecido en *La Vanguardia* el dia 24-07-20..., tengo el gusto de enviarle mi curriculum vitae.

Espero que el nivel de estudios alcanzado por mi, netamente superior al que se solicita para cubrir el puesto de vendedor, y el entusiasmo del que pienso darles prueba en una futura entrevista, suplan mi falta de experiencia.

Esperando tener el gusto de saludarle personalmente, le saluda atentamente. Lorenzo Ramírez.

II. Curriculum vitae

Nombre y apellidos: Lorenzo Ramírez López.

Dirección: Plaza de Iberoamérica n° 28 — Madrid 28028.

(Continuará)

Observez

La valeur du gérondif : **Esperando tener el gusto**... (l. 12), *dans l'attente...*

Sachez que...

Les éléments qui composent une adresse s'ordonnent de la façon suivante :

1° nom de la rue	2° numéro
3° nom de la ville	4° code postal

Pour se faire une idée, il suffit d'un exemple

Lorenzo s'est décidé à solliciter le poste de vendeur à Barcelone.

I. Lettre de candidature

À Monsieur le Chef du personnel de Martissi et Roni,

À la suite de l'annonce parue dans La Vanguardia *le 24.07.20…, j'ai l'honneur de vous envoyer mon curriculum vitae.*

Je souhaite que mon niveau d'études, nettement supérieur à celui qui est demandé pour occuper la place [le poste] de vendeur, ainsi que l'enthousiasme dont je fais preuve et que j'espère avoir l'occasion de manifester lors d'un prochain entretien, pallieront mon manque d'expérience.

Dans l'attente de pouvoir vous rencontrer personnellement, veuillez agréer, Monsieur, l'expression de mes respectueuses salutations. L. Ramírez.

II. Curriculum vitae

Noms et prénom : Lorenzo Ramírez López.

Adresse : 28, place d'Iberoamérica, 28028 Madrid.

(À suivre)

Vocabulaire

● Pr**ue**bas ; *des preuves :*

dar pr**ue**bas de, *faire preuve de*
manifest**a**r, *manifester*
demostr**a**r, *montrer, prouver*
aport**a**r la pr**ue**ba, *donner la preuve*
est**a**r de pr**ue**ba, *être à l'essai*
una sem**a**na (un mes) de pr**ue**ba, *une semaine (un mois) à l'essai*
pon**e**r a pr**ue**ba, *mettre à l'épreuve*

TRADUCTION DE *QUI* (SUITE)

Dans le cas où l'antécédent de *qui* n'est pas exprimé, vous traduirez *qui* par **quien**.
¿Quién lo diría?
Qui l'eût cru ?

• s'il est sujet
Quien fue a Sevilla, perdió su silla.
Qui part à la chasse, perd sa place.

• s'il est complément d'objet direct
Elija a quien quiera.
Choisissez qui vous voudrez.

No recuerdo delante de quien estaba.
Je ne sais plus devant qui j'étais.

QUELQUES STRUCTURES CONTENANT LE RELATIF *QUI*

• *Ce qui,* **lo que**
A mí lo que me interesa…
Ce qui m'intéresse…

• *C'est … qui,* **es… el que, es… la que, son … los que, las que**
Es Juan el que se lo dijo.
C'est Juan qui le lui a dit.

Ellos son los que se lo dijeron.
Ce sont eux qui le lui ont dit.

• *Il y en a qui,* **los** (ou **las**) **hay que**
Los (ou **las**) **hay que tienen suerte.**
Il y en a qui ont de la chance.

• *Celui qui,* **el que** (souvenez-vous de la leçon 48)
Enséñeme el que está ahí.
Montrez-moi celui qui est là.

A. Traduisez

1. Je me suis décidé à solliciter le poste de vendeur.
2. À la suite de l'annonce parue dans *El País* nous avons l'honneur de vous *(usted)* envoyer cette lettre de candidature.
3. Le niveau de vos *(usted)* études est nettement supérieur à celui demandé.
4. Pendant l'entretien, il a fait preuve d'enthousiasme.
5. Son niveau d'études palliera son manque d'expérience.
6. Adresse : 4, rue de Madrid, 30100 Barcelone.

B. Transformez selon le modèle

¿Has visto al hombre de quien *te hablé?*
→ *¿Has visto al hombre* del que *te hablé?*
1. Vi al chico *con quien* paseaba.
2. Los niños *con quienes* jugabas son muy simpáticos.
3. La chica *a quien* le regalaste un disco…
4. Ya han llegado las mujeres *de quienes* me hablaste.

C. Passez du vouvoiement au tutoiement

1. Le envío mi curriculum vitae.
2. En una futura entrevista pienso darles prueba de mi entusiasmo.
3. ¿Ha solicitado el puesto de vendedor?
4. Envíenos su curriculum vitae.
5. Espero tener el gusto de verle.

D. Passez du tutoiement au vouvoiement

1. Deberás dar pruebas de tu valía.
2. Tienes que alcanzarlo.
3. Preséntate en la oficina.
4. ¿Sigues buscando trabajo?

E. Écrivez les adresses suivantes, comme il convient

1. 7, rue du Mexique, 28012 Madrid.
2. 68, place Charles-V, 30360 Murcie.
3. 1, avenue des Rois-Catholiques, 14000 Cordoue.

Curriculum vitae

Fecha de nacimiento: Nací el 9 de noviembre de 1984.
Estado civil: Soy soltero.
Formación: Realicé el Bachillerato Superior «Ciencias» en
el Instituto Nacional de Enseñanza Media «San Isidro» de
Madrid. En 2001 pasé la selectividad en la que obtuve una
nota media de 8,8 sobre diez, lo cual me permitió acceder
a la Facultad de Ciencias Económicas y Empresariales.
Entre 2002 y 2006 he cursado la carrera de Técnicas
Empresariales; mi expediente académico prueba que he
seguido las clases con gran aprovechamiento ya que, en
efecto, he obtenido una nota media de notable.
Cursillos: En agosto de 2006 asistí a un cursillo sobre «El
lenguaje de los ordenadores». Durante el mes de agosto
de 2007, tomé parte en un seminario sobre «Dinámica de
grupos».
Idiomas: Domino el inglés hablado y escrito. Hablo con
soltura el francés.

Observez

• L'emploi et la valeur des verbes **ser** et **estar** :
Soy soltero y estoy exento de obligaciones militares (l. 2
et 3), *je suis célibataire et* [je suis] *dégagé de toutes obligations
militaires.*
• L'absence de la préposition **de** :
me permitió acceder... (l. 7), *ce qui m'a permis d'accéder...*

Sachez que...

Les études universitaires sont plus longues en Espagne qu'en
France. El **Graduado Universitario** *(DEUG)* s'obtient au bout de
trois ans, la **Licenciatura** *(licence)* au bout de quatre, la **Tesina**
(maîtrise) au bout de cinq.

Curriculum vitae

Date de naissance : je suis né le 9 novembre 1984.
État civil : je suis célibataire.
Formation : j'ai suivi mes études secondaires « Sciences »
au lycée d'enseignement secondaire « San Isidro » à Madrid.
En 2001, j'ai obtenu le baccalauréat avec une moyenne
de 8,8 sur dix, ce qui m'a permis d'accéder à la faculté
des Sciences économiques et commerciales. Entre 2002 et
2006 j'ai suivi la filière « Techniques d'entreprises » ; mon
dossier universitaire montre que j'ai su tirer profit de cet
enseignement, puisque, en effet, j'ai obtenu la mention
Bien.
Stages : au mois d'août 2006 j'ai assisté à un stage sur « Le
langage des ordinateurs ». Au cours du mois d'août 2007,
j'ai pris part à un séminaire sur « La dynamique des
groupes ».
Langues : je maîtrise parfaitement l'anglais, oralement et
par écrit. Je parle le français avec une certaine aisance.

Vocabulaire

• ¿**Có**mo te ha **i**do? *Ça a marché ?*

insufi**cie**nte (< 5), *insuffisant*
sufi**cie**nte (= 5), *passable*
bien (= 6), *assez bien*
not**a**ble (7-8), *bien*
sobresali**e**nte (9-10), *très bien*
susp**e**nso, *collé*
aprob**a**do, *reçu*
repet**i**r c**u**rso, *redoubler*

En Espagne, les notes sont attribuées sur dix et non sur vingt.

GRAMMAIRE

LA PRÉPOSITION *SOBRE*

La préposition **sobre** est employée :

● pour indiquer une heure de façon approximative
Se fue sobre las diez.
Il est parti vers dix heures.

● pour indiquer un thème traité
Un seminario sobre « Dinámica de grupos ».
Un séminaire sur « La dynamique des groupes ».

● pour situer
La carta se quedó sobre la mesa.
La lettre est restée sur la table.

SUR : *EN, SOBRE* OU *ENCIMA DE* ?

Il existe plusieurs façons de traduire la préposition française *sur* :
en (cf. leçon 75), **sobre** et **encima de**.

Sachez que si toutes les trois traduisent *sur*, elles ne sont pas
pour autant équivalentes.

● La préposition **en** indique le contact avec une surface, quelle
que soit la position de cette surface.
El libro está en la mesa.
Le livre est sur la table (surface horizontale).

Hay un cuadro en la pared.
Il y a un tableau sur le mur (surface verticale).

● La préposition **sobre** indique le contact avec une surface hori-
zontale.
Todo está sobre la mesa.
Tout est sur la table.

● La préposition **encima de** indique avant tout une hauteur (au-
dessus).
¿Qué hay encima del armario?
Qu'est-ce qu'il y a au-dessus de l'armoire ?

A. Traduisez

1. Je suis né le 10 février 1987.
2. Êtes-vous *(usted)* célibataire ?
3. Il a suivi ses études secondaires au lycée Menéndez Pidal de Séville.
4. Nous avons passé notre baccalauréat en 1979.
5. Il a obtenu la mention Très bien.
6. Voulez-vous *(usted)* assister à un stage sur « Le langage des ordinateurs » ?
7. J'ai obtenu une moyenne de 9,2 sur dix.

B. Choisissez la préposition qui convient

1. Pega estos carteles *(en, encima de)* la pared.
2. Era un seminario *(en, sobre)* las técnicas de venta.
3. Obtuvo una nota media de 8 *(sobre, encima de)* diez.
4. Vendré *(en, encima de, sobre)* las dos de la tarde.

C. Passez du tutoiement au vouvoiement

1. ¿Cuándo pasaste la selectividad?
2. Enséñame tus notas.
3. Te envío mi expediente académico.
4. Tus notas te permitieron acceder a la Universidad.

D. Mettez les verbes au temps indiqué

1. Asistí *(passé composé)* a un cursillo.
2. Domina *(imparfait)* el inglés hablado y escrito.
3. Participamos *(futur)* a un seminario.

E. Écrivez en toutes lettres les dates suivantes

1. 9 mai 1985
2. 18 septembre 1956
3. 27 janvier 1964
4. 11 mars 1949
5. 7 avril 1932
6. 30 décembre 2007

Ché, ¿Qué contás?

Nuestros amigos han pasado una dura jornada para los nervios; ambos están esperando: Amélie, los resultados de los exámenes y Lorenzo, contestaciones a sus demandas de empleo. Al caer la tarde, Lorenzo sale a pasear para ver si, andando, se tranquiliza. De pronto, oye que alguien lo llama desde la terraza de un bar:

Miguel: — ¡Ché, Lorenzo! ¿Cómo te va? ¿Qué contás?
Lorenzo: — ¡Miguel! ¡Cuánto tiempo sin verte!
Miguel: — Sentate, ¿querés tomar un martini?
Lorenzo: — Bueno. ¿Y Luci, qué tal? ¿Sigue trabajando en la escuela de comercio?
Miguel: — Sí, está muy atareada. Tiene muchas ganas de verte. ¿Por qué no venís mañana a cenar? Te hago un asado, tomás mate del bueno, que nos acaban de mandar de Buenos Aires. Venís con tu amiga, así nos la presentás. Luci tiene muchas ganas de conocerla. ¿De acuerdo? Decime: ¿encontraste trabajo?
Lorenzo: — Todavía nada. He contestado por lo menos a veinte anuncios, pero aún no he recibido ni una sola respuesta.

Observez

● Les formes verbales : **contás** (l. 7), *tu racontes* ; **sentate** (l. 9), *assieds-toi* ; **querés** (l. 9), *veux-tu* ; **tomás** (l. 14), *tu prends* ; **venís** (l. 15), *tu viens* ; **presentás** (l. 16), *tu présentes*.

Sachez que...

Ché est un mot qui revient très souvent dans le parler argentin et qui désigne la personne à qui l'on parle. Les Argentins l'emploient lorsqu'ils s'adressent à quelqu'un avec qui ils entretiennent des relations amicales. **Ché** a le sens de *mon vieux, mon ami.*

Que deviens-tu ?

Aujourd'hui les nerfs de nos amis ont été soumis à rude épreuve ; tous deux attendent : Amélie, les résultats des examens et Lorenzo, les réponses à ses demandes d'emploi. À la tombée de la nuit, Lorenzo sort se promener en espérant qu'un peu de marche le calmera. Soudain, il entend quelqu'un l'appeler de la terrasse d'un café :

Miguel : — Lorenzo ! Comment ça va ? Que deviens-tu ?

Lorenzo : — Miguel ! Ça fait une éternité qu'on ne s'est pas vu !

Miguel : — Assieds-toi ! Veux-tu prendre un martini ?

Lorenzo : — D'accord. Et Luci, comment va-t-elle ? Elle travaille toujours dans cette école de commerce ?

Miguel : — Oui, elle est très occupée. Elle a très envie de te voir. Pourquoi ne viendrais-tu pas dîner demain ? Je te préparerai une grillade, tu boiras du maté, du bon ; on vient de nous l'envoyer de Buenos Aires. Viens avec ton amie, comme ça tu nous la présenteras. Luci a très envie de la connaître. D'accord ? Dis-moi, as-tu trouvé du travail ?

Lorenzo : — Pas encore. J'ai répondu à une vingtaine d'annonces pour le moins, mais je n'ai pas encore eu une seule réponse.

Vocabulaire

- ¡Zas! *Et v'lan !*

de pronto, *soudain*
súbitamente, *subitement*
de repente, *soudain*
de golpe, *d'un coup*
de improviso, *à l'improviste*
de sopetón, *à l'improviste*
bruscamente, *brusquement*

de manos a boca, *nez à nez*
a quemarropa, *à brûle-pourpoint*
donde menos se espera salta la liebre, *ça arrive toujours lorsqu'on s'y attend le moins*

GRAMMAIRE

LE *VOS* ARGENTIN

L'espagnol parlé en Argentine diffère très peu de l'espagnol parlé en Espagne. En réalité, on peut même dire qu'officiellement il ne diffère pas du tout, car dans les écoles argentines et dans les écoles espagnoles on enseigne une seule et même grammaire. Cela étant, il vous faut savoir que le langage argentin de tous les jours présente une particularité qui affecte à la fois le système des pronoms personnels sujets et celui des pronoms personnels compléments précédés d'une préposition.

Pronoms personnels sujets

	1	2	3	4	5	6
Système espagnol	yo	tú	él, ella, usted	nosotros, nosotras	vosotros, vosotras	ellos, ellas, ustedes
Système argentin	yo	vos	él, ella, usted	nosotros, nosotras		ellos, ellas, ustedes

Pronoms personnels compléments précédés d'une préposition

	1	2	3	4	5	6
Système espagnol	mí	ti	él, ella, usted	nosotros, nosotras	vosotros, vosotras	ellos, ellas, ustedes
Système argentin	mí	vos	él, ella, usted	nosotros, nosotras		ellos, ellas, ustedes

Ainsi donc, lorsqu'un Argentin s'adresse à un interlocuteur il dispose de deux formes :

● **vos** (tutoiement)
Si vos no entendés… *Si tu ne comprends pas…*
Y a vos, ¿te gustá? *Et toi, ça te plaît ?*

(À suivre)

Attention !

Les leçons 81, 82 et 83 vous permettent de découvrir les particularités du langage argentin de tous les jours. Cela étant et puisque notre but n'est pas de vous initier au maniement de ces particularités, nous ne vous proposerons aucun exercice s'y rapportant. Il nous a semblé préférable de mettre à profit ces leçons pour réviser certains points essentiels.

A. Traduisez

1. Je viens de passer une rude journée.
2. Ils sont en train d'attendre les résultats des examens.
3. Soudain, quelqu'un m'a appelé.
4. Nous sortirons à la tombée de la nuit.
5. Tu es très occupé.
6. Nous n'avons encore reçu aucune réponse.

B. Transformez selon le modèle

¡Siéntate! → Quiero que te sientes.

1. ¡Acompáñame!
2. ¡Venga a cenar con nosotros!
3. ¡Cuéntenle lo que pasó!
4. ¡Esperémoslo diez minutos más!
5. ¡Preséntales a Amélie!
6. ¡Dime la hora que es!
7. ¡Haz un asado para cenar!

C. Transformez selon le modèle

Debes venir *con ella.* → Es necesario que vengas *con ella.*

1. Debía verlo.
2. Deberemos cenar juntos.
3. Debistéis buscar mucho.
4. Has debido volver a casa.

Cena con unos amigos argentinos (1)

Lucía tiene ganas de conocer a Amélie de la que Lorenzo tanto le ha hablado. Miguel, que se tropezó con Lorenzo ayer en la calle, los ha invitado a ambos a cenar.

Miguel: *(oyendo el timbre)* — Luci, llaman a la puerta. ¿Podés abrir?... ¿No?, Bueno, voy yo. *(Abre)* ¡Hola! Pasen, pasen... Así que vos sos Amélie. Me alegro de conocerte. Dame tu saco. *(Amélie se queda mirando a Lorenzo sin comprender.)*

Lorenzo: — Quiere que le des tu chaqueta. Si no lo has comprendido es porque los argentinos tienen su propia forma de hablar. Ya verás como en cinco minutos te acostumbras.

Amélie: — Al acento puede que me acostumbre en cinco minutos como tú dices. Lo difícil van a ser las expresiones como saco por chaqueta y cosas así.

Miguel: — Es verdad que tenemos muchas: lo que ustedes llaman acera, nosotros lo llamamos vereda, un bar para ustedes es un boliche para nosotros. De todas formas, no te preocupes, si no entendés, nos preguntás y listo.

Observez

La valeur de **ambos** :
... **los ha invitado a ambos** (l. 3), ... *les a invités tous les deux.*
Vous pouvez aussi utiliser **ambas**, *toutes les deux.*

Sachez que...

Tous les pays de l'Amérique hispanophone ont leurs particularités linguistiques. Mais soyez sans inquiétude, l'espagnol que vous êtes en train d'apprendre vous permettra parfaitement de vous faire comprendre.

Dîner avec des amis argentins (1)

Lorenzo a tant parlé d'Amélie à Lucía que cette dernière a très envie de la connaître. Miguel, qui a rencontré Lorenzo hier dans la rue, les a invités tous deux à dîner.

Miguel :   (en entendant sonner) — *Luci, on sonne à la porte. Peux-tu ouvrir ?… Non ? Bon, j'y vais. (Il ouvre.) Bonsoir ! Entrez, entrez !… Alors, comme ça, tu es Amélie. Je suis heureux de te connaître. Donne-moi ta redingote. (Amélie regarde Lorenzo sans comprendre.)*

Lorenzo :   — *Il veut que tu lui donnes ta veste. Si tu n'as pas compris, c'est que les Argentins ont leur propre façon de parler. Tu verras que tu t'y habitueras en cinq minutes.*

Amélie :   — *Il se peut que je m'habitue à l'accent en cinq minutes, comme tu dis, mais ce qui va être difficile, ce sont les expressions comme redingote au lieu de veste, et les choses comme ça.*

Miguel :   — *Il est vrai que nous en avons beaucoup : ce que vous appelez trottoir, nous l'appelons sentier ; vous dites un bar, nous, nous disons estaminet. Quoi qu'il en soit, ne t'inquiète pas, ce que tu ne comprends pas, tu n'as qu'à le demander et voilà tout.*

Cena con unos amigos argentinos (1) • Dîner avec des amis argentins (1)

Vocabulaire

● Lag**a**rto, lag**a**rto… *Bizarre… vous avez dit bizarre…*

les lunettes, los ante**o**jos (Argentine), las g**a**fas (Espagne)
le métro, el s**u**bte (Argentine), el m**e**tro (Espagne)
la blouse, el guardap**o**lvo (Argentine), la bl**u**sa, la b**a**ta (Espagne)
un avocat (fruit), **u**na p**a**lta (Argentine), un aguac**a**te (Espagne)
prendre, agarr**a**r ou tom**a**r (Argentine), cog**e**r ou tom**a**r (Espagne)

> **Attention !**
> L'emploi de **coger** est considéré en Argentine comme une grossiè-
> reté.

LE *VOS* ARGENTIN (SUITE)

● **usted** (vouvoiement)
Si usted quiere venir…
Si vous voulez venir…

Y a usted, ¿le interesa?
Et vous, ça vous intéresse ?

D'après ces exemples vous avez compris qu'au singulier, le vouvoiement ne présente pas de particularités en Argentine.

En revanche, lorsqu'un Argentin s'adresse à plusieurs interlocuteurs, il ne dispose que d'une seule forme :

● **ustedes** (tutoiement et vouvoiement)
¿Quieren ustedes cenar con nosotros?
Voulez-vous dîner avec nous ?

Y a ustedes, ¿qué les dijo?
Et vous, que vous a-t-il dit ?

Le *vos* argentin et la conjugaison
Ainsi donc, le système pronominal argentin se caractérise par :
– le remplacement des pronoms **tú** et **ti** par le pronom **vos** ;
– la disparition du pronom **vosotros, vosotras.**

Logiquement, ces deux éléments ont eu des répercussions sur la conjugaison verbale. Là encore, dans leur langage de tous les jours, les Argentins ont mis en place, parallèlement à la conjugaison officielle, une autre conjugaison en accord avec leur système pronominal.

Sachez en outre que si les particularités de cette « conjugaison » affectent les trois groupes verbaux (**ar, er, ir**), en revanche, elle ne se produit qu'au présent de l'indicatif et à l'impératif.

EXERCICES

A. Traduisez

1. J'ai envie de le voir.
2. Il m'a tant parlé de vous *(usted)*.
3. On sonne à la porte.
4. J'ai rencontré Lorenzo hier dans la rue.
5. Il veut que tu lui donnes ta veste.
6. Ce qui va être difficile, ce sont les expressions.
7. Alors, comme ça, vous (ustedes) êtes les amis de Miguel.

B. Transformez selon le modèle

¡*Dale tu chaqueta*! → ¡No le des *tu chaqueta*!

1. ¡Háblame de él!
2. ¡Vaya allí!
3. ¡Siéntense en estas sillas!
4. ¡Preocúpate!

C. Mettez au passé simple

1. Juan no *ha venido*.
2. Lo difícil *es* acostumbrarse al acento.
3. Ya te *hablaré* de eso.
4. ¿No *entiendes* lo que *dice*?
5. ¿Por qué no se lo *preguntáis*?

D. Mettez à la forme affirmative

1. No abras la puerta.
2. No se sienten.
3. No se lo preguntéis.
4. No lo llames.

E. Mettez à la première personne du pluriel les mots en italique

1. Es *mi* forma de hablar.
2. *Me alegro* de conocerte.
3. Es verdad que *tengo* muchas.
4. Pregúnta*me* lo que quieras.

Cena con los argentinos (2)

Miguel: — ¡Luci, ya están aquí Lorenzo y Amélie!

Luci: — ¡Hola! Encantada de conocerte, Amélie. Vamos a tomar el aperitivo. ¿Quieren tomar un vino? *(Mientras toman el aperitivo, Miguel se va a la cocina a preparar la cena.)*

Miguel: — Espero que te guste la carne, Amélie, porque la comida argentina se compone esencialmente de carne. Les voy a hacer un asado.

Amélie: — Estupendo. Yo he comido una vez carne en un restaurante argentino y estaba buenísima. Hay que reconocer que la carne de res argentina tiene fama.

Lorenzo: — Mira, Luci, la carta que acabo de recibir de Martissi. ¡Ojalá sea la buena!
«Acusamos recibo de su curriculum vitae para cubrir un puesto de vendedor en nuestra firma. ¿Tendría Vd. la amabilidad de telefonear al número 935 87-33-87 extensión 65 a fin de concertar una entrevista?
Esperando verle pronto, le saluda atentamente: El jefe de personal.»

Luci: — ¡Alegráte, Lorenzo, que esto es buena seña!

Observez

L'emploi du subjonctif :
Espero que te guste (l. 6), *j'espère que tu aimes…*

Sachez que...

Si les mots **cocina** et **comida** se traduisent tous deux par *cuisine*, ils désignent pourtant deux choses bien différentes : la **cocina** désigne la *pièce* de la maison, alors que **la comida** désigne la *préparation* culinaire.

Dîner avec les Argentins (2)

Miguel : — *Luci, Lorenzo et Amélie sont arrivés !*

Luci : — *Bonsoir ! Ravie de te connaître, Amélie. Allons prendre l'apéritif. Voulez-vous un peu de vin ? (Tandis qu'ils prennent l'apéritif, Miguel va à la cuisine préparer le dîner.)*

Miguel : — *J'espère que tu aimes la viande, Amélie, parce que la cuisine argentine est essentiellement faite à base de viande. Je vais vous préparer une grillade.*

Amélie : — *Parfait. Une fois j'ai mangé de la viande dans un restaurant argentin et elle était délicieuse. Il faut reconnaître que le bœuf argentin est fameux.*

Lorenzo : — *Luci, regarde la lettre que je viens de recevoir de Martissi. Pourvu que ce soit la bonne ! « Nous accusons réception du curriculum vitae que vous nous avez envoyé pour la place [le poste] de vendeur dans notre entreprise. Auriez-vous l'obligeance de téléphoner au 935 87-33-87 poste 65 afin de fixer une date d'entretien ? Dans l'attente de vous voir prochainement, recevez, Monsieur, l'expression de mes salutations distinguées. Le Chef du personnel. »*

Luci : — *Réjouis-toi, Lorenzo, c'est bon signe !*

Vocabulaire

- ¿**Ca**rne o pes**ca**do? *Viande ou poisson ?*

la tern**e**ra, *le bœuf*	la lub**i**na, *le bar*
el cord**e**ro, *le mouton*	la merl**u**za, *le colin*
el c**e**rdo, *le porc*	el leng**ua**do, *la sole*
el p**o**llo, *le poulet*	el r**a**pe, *la baudroie*
el p**a**vo, *la dinde*	el m**e**ro, *le mérou*
el jabal**í**, *le sanglier*	la pescad**i**lla, *le merlan*

GRAMMAIRE

LE *VOS* ARGENTIN ET LA CONJUGAISON (SUITE)

Relisez le début de la question dans la leçon précédente.

● Les verbes en **-ar**

	1	2	3	4	5	6
	yo	vos	él, ella, usted	nosotros, nosotras		ellos, ellas, ustedes
Indicatif présent	llamo	llamás	llama	llamamos		llaman
Impératif		llama	llame	llamemos		llamen

● Les verbes en **-er**

	1	2	3	4	5	6
	yo	vos	él, ella, usted	nosotros, nosotras		ellos, ellas, ustedes
Indicatif présent	leo	leés	lee	leemos		leen
Impératif		leé	lea	leamos		lean

● Les verbes en **ir**

	1	2	3	4	5	6
	yo	vos	él, ella, usted	nosotros, nosotras		ellos, ellas, ustedes
Indicatif présent	subo	subís	sube	leemos		suben
Impératif		subí	suba	leamos		suban

Ainsi donc, cette conjugaison parallèle se caractérise par :
– la suppression de la forme verbale de la deuxième personne du pluriel ;
– le déplacement de l'accent tonique à la deuxième personne du singulier.

| **Attention !** Le déplacement de l'accent tonique à la deuxième personne du singulier entraîne :

– la disparition de la diphtongue : **quiero, querés, quiere.**
– la disparition de l'alternance : **digo, decís, dice.**

EXERCICES

A. Traduisez

1. Je suis ravi de vous (*usted*, femme) connaître.
2. Tu es arrivé !
3. Je vais te faire une grillade.
4. C'était délicieux.
5. Il faut reconnaître que le bœuf argentin est fameux.
6. Pourvu qu'elle aime la viande !
7. Ayez l'obligeance de téléphoner rapidement.

B. Mettez au futur (cf. leçon 17)

1. Miguel *viene* mañana.
2. ¿*Puedes* llamarme mañana?
3. Esta vez *es* la buena.
4. Esta tarde lo *hago*.
5. No *salgo* antes de las siete.

C. Mettez à l'imparfait

1. *Espero* una contestación de la empresa.
2. *Venderé* cada día.
3. *Quiero* hablar contigo.
4. *Acaban* de comer.
5. No *tenemos* tiempo.
6. *Voy* a hacerles un asado.

D. Choisissez le verbe qui convient

1. Ya *(son, están)* aquí.
2. *(Es, está)* la amiga de Lorenzo.
3. *(Soy, estoy)* esperando contestación.
4. *(Eres, estás)* contento.

E. Choisissez la forme qui convient

1. Esto me *(parece, parecen)* buena seña.
2. A Lorenzo y a Amélie les *(gusta, gustan)* cenar con nosotros.
3. Chico, a ti te *(encanta, encantan)* los restaurantes argentinos.
4. ¿Os *(molesta, molestan)* la música?

Tras la lluvia el buen tiempo

Amélie sube la escalera muy nerviosa. Cierra la puerta de un portazo y llama a Lorenzo:

Amélie: — ¡Lorenzo! Hay dos cartas para ti. Toma, ésta es la de Electrónica Madrileña, la empresa que proponía un puesto de técnico comercial.
«Muy señor nuestro,
Tras haber examinado su candidatura a fondo, lamentamos no poder aceptarla.
Si otro puesto más acorde con sus cualidades se liberase en un futuro próximo, no dejaríamos de ponernos en contacto con usted.
Deseándole buena suerte y pronto empleo, le saluda atentamente… El jefe de Personal.»

Lorenzo: — Vaya, hombre ¡Mi gozo en un pozo! A ver la otra. ¡Ojalá que ésta traiga mejores noticias!
«Martissi y Roni a Don Lorenzo Ramírez,
Tengo el gusto de informarle de que su candidatura ha sido aceptada. Empezará en el ejercicio de sus funciones a partir de primeros del mes que viene. Le saluda atentamente. El jefe de Personal.»

Lorenzo: — ¿Por qué pones esa cara?

Observez

La forme du pronom complément **ti** : **para ti** (l. 3), *pour toi*.

Sachez que...

La civilisation musulmane a apporté beaucoup à l'Espagne : architecture : Alhambra de Grenade, mosquée de Cordoue… ; agriculture : système d'irrigation… La langue garde, elle aussi, les traces de cette influence, ainsi le mot espagnol **Ojalá** *(pourvu)* trouve son origine dans l'arabe *Wa sa llah (Plaise à Dieu)*.

Après la pluie, le beau temps

Amélie, très agitée, monte les escaliers. Elle referme la porte d'un coup et appelle Lorenzo :

Amélie : — *Lorenzo ! Il y a deux lettres pour toi ! Tiens, celle-ci vient de l'Électronique Madrilène, l'entreprise qui proposait un poste de technico-commercial.*

« Cher monsieur,

Après avoir attentivement examiné votre candidature, nous regrettons de ne pouvoir la retenir. Si un autre poste plus en accord avec vos qualités venait à se libérer dans un avenir prochain, nous ne manquerions pas de prendre contact avec vous. Nous vous souhaitons bonne chance et espérons que vous trouverez rapidement un emploi. Veuillez agréer… Le Chef du personnel. »

Lorenzo : — *Eh bien, adieu, veaux, vaches… ! Voyons l'autre. Pourvu que celle-ci apporte de meilleures nouvelles !*

« Martissi et Roni à l'attention de Monsieur Ramírez

J'ai le plaisir de vous informer que votre candidature a été retenue. Vous prendrez vos fonctions au début du mois prochain. Cordiales salutations. Le Chef du personnel. »

Lorenzo : — *Pourquoi fais-tu cette tête ?*

Vocabulaire

● He**ri**das y g**o**lpes ; *coups et blessures…*

dar un port**a**zo, *claquer une porte*
dar un guant**a**zo, *donner une claque*
dar un puñet**a**zo, *donner un coup de poing*
dar **u**na pat**a**da, *donner un coup de pied*
dar un vergaj**a**zo, *donner un coup de matraque*
dar un cod**a**zo, *donner un coup de coude*
peg**a**r un porr**a**zo, *faire une chute*

GRAMMAIRE

L'HYPOTHÈSE

L'expression de l'hypothèse se fait principalement grâce à la conjonction *si*. Cependant, il existe différents cas de figure selon que

● vous exprimez une hypothèse que vous considérez, au moment où vous parlez, comme :
– réalisable : *si j'ai…*
– difficilement réalisable : *si j'avais…*

● vous exprimez une hypothèse qui s'avère être non réalisée, au moment où vous parlez : *si j'avais eu…*

A. Hypothèse réalisable

Si se libera un puesto, nos pondremos en contacto con usted.

Si un poste se libère, nous prendrons contact avec vous.

si + présent de l'indicatif + futur

B. Hypothèse difficilement réalisable

Si un puesto se liberase, nos pondríamos en contacto con usted.

Si un poste venait à se libérer, nous prendrions contact avec vous.

Dans ce cas, vous ferez suivre **si** d'un imparfait du subjonctif et vous emploierez un conditionnel dans la proposition principale.

si + imparfait du subjonctif + conditionnel

Dans le premier exemple, il vous semble possible qu'un poste se libère ; en revanche, dans le second exemple, il vous semble difficile qu'un poste puisse se libérer.

A. Traduisez
1. Il y a deux lettres pour vous *(ustedes)*.
2. Après avoir examiné attentivement votre *(usted)* candidature, nous regrettons de ne pouvoir la retenir.
3. Si un poste venait à se libérer, ils prendraient contact avec toi.
4. Si on lui proposait un poste de technico-commercial, il l'accepterait immédiatement.
5. Si je peux, je passerai te voir cet après-midi.

B. Transformez selon le modèle
Si puede, vendrá → Si pudiera, vendría.
1. Si encuentras un empleo, ya no tendrás problemas.
2. Si aceptan tu candidatura, empezarás a trabajar muy pronto.
3. Si vienes pronto, podremos ir al cine.
4. Si quieres, te acompañaré.

C. Mettez à l'imparfait les phrases suivantes, en respectant le mode de chaque proposition
1. Espero que siga bien.
2. Espera que no tarde mucho (tardar : *mettre longtemps à arriver*).
3. Esperan que encuentre un empleo.

D. Mettez les verbes au temps et au mode indiqués entre parenthèses
1. Me gusta *(conditionnel)* que pase *(imparfait du subjonctif)*.
2. Ojalá traiga *(imparfait du subjonctif)* mejores noticias.
3. Su candidatura ha sido *(plus-que-parfait)* aceptada.
4. Nos ponemos *(futur)* en contacto con usted.

E. Passez du vouvoiement au tutoiement
1. Le informamos que no empezará la semana próxima.
2. Les saludo atentamente.
3. Póngase usted en contacto con nosotros.
4. ¿Ustedes esperan otra carta?

Cartas boca arriba

Lorenzo: — Amélie, ¿Y si pusiéramos las cosas en claro?

Amélie: — Como tú quieras, pero no pongas esa cara, que de verte tan serio me dan escalofríos. Anda, ven aquí, siéntate y dime lo que tengas que decirme.

(Lorenzo se sienta y se aclara la voz. Se nota que no sabe por dónde empezar.)

Lorenzo: — Como tú ya sabes, he encontrado ese trabajo... estaba pensando que... a lo mejor a ti te interesaría vivir un año o dos en Barcelona. Yo ya me he informado y me han dicho que hay una escuela de Idiomas, como la de Madrid. Por otra parte, no creo que tengas problemas para asistir a las clases de la Universidad. Además que, viviendo en Barcelona, podrás ir más a menudo a Francia. El viaje cuesta más barato que desde Madrid.

Amélie: — Al oírte hablar, me pregunto por qué se me ocurrió venir a Madrid. ¿Sabes que tienes grandes dotes para la venta? Te auguro un brillante porvenir.

Lorenzo: — ¡Déjate de bromas! ¿Eso quiere decir que estás de acuerdo?

Amélie: — ¿Por qué no?

Observez

● L'hypothèse **¿Y si pusiéramos...?** (l. 1), *et si on mettait...*

● La structure impersonnelle **me han dicho que...** (l. 11), *on m'a dit que...*

Sachez que...

Il existe, et ce depuis fort longtemps, une rivalité entre Barcelone et Madrid. Madrid est la capitale administrative et politique de l'Espagne, cependant, du point de vue économique, c'est Barcelone qui l'emporte.

Cartes sur table

Lorenzo : — *Amélie, et si on mettait les choses au clair ?*

Amélie : — *Comme tu voudras, mais ne fais pas cette tête, ça me fait froid dans le dos de te voir si grave. Allez, viens ici, assieds-toi et dis-moi ce que tu as à me dire. (Ils s'assoient, Lorenzo s'éclaircit la voix. On devine qu'il ne sait pas par où commencer.)*

Lorenzo : — *Comme tu le sais, j'ai trouvé ce travail… Je pensais que… peut-être que ça t'intéresserait de vivre un an ou deux à Barcelone. Je me suis déjà renseigné et on m'a dit qu'il y avait une école de langues, comme celle de Madrid. D'autre part, je ne crois pas que tu aies des problèmes pour assister aux cours de l'Université. Et puis, vivant à Barcelone, tu pourras aller plus souvent en France. De Barcelone, le voyage coûte moins cher que de Madrid.*

Amélie : — *À t'écouter, je me demande pourquoi j'ai eu l'idée de venir à Madrid. Dis donc, tu sais que tu as des dons pour la vente ? Je te présage un brillant avenir.*

Lorenzo : — *Arrête, ce n'est pas drôle ! Ça veut dire que tu es d'accord ?*

Amélie : — *Pourquoi pas ?*

Vocabulaire

● ¿Est**á** ust**e**d r**o**nco? *Vous êtes enroué ?*

tos**e**r, *tousser*	un estorn**u**do, *un éternuement*
estornud**a**r, *éternuer*	moque**a**r, *moucher*
son**a**rse, *se moucher*	un enfriam**ie**nto, *un refroidissement*
enfri**a**rse, *prendre froid*	
resfri**a**rse, *s'enrhumer*	un resfri**a**do, *un rhume*
constip**a**rse, *avoir le nez bouché*	un constip**a**do, *un rhume de cerveau*
la tos, *la toux*	

GRAMMAIRE

L'HYPOTHÈSE (SUITE)

A. Hypothèse non réalisée

> **Si hubiéramos puesto las cosas en claro, no tendríamos estos problemas.**
> *Si nous avions mis les choses au clair, nous n'aurions pas ces problèmes.*

> **Si hubiésemos puesto las cosas en claro, no hubiésemos tenido esos problemas.**
> *Si nous avions mis les choses au clair, nous n'aurions pas eu ces problèmes.*

Dans ces exemples, l'hypothèse que vous émettez ne s'est pas réalisée (les choses n'ont pas été mises au clair). La conjonction **si** est suivie d'un plus-que-parfait du subjonctif et la proposition principale est au conditionnel ou au plus-que-parfait du subjonctif.

TRADUCTION DE *SI JAMAIS*

Lorsqu'elles expriment une menace, les hypothèses du type *si jamais* peuvent être introduites soit par **si**, soit par **como**.

Como venga, lo echo.
Si jamais il vient, je le mets dehors.

Ces hypothèses sont soumises à la concordance des temps :
Juan dijo que, como Luis viniera, lo echaba.
Jean a dit que, si jamais Luis venait, il le mettait dehors.

Vous avez remarqué que **como** est suivi d'un subjonctif (présent, imparfait…).

COMO SI

Dans les comparaisons introduites par *comme si*, l'espagnol utilise **como si** suivi soit de l'imparfait du subjonctif, soit du plus-que-parfait du subjonctif.

Como si quisiera. *Comme s'il voulait.*

Como si hubiera (ou **hubiese**) **querido.**
Comme s'il avait voulu.

A. Traduisez

1. Et si nous mettions les choses au clair ?
2. Dites *(usted)* ce que vous avez à lui dire.
3. On devine qu'il n'ose pas parler.
4. Si tu connaissais Barcelone, tu ne dirais pas ça.
5. Je ne crois pas que ça l'intéresse.
6. Il y a une école, comme celle de Madrid.
7. Si jamais tu lui dis ça, tu vas voir.

B. Transformez selon le modèle

Si pusiérais *las cartas boca arriba, todo se* arreglaría.
→ *Si* hubiérais puesto *las cartas boca arriba, todo se*
   hubiera arreglado.

1. Si *vinieras*, te lo *pasarías* muy bien *(tu t'amuserais beaucoup)*.
2. Si quisieras, iríamos al cine.
3. Si aceptaras, tendrías que irte a vivir a Barcelona.
4. Si hablaras con él, sería más fácil.

C. Transformez selon le modèle

Si no vienes, *te vas a acordar.*
→ Como no vengas, *te vas a acordar.*

1. Si acepta, tendrá problemas.
2. Si se lo decís, se va a enfadar *(il va se fâcher)*.
3. Si no les contestamos, se van a molestar *(ils vont se froisser)*.
4. Si te quedas, vas a ver.

D. Transformez selon le modèle

Si puede, *volverá* → *Volverá* en cuanto pueda.

1. Si encuentras trabajo, te irás a vivir a Barcelona.
2. Si termináis de trabajar, saldremos a pasear.
3. Si veo a Pedro, le diré lo que pienso.
4. Si se lo digo, me sentiré mejor.

LEÇON
86

Diario de la tarde

Muy buenas tardes, señoras y señores:

«Dos personas podrían haber desaparecido y cuatro miembros de una familia se encuentran gravemente heridos a consecuencia de un incendio que se ha producido esta tarde en una alcoholera del Puerto de Santa María.

«El buque *Karim B*, de bandera alemana, ha abandonado, hacia las dos de la tarde, la bahía de Cádiz. Grupos ecologistas habían denunciado la presencia del buque en aguas españolas por contener materiales radioactivos.

«El incendio que desde el pasado fin de semana ardía en la localidad ibicenca de San Juan Bautista ya está sofocado. El cabo primera accidentado ayer mientras colaboraba en la extinción continúa en estado muy grave.

«La central nuclear de Valdellós 2 de Tarragona permanecerá cerrada hasta finales de mes para reparar la avería provocada por el incendio del sábado pasado.»

Observez

L'emploi et la valeur de la préposition **por** : **por contener materiales radioactivos** (l. 9), *parce qu'il transportait des matériaux radioactifs.*

Sachez que...

El Puerto Santa María est le centre de l'une des plus riches régions vinicoles espagnoles. C'est dans cette région qu'est produit le vin de Jerez (xérès).

Journal du soir

Mesdames, messieurs, bonsoir.

« À la suite d'un incendie qui s'est déclaré cet après-midi dans une distillerie de Puerto de Santa María, deux personnes pourraient avoir disparu et quatre membres d'une famille se trouvent gravement blessés.

« Le navire Karim B, sous pavillon allemand, a quitté vers deux heures de l'après-midi la baie de Cadix. Des groupes écologistes avaient dénoncé la présence de ce navire dans les eaux territoriales espagnoles parce qu'il transportait des matériaux radioactifs.

« L'incendie qui ravageait depuis le week-end dernier la localité de San Juan Bautista sur l'île d'Ibiza a été maîtrisé. Le caporal-chef, qui fut blessé hier alors qu'il participait à la lutte contre l'incendie est toujours dans un état très grave.

« La centrale nucléaire de Valdellós 2 de Tarragone restera fermée jusqu'à la fin du mois afin de réparer les dégâts provoqués par l'incendie de samedi dernier. »

Vocabulaire

● La pequeña pantalla y las ondas ; *petit écran et grandes ondes :*

la radio, *la radio*
una emisora, *une station radiophonique*
un radioescucha, un radiooyente, un oyente, *un auditeur*
la televisión, *la télévision*
el televisor, *le poste*
una cadena, *une chaîne*
un telespectador, un televidente, *un téléspectateur*
el locutor, la locutora, *le speaker, la speakerine* (à la radio)
el presentador, la presentadora, *le présentateur* (à la télé)

GRAMMAIRE

LES PRÉPOSITIONS *HACIA* ET *HASTA*

- La préposition **hacia** exprime

– un mouvement orienté dans l'espace
  El buque se fue hacia Gibraltar.
  Le navire est parti vers Gibraltar.

– une localisation approximative dans le temps
  El buque abandonó la bahía hacia las tres.
  Le navire a quitté la baie vers trois heures.

– un mouvement affectif
  Sentía una gran simpatía hacia él.
  Il éprouvait une grande sympathie envers lui.

- La préposition **hasta** permet d'exprimer une limite
– dans le domaine temporel
  La central nuclear permanecerá cerrada hasta finales de mes.
  La centrale nucléaire restera fermée jusqu'à la fin du mois.

– dans le domaine spatial
  Fueron hasta la frontera.
  Ils sont allés jusqu'à la frontière.

– dans le domaine affectif
  Llegó hasta a odiarlo.
  Il est même arrivé à le haïr.

TRADUCTION DE *QUOI*

Quoi se traduira de façon différente selon qu'il est pronom relatif (dans ce cas, il est toujours précédé d'une préposition) ou pronom interrogatif (dans ce cas, il peut être précédé d'une préposition ou non).

(À suivre.)

A. Traduisez

1. Une famille pourrait avoir disparu dans l'incendie d'une distillerie à Valladolid.
2. Le navire *X*, sous pavillon français, a quitté ce matin la baie de Saint-Sébastien.
3. Le caporal qui fut blessé alors qu'il participait à la lutte contre l'incendie est toujours dans un état grave.
4. La centrale nucléaire restera fermée jusqu'à mardi prochain.

B. Mettez au passé simple

1. La central nuclear permanecerá cerrada dos meses.
2. Han logrado sofocar el incendio.
3. Dos personas han desaparecido en el accidente.
4. El cabo está en estado grave.
5. El buque abandona la bahía.

C. Mettez au conditionnel

1. Puede haber desaparecido.
2. Debe abandonar la bahía.
3. Se necesitan más medios para luchar contra los incendios.
4. Deben prohibir el tránsito de esos buques.

D. Choisissez la préposition qui convient

1. Ha recibido *(al, del)* Presidente de la República.
2. El buque se irá *(por, para)* la mañana.
3. Está *(en, sobre)* la bahía.
4. Hubo un incendio *(a, en)* la alcoholera.

E. Indiquez, pour chaque verbe, le temps et l'infinitif

1. El buque ha abandonado la bahía.
2. El ministro decidió que la central permanecería cerrada.
3. Esperamos que se sofoque el incendio.
4. Se volverá a abrir la semana próxima.

Sucesos

ANCIANO MUERTO EN SU VIVIENDA. — La policía local encontró ayer el cadáver de un anciano de 80 años, en avanzado estado de descomposición, en su domicilio. La muerte, que debió de ocurrir repentinamente, obedece al parecer a causas naturales. La policía fue alertada por una vecina: «Yo creía que estaba de vacaciones — nos cuenta doña Pepita Cotórrez — así que no me extrañé de no verlo. Pero desde hace una semana más o menos, empezó a salir un olor tan fuerte del piso que acabó por preocuparme. ¡Qué desgracia! ¡El pobre era tan bueno! En tantos años como llevo viviendo aquí es la primera vez que ocurre una cosa parecida. Mire usted lo que es el progreso.»

CHOQUE EN CADENA CON CUATRO HERIDOS. — A primera hora de la mañana de anteayer se produjo un choque en cadena en la carretera del Palmar en el que se vieron implicados seis coches y dos camiones. Los heridos fueron trasladados al Hospital General donde se les proporcionaron los primeros auxilios.

Observez

La valeur de **deber de** : **debió de ocurrir repentinamente** (l. 4), ... *a dû survenir subitement.*

Sachez que...

Vous l'avez sans doute remarqué, la terminaison **ez** revient très fréquemment dans les patronymes espagnols. Rien d'étonnant à cela, cette terminaison signifie *enfant de.*

Faits divers

UN VIEIL HOMME (trouvé) *MORT CHEZ LUI. — La police locale a trouvé à son domicile le corps d'un vieil homme de 80 ans, en état de décomposition avancée. La mort, qui a dû survenir subitement, est, semble-t-il, due à des causes naturelles. La police a été alertée par une voisine : « Je croyais qu'il était en vacances », nous a déclaré Mme Pepita Cotórrez, « c'est pour ça que je ne me suis pas étonnée de ne pas le voir. Mais depuis environ une semaine, une odeur si forte a commencé à s'échapper de son appartement que ça a fini par m'inquiéter. Quel malheur ! Le pauvre, il était si gentil. Depuis tant d'années que je vis ici, c'est la première fois qu'une chose pareille se produit. Vous voyez ce que c'est que le progrès. »*

COLLISION EN CHAÎNE, QUATRE BLESSÉS. — Avant-hier, aux premières heures de la journée, sur la route d'El Palmar, s'est produit une collision entre six voitures et deux camions. Les blessés ont été transportés à l'Hôpital Général où on leur a prodigué les premiers soins.

Vocabulaire

- la flor de la vida, *la fleur de l'âge*
- un recién nacido, *un nourrisson*
- un niño, un chiquillo, *un enfant*
- un mozo, un zagal, un chico joven, un adolescente, *un jeune homme*
- un hombre maduro, *un homme mûr*
- un hombre hecho y derecho, *un homme accompli*
- un anciano, un viejo, un jubilado, *un homme âgé, un vieux, un retraité*
- la niñez, la juventud, la madurez, la vejez, *l'enfance, la jeunesse, la maturité, la vieillesse*

GRAMMAIRE

TRADUCTION DE *QUOI* (SUITE)

● *quoi*, pronom interrogatif : *quoi* se traduira par **qué**

No saben qué decir. *Ils ne savent pas quoi dire.*

| **Attention !** Dans ce cas, **qué** porte toujours un accent écrit.

● *quoi*, pronom relatif précédé d'une préposition

Vous pourrez le traduire par **lo que** ou **lo cual** que vous ferez précéder d'une préposition.

Empezó a salir un olor muy fuerte del piso por lo que empecé a preocuparme.

Une odeur très forte commença à sortir de l'appartement, c'est pourquoi je commençai à m'inquiéter.

Se produjo un accidente esta mañana por lo cual tuvimos que esperar el tren durante una hora.

Un accident s'est produit ce matin, c'est pourquoi nous avons dû attendre le train pendant une heure.

TANTO… TAN

Lors de la leçon 32, vous avez appris que **tan, tanto, tanta, tantos, tantas** se traduisaient par *aussi… que* ou *autant… que* lorsqu'ils étaient suivis de **como**. Sachez qu'ils peuvent aussi signifier :

● *si :*
   ¡Era tan bueno! *Il était si gentil !*

● *si… que :*
   Un olor tan fuerte que empezó a preocuparme.
   Une odeur si forte que ça m'a inquiété.

● *tellement… que :*
   Pasó tan ligero que no nos vio.
   Il est passé tellement vite qu'il ne nous a pas vus.

● *tant :*
   ¡Habla tanto! *Il parle tant !*

● *tant… que :*
   Lo vi tantas veces que me lo sé de memoria
   Je l'ai vu tant de fois que je le connais par cœur.

● *tellement :*
   ¡Tiene tantos problemas! *Il a tellement de problèmes !*

| **Attention !** Lorsque **tanto** a la valeur de *tant… que* ou de *tellement*, il s'accorde en genre et en nombre avec le nom qu'il accompagne. (Cf. les deux derniers exemples.)

A. Traduisez

1. La police a trouvé le corps d'une femme en état de décomposition avancée.

2. La mort a dû survenir subitement.

3. Vous *(usted)* pensiez que nous étions en vacances.

4. Il est si gentil !

5. Le choc *(el choque)*, fut si violent qu'on a dû le transporter à l'hôpital.

6. Je ne sais pas quoi faire.

B. Transformez selon le modèle

Era un olor muy *fuerte. Acabó por preocuparme.*

→ *Era un olor* tan *fuerte* que *acabó por preocuparme.*

1. Los heridos estaban en estado muy grave. Tuvimos que trasladarlos al hospital.

2. Era muy simpático. Acabamos siendo muy amigos.

3. Está muy enfermo. Ya no puede andar.

4. Vive muy lejos. No nos vemos casi nunca.

C. Associez les propositions suivantes afin que la logique soit respectée

1. Es tan antipático   A. que llamó al médico.

2. Le gustó tanto la película   B. que ya no duermo.

3. Estaba tan inquieto (él)   C. que no puede tener amigos.

4. Comió tanto   D. que fue a verla cinco veces.

5. Estoy tan preocupado.   E. que engordó tres kilos.

D. Passez de la première personne du singulier à la première personne du pluriel

1. LLevo muchos años viviendo aquí.

2. No me extrañé de no verlo.

3. Me dio mucha pena.

4. Yo lo vi todo.

Sociedad

JÓVENES SIN FORMACIÓN ESCOLAR NI PROFESIONAL PODRAN TRABAJAR EN LOS AYUNTAMIENTOS. — La dirección de Empleo y Desarrollo de la Comunidad Autónoma Murciana subvencionará cada uno de los contratos de trabajo que se suscriban entre los ayuntamientos de la región y jóvenes sin formación académica ni cualificación profesional. Los contratos, con una duración de un año, tienen como objetivo la inserción laboral y social de los jóvenes sin formación.

Este procedimiento, que ya ha sido utilizado en años anteriores, pretende que los jóvenes sin empleo ni formación accedan a un trabajo remunerado, al mismo tiempo que aprenden un oficio.

Puede que el Ministerio de Educación y Ciencia participe a la buena marcha del proyecto poniendo a disposición de los jóvenes: profesores, talleres e instalaciones docentes.

Observez

- La valeur de **como** :
tienen como objetivo... (l. 7 et 8), *ils ont pour objectif...*
- La valeur de **cada uno** :
cada uno de los contratos (l. 4), *chaque contrat (chacun des contrats).*

Sachez que...

La constitution espagnole stipule que chaque région a droit à une autonomie au sein de la Nation.

Société

DES JEUNES N'AYANT NI FORMATION SCOLAIRE NI FORMATION PROFESSIONNELLE POURRONT TRAVAILLER DANS LES MAIRIES. — La Direction de l'emploi et du développement de la Communauté autonome de Murcie accordera une subvention pour chaque contrat passé entre les mairies de la région et les jeunes n'ayant ni formation scolaire ni qualification professionnelle. Ces contrats, d'une durée d'un an, ont pour objectif l'insertion professionnelle et sociale des jeunes sans formation.

Ce procédé, qui a déjà été utilisé il y a quelques années, a pour but de permettre aux jeunes n'ayant ni emploi ni formation de trouver un travail rémunéré et dans le même temps d'apprendre un métier.

Il se peut que le ministère de l'Éducation et de la Recherche participe à la bonne marche du projet en mettant à la disposition des jeunes : des professeurs, des ateliers et des installations scolaires.

Vocabulaire

- Administrativamente hablando ; *administrativement parlant…*

un cabeza de partido (con juez de paz) : *un chef-lieu (avec un juge de paix)*

un pueblo (con un ayuntamiento) : *un village ou une ville (avec une mairie)*

una aldea (sin ayuntamiento) : *un village (sans mairie)*

una capital (con gobierno) : *une capitale (avec gouvernement)*

GRAMMAIRE

LE DOUTE

L'expression du doute peut se faire de diverses façons. Vous pouvez employer :

a lo mejor : **A lo mejor participa al proyecto.**
Peut-être participe-t-il au projet.

tal vez : **Tal vez subvencione el proyecto.**
Peut-être subventionnera-t-il le projet.

quizá : **Quizá encuentren trabajo.**
Ils trouveront peut-être du travail.

quizás : **Quizás suscriban un contrato.**
Ils souscriront peut-être un contrat.

acaso : **Acaso viniera.**
Peut-être est-il venu.

puede que : **Puede que participe al proyecto.**
Il se peut qu'il participe au projet.

| **Attention !**
Alors que **a lo mejor** est suivi d'un verbe à l'indicatif, **tal vez, quizá, quizás, acaso, puede que** sont suivis d'un subjonctif :

- subjonctif présent, si vous émettez un doute sur l'avenir :
Tal vez venga mañana. *Peut-être viendra-t-il demain.*
Puede ser que encuentre trabajo. *Il se peut qu'il trouve du travail.*

- subjonctif imparfait, si vous émettez un doute sur le passé :
Tal vez viniera ayer. *Peut-être est-il venu hier.*

| **Attention !**
La structure **puede ser que** est soumise à la concordance des temps :

Podía ser que encontrara trabajo.
Il se pouvait qu'il trouvât du travail.

Puede ser que encuentre trabajo.
Il se peut qu'il trouve du travail.

A. Traduisez

1. La Communauté autonome de Murcie subventionnera peut-être *(a lo mejor)* le projet.
2. Le ministère mettra à la disposition des jeunes des ateliers.
3. Ces contrats ont pour but l'insertion professionnelle et sociale des jeunes sans formation.
4. Ces procédés ont déjà été utilisés il y a quelques années.

B. Transformez selon le modèle

A lo mejor viene *esta tarde.* → Tal vez venga *esta tarde.*
1. A lo mejor nos vemos mañana.
2. A lo mejor puedo volver.
3. A lo mejor no se ha ido.
4. A lo mejor te has equivocado.

C. Mettez à l'imparfait les phrases suivantes (attention aux modes)

1. Puede ser que vuelva.
2. Puede ser que no tenga tiempo.
3. Puede ser que lo encuentre.
4. Puede ser que siga viéndolo.

D. Transformez selon le modèle

Era *menester que* accedieran *a un trabajo.*
→ Es *menester que* accedan *a un trabajo.*
1. Era menester que tuvieran lo necesario.
2. Era menester que suscribieran otros contratos.
3. Era menester que se pusieran talleres a su disposición.

E. Mettez au singulier

1. Los contratos tendrán una duración de un año.
2. Los jóvenes encontraron trabajo.
3. Estos procedimientos ya fueron utilizados.

Política

LOS PARTIDOS DE EUSKADI CONTRA EL CONSEJERO DEL INTERIOR. — El nuevo consejero del Interior del gobierno vasco, haciendo gala de franqueza, declaró que se mostraba partidario de la negociación con E.T.A. Los partidos políticos vascos reaccionaron de muy distintas maneras ante dichas declaraciones: Herri Batasuna acogió la propuesta con satisfacción (lo cual el lógico, a la vista de los vínculos que lo unen con E.T.A.); los partidos nacionalistas Euskadiko Eskerra y Eusko Alkartasuna un tanto desorientados se mostraron evasivos, mientras que, tanto el P.N.V. como el P.S.E.-P.S.O.E. prefirieron no comentar el tema. El portavoz de Euskadiko Eskerra hizo una crítica acerba de las declaraciones del consejero del Interior al considerar que atentan gravemente contra el acuerdo para la normalización y la pacificación del pueblo vasco firmado por todos los partidos vascos.

Observez

La structure **al** + infinitif : **al considerar** (l. 13), *considérant*.

Sachez que...

Les principaux partis politiques espagnols sont (de gauche à droite) : P.C. *Partido Comunista* ; P.S.O.E. *Partido Socialista Obrero Español* ; P.S.A. *Partido Socialista Andaluz* ; C.D. *Centro Democrático* ; A.P. *Alianza Popular* ; F.N. *Fuerza Nueva*.

Politique

LES PARTIS POLITIQUES DE EUSKADI CONTRE LE CONSEILLER DE L'INTÉRIEUR. — *Le nouveau conseiller de l'Intérieur du gouvernement basque, faisant preuve de franchise, a déclaré qu'il était partisan de la négociation avec l'E.T.A. Face à ces déclarations, les partis politiques basques ont réagi de manières bien différentes : Herri Batasuna a accueilli la proposition avec satisfaction (ce qui est logique, vu les liens qui l'unissent à l'E.T.A.) ; les partis nationalistes Euskadiko Eskerra et Eusko Alkartasuna, quelque peu désorientés, se sont montrés évasifs ; alors que le P.N.V. tout comme le P.S.E.-P.S.O.E. ont préféré ne pas faire de commentaires. Le porte-parole de Euskadiko Eskerra a vivement critiqué les déclarations du conseiller de l'Intérieur, considérant qu'elles portaient gravement atteinte à l'accord de normalisation et de pacification du peuple basque ; accord signé par tous les partis basques.*

Vocabulaire

● *Les manifs :*

un **mi**tin, *un meeting*
un **lí**der, *un leader*
una octa**vi**lla, *un tract*
un manifie**sto**, *un manifeste*
una manifesta**ció**n, *une manifestation*
una rebe**lió**n, *une rebellion*
un **go**lpe de es**ta**do, *un coup d'État*
un rompe**hue**lgas (un esqui**rol**), *un briseur de grève (un jaune)*

VALEURS ET EMPLOIS DU GÉRONDIF

Le gérondif espagnol (cf. leçon 7), contrairement au participe présent français, exprime toujours une action en cours de réalisation.

C'est pourquoi, tout naturellement il est employé dans la construction des formes dites progressives.

El nuevo consejero estaba hablando.
Le nouveau conseiller était en train de parler.

Cela étant, il vous faut savoir que les gérondifs ne sont pas systématiquement accompagnés d'un auxiliaire (**estar...**) Ils peuvent également être employés seuls. C'est le cas dans des phrases du type :

Viendo que no venía se fue.
Voyant qu'il ne venait pas il est parti.

Salió gritando de la reunión.
Il est sorti en criant de la réunion.

Lo vi hablando con el Ministro.
Je l'ai vu parlant avec le ministre.

En revanche, il vous sera impossible d'employer un gérondif dans des phrases comme :

Buscaba una secretaria que supiera hablar chino.
Il cherchait une secrétaire sachant parler le chinois.

En effet, dans cet exemple, le participe présent *sachant* n'exprime pas une action en cours de réalisation, mais simplement une qualité. C'est pourquoi vous ne pouvez pas utiliser le gérondif espagnol.

Attention !
Une phrase du type *En arrivant j'ai entendu sonner le téléphone* peut se traduire de deux façons :

1. **Llegando oí sonar el teléfono.**
Vous étiez en train d'arriver lorsque vous avez entendu la sonnerie.

2. **Al llegar oí sonar el teléfono.**
Au moment où vous arriviez vous avez entendu la sonnerie.

A. Traduisez

1. Les partis nationalistes ont réagi de façons bien différentes.
2. Au moment où il faisait sa déclaration, il s'est rendu compte que le ministre était présent.
3. Le P.N.V. tout comme le P.S.O.E. ont préféré ne pas faire de commentaires.
4. Le porte-parole a vivement critiqué l'attitude du conseiller.
5. L'accord a été signé par tous les partis.

B. Transformez selon le modèle

Al venir aquí, vi al consejero.
→ Viniendo *aquí, vi al consejero.*
1. Al pasar por el parlamento, me encontré con el Ministro.
2. Al llegar al Ministerio, llamé a Juan.
3. Al salir de las Cortes, lo vi.
4. Al volver la esquina, le dije que era imposible.

C. Choisissez la forme qui convient

1. Salió *(corriendo, que corría).*
2. Los partidos *(aceptando, que aceptan)* entablar negociaciones se reunirán mañana.
3. Esperaba *(leyendo, que leía).*
4. Los hombres políticos *(mostrándose, que se mostraron)* partidarios del proyecto pertenecían al P.S.A.

D. Mettez à la troisième personne du pluriel

1. Se declaró desorientada.
2. Se muestra evasivo.
3. Era partidario del acuerdo.

E. Choisissez la forme qui convient

1. ¡El debate fue *(tan, tanto)* violento!
2. *(Tan, tanto)* el ministro como el consejero se mostraron desorientados.
3. Habían *(tan, tantos)* periodistas en el hall del hotel que no se podía pasar.

Despedida

Este es nuestro último encuentro. Durante noventa días más o menos (a veces nos hemos dado plantón), esta cita diaria se había convertido en una costumbre. Te vamos a echar de menos.

Esperamos haberte proporcionado los medios para que en adelante te puedas desenvolver por ti mismo en esta lengua apasionante que es el español. «Proporcionarte los medios» no quiere decir que te hayamos enseñado TODO el español, ni mucho menos. Tampoco era ése nuestro objetivo. No, lo que esperamos y deseamos es haberte enseñado a aprender español. Cuando, tras la lección de hoy, cierres el libro, fíjate bien en dónde lo pones porque aún te puede servir. Hemos colocado al final la tabla analítica de los puntos tratados; valiéndote de ella, puedes, si te encuentras en un aprieto, salir de apuros. Bueno, lo principal está dicho. Ahora sólo nos queda despedirnos, deseándote éxitos en lo profesional y felicidad en lo personal.

Un saludo amistoso y hasta pronto… ¡en España!

Los autores.

Observez

Les formes **lo** + adjectif : **lo profesional, lo personal** (l. 16 et 17).

Sachez que…

Alors qu'en français le verbe *apprendre* signifie à la fois « acquérir des connaissances » et « transmettre des connaissances », en espagnol, vous distinguerez l'apprentissage, **aprender**, de l'enseignement, **enseñar**.

Au revoir

Voilà, c'est notre dernière rencontre. Durant quatre-vingt-dix jours environ (parfois nous nous sommes fait faux bond), ce rendez-vous quotidien était devenu [s'était changé en] une habitude. Nous allons te regretter.

Nous espérons t'avoir fourni les moyens de te débrouiller tout seul dorénavant face à cette langue passionnante qu'est l'espagnol. « Te fournir les moyens » ne signifie pas que nous t'ayons appris TOUT l'espagnol, loin s'en faut. Ce n'était d'ailleurs pas notre objectif. Non, ce que nous souhaitons, ce que nous désirons c'est t'avoir appris à apprendre l'espagnol. Lorsque après la leçon d'aujourd'hui tu fermeras ce livre, regarde bien où tu le poses parce qu'il peut encore te servir. Nous y avons mis à la fin la table analytique des points traités ; en t'y reportant tu peux si tu te trouves en difficulté, te tirer d'affaire. Bon, l'essentiel est dit. Il ne nous reste plus désormais qu'à nous dire au revoir en te souhaitant réussite professionnelle et bonheur personnel.

Nos amicales salutations et à bientôt… en Espagne !

Les auteurs.

Vocabulaire

● *Système D :*

un apr**ie**to, *une difficulté*
sal**ir** de ap**u**ros, *se tirer d'affaire*
desenvolv**e**rse, *se débrouiller*
arregl**a**rse, *s'arranger*
apañ**á**rselas, *se débrouiller*
agarr**a**rse a un cl**a**vo ard**ie**ndo, *se raccrocher à n'importe quoi*

GRAMMAIRE

SYNTAXE

Alors que la syntaxe (ordre des éléments dans la phrase) française est assez rigide, la syntaxe espagnole est comparativement assez souple.

Considérez par exemple la phrase suivante :
Durante noventa días esta cita se había convertido en una costumbre.

Vous pouvez la décomposer en quatre parties :
Durante noventa días | esta cita | se había convertido | en una costumbre.

● Les éléments contenus dans chacune de ces parties sont indissociables ; en outre, l'ordre dans lequel ils apparaissent ne peut être modifié :
– vous ne pouvez pas transférer un élément d'une partie à l'autre :
* **noventa días | se durante había convertido**

– vous ne pouvez pas transformer l'ordre des mots dans une partie :
* **cita esta**

● Cela étant, vous avez toute liberté pour associer ces parties comme bon vous semble. Vous pouvez parfaitement dire :
Esta cita | se había convertido | en una costumbre | durante noventa días.

Se había convertido | esta cita | en una costumbre | durante noventa días.

En una costumbre | se había convertido | esta cita | durante noventa días.

A. Traduisez
1. Voilà, c'est notre dernière rencontre.
2. Parfois tu lui as fait faux bond.
3. Je vais te regretter.
4. Nous voulions t'apprendre à apprendre.
5. Regarde bien où tu le poses.
6. En t'y reportant tu pourras te tirer d'affaire.

B. À partir des 3 éléments donnés, construisez 6 phrases en les combinant
1. Cuando cierres el libro
2. Por si acaso
3. Fíjate bien dónde lo pones

C. Mettez à l'imparfait les phrases suivantes (attention aux modes)
1. Esperamos haberte proporcionado los medios para que te puedas desenvolver.
2. No quiere decir que te hayamos enseñado todo el español.

D. Mettez au futur les phrases suivantes
1. Tengo que ir a España.
2. Nos volvemos a ver.
3. Practicas de vez en cuando.
4. Puedes salir de apuros.

E. Mettez au passé simple les phrases suivantes
1. A veces nos damos plantón.
2. Te echábamos de menos.
3. Se ha convertido en una cita diaria.
4. Te felicitan.

F. Mettez au passé composé les phrases suivantes
1. Trabajas mucho.
2. Aprenden a hablar.
3. Ya nos despedimos.

ANNEXES

Tableaux de conjugaisons

Verbes réguliers
– en **ar** : **CANTAR**, *chanter*
– en **er** : **COMER**, *manger*
– en **ir** : **VIVIR**, *vivre, habiter*

Verbes à diphtongue
– **e → ie** : **QUERER**, *vouloir*
– **o → ue** : **PODER**, *pouvoir*
– **u → ue** : **JUGAR**, *jouer*

Verbes à alternance vocalique
– **e → i** : **SEGUIR**, *suivre, continuer*

Verbes de mouvement
– **IR**, *aller*
– **VENIR**, *venir*

Verbes fondamentaux
– **HABER**, *avoir* (auxiliaire)
– **TENER**, *avoir* (possession)
– **SER**, *être*
– **ESTAR**, *être*

CANTAR, *chanter*
INDICATIF

Présent *je chante*		**Passé composé** *j'ai chanté*	
Canto	Cantamos	He cantado	Hemos cantado
Cantas	Cantáis	Has cantado	Habéis cantado
Canta	Cantan	Ha cantado	Han cantado
Imparfait *je chantais*		**Plus-que-parfait** *j'avais chanté*	
Cantaba	Cantábamos	Había cantado	Habíamos cantado
Cantabas	Cantabais	Habías cantado	Habíais cantado
Cantaba	Cantaban	Había cantado	Habían cantado
Passé simple *je chantai*		**Passé antérieur** *j'eus chanté*	
Canté	Cantamos	Hube cantado	Hubimos cantado
Cantaste	Cantasteis	Hubiste cantado	Hubisteis cantado
Cantó	Cantaron	Hubo cantado	Hubieron cantado
Futur *je chanterai*		**Futur antérieur** *j'aurai chanté*	
Cantaré	Cantaremos	Habré cantado	Habremos cantado
Cantarás	Cantaréis	Habrás cantado	Habréis cantado
Cantará	Cantarán	Habrá cantado	Habrán cantado

CONDITIONNEL

Présent *je chanterais*		**Passé** *j'aurais chanté*	
Cantaría	Cantaríamos	Habría cantado	Habríamos cantado
Cantarías	Cantaríais	Habrías cantado	Habríais cantado
Cantaría	Cantarían	Habría cantado	Habrían cantado

SUBJONCTIF

Présent *que je chante*		**Passé** *que j'aie chanté*	
Cante	Cantemos	Haya cantado	Hayamos cantado
Cantes	Cantéis	Hayas cantado	Hayáis cantado
Cante	Canten	Haya cantado	Hayan cantado
Imparfait *que je chantasse*		**Plus-que-parfait** *que j'eusse chanté*	
Cantara ou Cantase		Hubiera ou Hubiese cantado	
Cantaras	Cantases	Hubieras	Hubieses cantado
Cantara	Cantase	Hubiera	Hubiese cantado
Cantáramos	Cantásemos	Hubiéramos	Hubiésemos cantado
Cantarais	Cantaseis	Hubierais	Hubieseis cantado
Cantaran	Cantasen	Hubieran	Hubiesen cantado
Participe passé *chanté*		**Gérondif** *en chantant*	
Cantado		Cantando	
		Impératif	
		Canta	Cantad
		Cante (usted)	Canten (ustedes)
		Cantemos	

COMER, *manger*

INDICATIF

Présent *je mange*		**Passé composé** *j'ai mangé*	
Como	Comemos	He comido	Hemos comido
Comes	Coméis	Has comido	Habéis comido
Come	Comen	Ha comido	Han comido
Imparfait *je mangeais*		**Plus-que-parfait** *j'avais mangé*	
Comía	Comíamos	Había comido	Habíamos comido
Comías	Comíais	Habías comido	Habíais comido
Comía	Comían	Había comido	Habían comido
Passé simple *je mangeai*		**Passé antérieur** *j'eus mangé*	
Comí	Comimos	Hube comido	Hubimos comido
Comiste	Comisteis	Hubiste comido	Hubisteis comido
Comió	Comieron	Hubo comido	Hubieron comido
Futur *je mangerai*		**Futur antérieur** *j'aurai mangé*	
Comeré	Comeremos	Habré comido	Habremos comido
Comerás	Comeréis	Habrás comido	Habréis comido
Comerá	Comerán	Habrá comido	Habrán comido

CONDITIONNEL

Présent *je mangerais*		**Passé** *j'aurais mangé*	
Comería	Comeríamos	Habría comido	Habríamos comido
Comerías	Comeríais	Habrías comido	Habríais comido
Comería	Comerían	Habría comido	Habrían comido

SUBJONCTIF

Présent *que je mange*		**Passé** *que j'aie mangé*	
Coma	Comamos	Haya comido	Hayamos comido
Comas	Comáis	Hayas comido	Hayáis comido
Coma	Coman	Haya comido	Hayan comido
Imparfait *que je mangeasse*		**Plus-que-parfait** *que j'eusse mangé*	
Comiera ou	Comiese	Hubiera ou	Hubiese comido
Comieras	Comieses	Hubieras	Hubieses comido
Comiera	Comiese	Hubiera	Hubiese comido
Comiéramos	Comiésemos	Hubiéramos	Hubiésemos comido
Comierais	Comieseis	Hubierais	Hubieseis comido
Comieran	Comiesen	Hubieran	Hubiesen comido
Participe passé *mangé*		**Gérondif** *en mangeant*	
Comido		Comiendo	
		Impératif	
		Come	Comed
		Coma (usted)	Coman (ustedes)
		Comamos	

VIVIR, *vivre, habiter*

INDICATIF

Présent *je vis*		Passé composé *j'ai vécu*	
Vivo	Vivimos	He vivido	Hemos vivido
Vives	Vivís	Has vivido	Habéis vivido
Vive	Viven	Ha vivido	Han vivido
Imparfait *je vivais*		**Plus-que-parfait** *j'avais vécu*	
Vivía	Vivíamos	Había vivido	Habíamos vivido
Vivías	Vivíais	Habías vivido	Habíais vivido
Vivía	Vivían	Había vivido	Habían vivido
Passé simple *je vécus*		**Passé antérieur** *j'eus vécu*	
Viví	Vivimos	Hube vivido	Hubimos vivido
Viviste	Vivisteis	Hubiste vivido	Hubisteis vivido
Vivió	Vivieron	Hubo vivido	Hubieron vivido
Futur *je vivrai*		**Futur antérieur** *j'aurai vécu*	
Viviré	Viviremos	Habré vivido	Habremos vivido
Vivirás	Viviréis	Habrás vivido	Habréis vivido
Vivirá	Vivirán	Habrá vivido	Habrán vivido

CONDITIONNEL

Présent *je vivrais*		Passé *j'aurais vécu*	
Viviría	Viviríamos	Habría vivido	Habríamos vivido
Vivirías	Viviríais	Habrías vivido	Habríais vivido
Viviría	Vivirían	Habría vivido	Habrían vivido

SUBJONCTIF

Présent *que je vive*		Passé *que j'aie vécu*	
Viva	Vivamos	Haya vivido	Hayamos vivido
Vivas	Viváis	Hayas vivido	Hayáis vivido
Viva	Vivan	Haya vivido	Hayan vivido
Imparfait *que je vécusse,*		**Plus-que-parfait** *que j'eusse vécu*	
Viviera ou	Viviese	Hubiera ou	Hubiese vivido
Vivieras	Vivieses	Hubieras	Hubieses vivido
Viviera	Viviese	Hubiera	Hubiese vivido
Viviéramos	Viviésemos	Hubiéramos	Hubiésemos vivido
Vivierais	Vivieseis	Hubierais	Hubieseis vivido
Vivieran	Viviesen	Hubieran	Hubiesen vivido
Participe passé *vécu*		**Gérondif** *en vivant*	
Vivido		Viviendo	
		Impératif	
		Vive	Vivid
		Viva (usted)	Vivan (ustedes)
		Vivamos	

QUERER, *vouloir*

INDICATIF

Présent *je veux*		Passé composé *j'ai voulu*	
Quiero	Queremos	He querido	Hemos querido
Quieres	Queréis	Has querido	Habéis querido
Quiere	Quieren	Ha querido	Han querido
Imparfait *je voulais*		**Plus-que-parfait** *j'avais voulu*	
Quería	Queríamos	Había querido	Habíamos querido
Querías	Queríais	Habías querido	Habíais querido
Quería	Querían	Había querido	Habían querido
Passé simple *je voulus*		**Passé antérieur** *j'eus voulu*	
Quise	Quisimos	Hube querido	Hubimos querido
Quisiste	Quisisteis	Hubiste querido	Hubisteis querido
Quiso	Quisieron	Hubo querido	Hubieron querido
Futur *je voudrai*		**Futur antérieur** *j'aurai voulu*	
Querré	Querremos	Habré querido	Habremos querido
Querrás	Querréis	Habrás querido	Habréis querido
Querrá	Querrán	Habrá querido	Habrán querido

CONDITIONNEL

Présent *je voudrais*		Passé *j'aurais voulu*	
Querría	Querríamos	Habría querido	Habríamos querido
Querrías	Querríais	Habrías querido	Habríais querido
Querría	Querrían	Habría querido	Habrían querido

SUBJONCTIF

Présent *que je veuille*		Passé *que j'aie voulu*	
Quiera	Queramos	Haya querido	Hayamos querido
Quieras	Queráis	Hayas querido	Hayáis querido
Quiera	Quieran	Haya querido	Hayan querido
Imparfait *que je voulusse*		**Plus-que-parfait** *que j'eusse voulu*	
Quisiera ou	Quisiese	Hubiera ou	Hubiese querido
Quisieras	Quisieses	Hubieras	Hubieses querido
Quisiera	Quisiese	Hubiera	Hubiese querido
Quisiéramos	Quisiésemos	Hubiéramos	Hubiésemos querido
Quisierais	Quisieseis	Hubierais	Hubieseis querido
Quisieran	Quisiesen	Hubieran	Hubiesen querido
Participe passé *voulu*		**Gérondif** *en voulant*	
Querido		Quiere	
		Impératif	
		Quiere	Quered
		Quiera (usted)	Quieran (ustedes)
		Queramos	

TABLEAUX DE CONJUGAISONS

PODER, *pouvoir*

INDICATIF

Présent *je peux*		Passé composé *j'ai pu*	
Puedo	Podemos	He podido	Hemos podido
Puedes	Podéis	Has podido	Habéis podido
Puede	Pueden	Ha podido	Han podido
Imparfait *je pouvais*		**Plus-que-parfait** *j'avais pu*	
Podía	Podíamos	Había podido	Habíamos podido
Podías	Podíais	Habías podido	Habíais podido
Podía	Podían	Había podido	Habían podido
Passé simple *je pus*		**Passé antérieur** *j'eus pu*	
Pude	Pudimos	Hube podido	Hubimos podido
Pudiste	Pudisteis	Hubiste podido	Hubisteis podido
Pudo	Pudieron	Hubo podido	Hubieron podido
Futur *je pourrai*		**Futur antérieur** *j'aurai pu*	
Podré	Podremos	Habré podido	Habremos podido
Podrás	Podréis	Habrás podido	Habréis podido
Podrá	Podrán	Habrá podido	Habrán podido

CONDITIONNEL

Présent *je pourrais*		Passé *j'aurais pu*	
Podría	Podríamos	Habría podido	Habríamos podido
Podrías	Podríais	Habrías podido	Habríais podido
Podría	Podrían	Habría podido	Habrían podido

SUBJONCTIF

Présent *que je puisse*		Passé *que j'aie pu*	
Pueda	Podamos	Haya podido	Hayamos podido
Puedas	Podáis	Hayas podido	Hayáis podido
Pueda	Puedan	Haya podido	Hayan podido
Imparfait *que je pusse*		**Plus-que-parfait** *que j'eusse pu*	
Pudiera ou	Pudiese	Hubiera ou	Hubiese podido
Pudieras	Pudieses	Hubieras	Hubieses podido
Pudiera	Pudiese	Hubiera	Hubiese podido
Pudiéramos	Pudiésemos	Hubiéramos	Hubiésemos podido
Pudierais	Pudieseis	Hubierais	Hubieseis podido
Pudieran	Pudiesen	Hubieran	Hubiesen podido
Participe passé *pu*		**Gérondif** *en pouvant*	
Podido		Pudiendo	
		Impératif	
		Puede	Poded
		Pueda (usted)	Puedan (ustedes)
		Podamos	

JUGAR, *jouer*

INDICATIF

Présent *je joue*		Passé composé *j'ai joué*	
Juego	Jugamos	He jugado	Hemos jugado
Juegas	Jugáis	Has jugado	Habéis jugado
Juega	Juegan	Ha jugado	Han jugado
Imparfait *je jouais*		**Plus-que-parfait** *j'avais joué*	
Jugaba	Jugábamos	Había jugado	Habíamos jugado
Jugabas	Jugabais	Habías jugado	Habíais jugado
Jugaba	Jugaban	Había jugado	Habían jugado
Passé simple *je jouai*		**Passé antérieur** *j'eus joué*	
Jugué	Jugamos	Hube jugado	Hubimos jugado
Jugaste	Jugasteis	Hubiste jugado	Hubisteis jugado
Jugó	Jugaron	Hubo jugado	Hubieron jugado
Futur *je jouerai*		**Futur antérieur** *j'aurai joué*	
Jugaré	Jugaremos	Habré jugado	Habremos jugado
Jugarás	Jugaréis	Habrás jugado	Habréis jugado
Jugará	Jugarán	Habrá jugado	Habrán jugado

CONDITIONNEL

Présent *je jouerais*		Passé *j'aurais joué*	
Jugaría	Jugaríamos	Habría jugado	Habríamos jugado
Jugarías	Jugaríais	Habrías jugado	Habríais jugado
Jugaría	Jugarían	Habría jugado	Habrían jugado

SUBJONCTIF

Présent *que je joue*		Passé *que j'aie joué*	
Juegue	Juguemos	Haya jugado	Hayamos jugado
Juegues	Juguéis	Hayas jugado	Hayáis jugado
Juegue	Jueguen	Haya jugado	Hayan jugado
Imparfait *que je jouasse*		**Plus-que-parfait** *que j'eusse joué*	
Jugara ou	Jugase	Hubiera ou	Hubiese jugado
Jugaras	Jugases	Hubieras	Hubieses jugado
Jugara	Jugase	Hubiera	Hubiese jugado
Jugáramos	Jugásemos	Hubiéramos	Hubiésemos jugado
Jugarais	Jugaseis	Hubierais	Hubieseis jugado
Jugaran	Jugasen	Hubieran	Hubiesen jugado
Participe passé *joué*		**Gérondif** *en jouant*	
Jugado		Jugando	
		Impératif	
		Juega	Jugad
		Juegue (usted)	Jueguen (ustedes)
		Juguemos	

SEGUIR, *suivre, continuer*

INDICATIF

Présent *je continue*		Passé composé *j'ai continué*	
Sigo	Seguimos	He seguido	Hemos seguido
Sigues	Seguís	Has seguido	Habéis seguido
Sigue	Siguen	Ha seguido	Han seguido
Imparfait *je continuais*		**Plus-que-parfait** *j'avais continué*	
Seguía	Seguíamos	Había seguido	Habíamos seguido
Seguías	Seguíais	Habías seguido	Habíais seguido
Seguía	Seguían	Había seguido	Habían seguido
Passé simple *je continuai*		**Passé antérieur** *j'eus continué*	
Seguí	Seguimos	Hube seguido	Hubimos seguido
Seguiste	Seguisteis	Hubiste seguido	Hubisteis seguido
Siguió	Siguieron	Hubo seguido	Hubieron seguido
Futur *je continuerai*		**Futur antérieur** *j'aurai continué*	
Seguiré	Seguiremos	Habré seguido	Habremos seguido
Seguirás	Seguiréis	Habrás seguido	Habréis seguido
Seguirá	Seguirán	Habrá seguido	Habrán seguido

CONDITIONNEL

Présent *je continuerais*		Passé *j'aurais continué*	
Seguiría	Seguiríamos	Habría seguido	Habríamos seguido
Seguirías	Seguiríais	Habrías seguido	Habríais seguido
Seguiría	Seguirían	Habría seguido	Habrían seguido

SUBJONCTIF

Présent *que je continue*		Passé *que j'aie continué*	
Siga	Sigamos	Haya seguido	Hayamos seguido
Sigas	Sigáis	Hayas seguido	Hayáis seguido
Siga	Sigan	Haya seguido	Hayan seguido
Imparfait *que je continuasse*		**Plus-que-parfait** *que j'eusse continué*	
Siguiera ou	Siguiese	Hubiera ou	Hubiese seguido
Siguieras	Siguieses	Hubieras	Hubieses seguido
Siguiera	Siguiese	Hubiera	Hubiese seguido
Siguiéramos	Siguiésemos	Hubiéramos	Hubiésemos seguido
Siguierais	Siguieseis	Hubierais	Hubieseis seguido
Siguieran	Siguiesen	Hubieran	Hubiesen seguido
Participe passé *continué*		**Gérondif** *en continuant*	
Seguido		Siguiendo	
		Impératif	
		Sigue	Seguid
		Siga (usted)	Sigan (ustedes)
		Sigamos	

IR, *aller*

INDICATIF

Présent *je vais*		Passé composé *je suis allé*	
Voy	Vamos	He ido	Hemos ido
Vas	Vais	Has ido	Habéis ido
Va	Van	Ha ido	Han ido
Imparfait *j'allais*		Plus-que-parfait *j'étais allé*	
Iba	Ibamos	Había ido	Habíamos ido
Ibas	Ibais	Habías ido	Habíais ido
Iba	Iban	Había ido	Habían ido
Passé simple *je fus*		Passé antérieur *je fus allé*	
Fui	Fuimos	Hube ido	Hubimos ido
Fuiste	Fuisteis	Hubiste ido	Hubisteis ido
Fue	Fueron	Hubo ido	Hubieron ido
Futur *j'irai*		Futur antérieur *je serai allé*	
Iré	Iremos	Habré ido	Habremos ido
Irás	Iréis	Habrás ido	Habréis ido
Irá	Irán	Habrá ido	Habrán ido

CONDITIONNEL

Présent *j'irais*		Passé *je serais allé*	
Iría	Iríamos	Habría ido	Habríamos ido
Irías	Iríais	Habrías ido	Habríais ido
Iría	Irían	Habría ido	Habrían ido

SUBJONCTIF

Présent *que j'aille*		Passé *que je sois allé*	
Vaya	Vayamos	Haya ido	Hayamos ido
Vayas	Vayáis	Hayas ido	Hayáis ido
Vaya	Vayan	Haya ido	Hayan ido
Imparfait *que j'allasse*		Plus-que-parfait *que je fusse allé*	
Fuera ou	Fuese	Hubiera	Hubiese
Fueras	Fueses	Hubieras	Hubieses ido
Fuera	Fuese	Hubiera	Hubiese ido
Fuéramos	Fuésemos	Hubiéramos	Hubiésemos ido
Fuerais	Fueseis	Hubierais	Hubieseis ido
Fueran	Fuesen	Hubieran	Hubiesen ido
Participe passé *allé*		Gérondif *en allant*	
Ido		Yendo	
		Impératif	
		Ve	Id
		Vaya (usted)	Vayan (ustedes)
		Vayamos	

VENIR, *venir*

INDICATIF

Présent *je viens*		**Passé composé** *je suis venu*	
Vengo	Venimos	He venido	Hemos venido
Vienes	Venís	Has venido	Habéis venido
Viene	Vienen	Ha venido	Han venido
Imparfait *je venais*		**Plus-que-parfait** *j'étais venu*	
Venía	Veníamos	Había venido	Habíamos venido
Venías	Veníais	Habías venido	Habíais venido
Venía	Venían	Había venido	Habían venido
Passé simple *je vins*		**Passé antérieur** *je fus venu*	
Vine	Vinimos	Hube venido	Hubimos venido
Viniste	Vinisteis	Hubiste venido	Hubisteis venido
Vino	Vinieron	Hubo venido	Hubieron venido
Futur *je viendrai*		**Futur antérieur** *je serai venu*	
Vendré	Vendremos	Habré venido	Habremos venido
Vendrás	Vendréis	Habrás venido	Habréis venido
Vendrá	Vendrán	Habrá venido	Habrán venido

CONDITIONNEL

Présent *je viendrais*		**Passé** *je serais venu*	
Vendría	Vendríamos	Habría venido	Habríamos venido
Vendrías	Vendríais	Habrías venido	Habríais venido
Vendría	Vendrían	Habría venido	Habrían venido

SUBJONCTIF

Présent *que je vienne*		**Passé** *que je sois venu*	
Venga	Vengamos	Haya venido	Hayamos venido
Vengas	Vengáis	Hayas venido	Hayáis venido
Venga	Vengan	Haya venido	Hayan venido
Imparfait *que je vinsse*		**Plus-que-parfait** *que je fusse venu*	
Viniera ou	Viniese	Hubiera ou	Hubiese venido
Vinieras	Vinieses	Hubieras	Hubieses venido
Viniera	Viniese	Hubiera	Hubiese venido
Viniéramos	Viniésemos	Hubiéramos	Hubiésemos venido
Vinierais	Vinieseis	Hubierais	Hubieseis venido
Vinieran	Viniesen	Hubieran	Hubiesen venido
Participe passé *venu*		**Gérondif** *en venant*	
Venido		Viniendo	
		Impératif	
		Ven	Venid
		Venga (usted)	Vengan (ustedes)
		Vengamos	

HABER, *avoir*

INDICATIF

Présent *j'ai*		Passé composé *il a eu*
He	Hemos	Seule forme usitée :
Has	Habéis	
Ha	Han	Ha habido
Imparfait *j'avais*		**Plus-que-parfait** *il avait eu*
Había	Habíamos	Seule forme usitée :
Habías	Habíais	
Había	Habían	Había habido
Passé simple *j'eus*		**Passé antérieur** *il eut eu*
Hube	Hubimos	Non usité
Hubiste	Hubisteis	
Hubo	Hubieron	
Futur *j'aurai*		**Futur antérieur** *il aura eu*
Habré	Habremos	Seule forme usitée :
Habrás	Habréis	
Habrá	Habrán	Habrá habido

CONDITIONNEL

Présent *j'aurais*		Passé *il aurait eu*
Habría	Habríamos	Seule forme usitée :
Habrías	Habríais	
Habría	Habrían	Habría habido

SUBJONCTIF

Présent *que j'aie*		Passé *qu'il ait eu*
Haya	Hayamos	Seule forme usitée :
Hayas	Hayáis	
Haya	Hayan	Haya habido
Imparfait *que j'eusse*		**Plus-que-parfait** *qu'il eût eu*
Hubiera ou	Hubiese	
Hubieras	Hubieses	
Hubiera	Hubiese	Hubiera habido ou
Hubiéramos	Hubiésemos	Hubiese habido
Hubierais	Hubieseis	
Hubieran	Hubiesen	
Participe passé	**Gérondif**	
Habido	Habiendo	
	Impératif	
	Non usité	

TENER, *avoir*

INDICATIF

Présent *j'ai*		Passé composé *j'ai eu*	
Tengo	Tenemos	He tenido	Hemos tenido
Tienes	Tenéis	Has tenido	Habéis tenido
Tiene	Tienen	Ha tenido	Han tenido
Imparfait *j'avais*		**Plus-que-parfait** *j'avais eu*	
Tenía	Teníamos	Había tenido	Habíamos tenido
Tenías	Teníais	Habías tenido	Habíais tenido
Tenía	Tenían	Había tenido	Habían tenido
Passé simple *j'eus*		**Passé antérieur** *j'eus eu*	
Tuve	Tuvimos	Hube tenido	Hubimos tenido
Tuviste	Tuvisteis	Hubiste tenido	Hubisteis tenido
Tuvo	Tuvieron	Hubo tenido	Hubieron tenido
Futur *j'aurai*		**Futur antérieur** *j'aurai eu*	
Tendré	Tendremos	Habré tenido	Habremos tenido
Tendrás	Tendréis	Habrás tenido	Habréis tenido
Tendrá	Tendrán	Habrá tenido	Habrán tenido

CONDITIONNEL

Présent *j'aurais*		Passé *j'aurais eu*	
Tendría	Tendríamos	Habría tenido	Habríamos tenido
Tendrías	Tendríais	Habrías tenido	Habríais tenido
Tendría	Tendrían	Habría tenido	Habrían tenido

SUBJONCTIF

Présent *que j'aie*		Passé *que j'aie eu*	
Tenga	Tengamos	Haya tenido	Hayamos tenido
Tengas	Tengáis	Hayas tenido	Hayáis tenido
Tenga	Tengan	Haya tenido	Hayan tenido
Imparfait *que j'eusse*		**Plus-que-parfait** *que j'eusse eu*	
Tuviera ou	Tuviese	Hubiera ou	Hubiese tenido
Tuvieras	Tuvieses	Hubieras	Hubieses tenido
Tuviera	Tuviese	Hubiera	Hubiese tenido
Tuviéramos	Tuviésemos	Hubiéramos	Hubiésemos tenido
Tuvierais	Tuvieseis	Hubierais	Hubieseis tenido
Tuvieran	Tuviesen	Hubieran	Hubiesen tenido
Participe passé		**Gérondif**	
Tenido		Teniendo	
		Impératif	
		Ten	Tened
		Tenga (usted)	Tengan (ustedes)
		Tengamos	

SER, *être*

INDICATIF

Présent *je suis*		Passé composé *j'ai été*	
Soy	Somos	He sido	Hemos sido
Eres	Sois	Has sido	Habéis sido
Es	Son	Ha sido	Han sido
Imparfait *j'étais*		**Plus-que-parfait** *j'avais été*	
Era	Eramos	Había sido	Habíamos sido
Eras	Erais	Habías sido	Habiais sido
Era	Eran	Había sido	Habían sido
Passé simple *je fus*		**Passé antérieur** *j'eus été*	
Fui	Fuimos	Hube sido	Hubimos sido
Fuiste	Fuisteis	Hubiste sido	Hubisteis sido
Fue	Fueron	Hubo sido	Hubieron sido
Futur *je serai*		**Futur antérieur** *j'aurai été*	
Seré	Seremos	Habré sido	Habremos sido
Serás	Seréis	Habrás sido	Habréis sido
Será	Serán	Habrá sido	Habrán sido

CONDITIONNEL

Présent *je serais*		Passé *j'aurais été*	
Sería	Seríamos	Habría sido	Habríamos sido
Serías	Seríais	Habrías sido	Habríais sido
Sería	Serían	Habría sido	Habrían sido

SUBJONCTIF

Présent *que je sois*		Passé *que j'aie été*	
Sea	Seamos	Haya sido	Hayamos sido
Seas	Seáis	Hayas sido	Hayáis sido
Sea	Sean	Haya sido	Hayan sido
Imparfait *que je fusse*		**Plus-que-parfait** *que j'eusse été*	
Fuera ou	Fuese	Hubiera ou	Hubiese sido
Fueras	Fueses	Hubieras	Hubieses sido
Fuera	Fuese	Hubiera	Hubiese sido
Fuéramos	Fuésemos	Hubiéramos	Hubiésemos sido
Fuerais	Fueseis	Hubierais	Hubieseis sido
Fueran	Fuesen	Hubieran	Hubiesen sido
Participe passé		**Gérondif**	
Sido		Siendo	
		Impératif	
		Sé	Sed
		Sea (usted)	Sean (ustedes)
		Seamos	

ESTAR, *être*

INDICATIF

Présent *je suis*		**Passé composé** *j'ai été*	
Estoy	Estamos	He estado	Hemos estado
Estás	Estáis	Has estado	Habéis estado
Está	Están	Ha estado	Han estado
Imparfait *j'étais*		**Plus-que-parfait** *j'avais été*	
Estaba	Estábamos	Había estado	Habíamos estado
Estabas	Estabais	Habías estado	Habíais estado
Estaba	Estaban	Había estado	Habían estado
Passé simple *je fus*		**Passé antérieur** *j'eus été*	
Estuve	Estuvimos	Hube estado	Hubimos estado
Estuviste	Estuvisteis	Hubiste estado	Hubisteis estado
Estuvo	Estuvieron	Hubo estado	Hubieron estado
Futur *je serai*		**Futur antérieur** *j'aurai été*	
Estaré	Estaremos	Habré estado	Habremos estado
Estarás	Estaréis	Habrás estado	Habréis estado
Estará	Estarán	Habrá estado	Habrán estado

CONDITIONNEL

Présent *je serais*		**Passé** *j'aurais été*	
Estaría	Estaríamos	Habría estado	Habríamos estado
Estarías	Estaríais	Habrías estado	Habríais estado
Estaría	Estarían	Habría estado	Habrían estado

SUBJONCTIF

Présent *que je sois*		**Passé** *que j'aie été*	
Esté	Estemos	Haya estado	Hayamos estado
Estés	Estéis	Hayas estado	Hayáis estado
Esté	Estén	Haya estado	Hayan estado
Imparfait *que je fusse*		**Plus-que-parfait** *que j'eusse été*	
Estuviera ou	Estuviese	Hubiera ou	Hubiese estado
Estuvieras	Estuvieses	Hubieras	Hubieses estado
Estuviera	Estuviese	Hubiera	Hubiese estado
Estuviéramos	Estuviésemos	Hubiéramos	Hubiésemos estado
Estuvierais	Estuvieseis	Hubierais	Hubieseis estado
Estuvieran	Estuviesen	Hubieran	Hubiesen estado
Participe passé		**Gérondif**	
Estado		Estando	
		Impératif	
		Estáte	Estáos
		Estése (usted)	Esténse (ustedes)
		Estémonos	

Index thématique

T. = texte espagnol **O.** = observez **S.** = sachez que
V. = vocabulaire **G.** = grammaire

Les chiffres renvoient aux leçons.

Index des expressions

Par son système de renvois, cet index vous permet de retrouver une des expressions courantes utilisées dans cette méthode, à partir d'un seul de ses éléments (adverbe, substantif, verbe ou adjectif).

Index grammatical

O. = observez V. = vocabulaire G. = grammaire
T. = texte S. = sachez que P. = prononciation

Corrigés des exercices

A. 1. ¿Cómo está usted? **2.** Estoy bien. **3.** Estás en forma. **4.** Están en casa de mi hermana. **5.** Tienes un aspecto magnífico. **6.** Acabo de regresar de vacaciones. **7.** Están de paso. **8.** No está con nosotros. **9.** Está sentado en la mesa del fondo.

B. 1. No están en la mesa del fondo. **2.** ¿No estás en casa de mi hermana? **3.** El embarazo no la cansa. **4.** No estamos de vacaciones. **5.** No estáis bien.

A. 1. Soy Pierre Chéron, y tú, ¿quién eres? **2.** Soy Helmut Schneider, soy alemán. **3.** Somos de Amsterdam, somos holandeses. **4.** Yo soy el portero de la universidad, ¿y vosotros, quiénes sois? **5.** Nosotros somos los alumnos (*ou bien* somos los alumnos). **6.** Es el primer día de clase.

B. 1. Unas profesoras. **2.** Unos alemanes. **3.** Los holandeses. **4.** Las francesas. **5.** Unos días.

C. 1. El alumno. **2.** La portera. **3.** Una clase. **4.** Un extranjero.

D. 1. Una holandesa. **2.** Una alumna. **3.** La portera. **4.** La niña. **5.** La hermana.

E. 1. El alemán. **2.** Un profesor. **3.** Un esposo. **4.** El amigo.

F. 1. Estamos sentados en el fondo de la clase. **2.** Sois de Berlín. **3.** ¿Eres el portero? **4.** Estoy en forma. **5.** Está de paso. **6.** Soy Luis.

G. 1. Es el niño de Juan. **2.** ¿Están aquí las amigas de Lola?

H. 1. Juan es un alumno de la clase. **2.** Son unos amigos de Carlos.

A. 1. Buenos días. **2.** Luis, te presento a un amigo. **3.** Eres el sustituto de Miguel. **4.** Soy ingeniero. Estamos enfermos. **5.** Es muy interesante. **6.** Aprendo mucho. **7.** Trabajáis en la misma planta que Manuel.

B. 1. Estoy en el fondo. **2.** Sois los compañeros de Juan. **3.** Usted está contento.

C. 1. Yo soy Pedro Alvarez, y tú, ¿quién eres? **2.** ¿De dónde es el ingeniero? El es de Madrid. **3.** En qué planta trabaja Luisa?

(Ella) trabaja en la segunda planta. **4.** Hola Pepi, hola Luisa, ¿vosotras cómo estáis? Yo no estoy bien. **5.** Nosotras (*ou* nosotros) estamos bien, gracias. **6.** Y tus amigos, ¿de dónde son? (Ellos) son de París.

D. 1. ¿Está usted contento? **2.** Y usted, ¿de dónde es? **3.** Usted es ingeniero. **4.** Y usted, ¿cómo está?

E. 1. Tú estás en la planta. **2.** Tú eres de los fundadores de la casa. **3.** Tú estás sentado en el fondo de la clase. **4.** Tú eres francés.

A. 1. ¿Lees el periódico o escuchas la radio? **2.** Ayudamos a Cecilia. **3.** Por la mañana sale y por la tarde asiste a charlas. **4.** No viven mal. **5.** Trabajas bastante. **6.** Pinto mucho.

B. 1. Juan y yo jugamos al póker. **2.** Cecilia y tú leéis el periódico. **3.** Tú escuchas la radio. **4.** Usted pinta un poco. **5.** Ellos asisten a charlas.

C. 1. Trabajar. **2.** Salir. **3.** Escuchar. **4.** Llegar.

D. 1. Trabaja (usted) mucho. **2.** Pinta (usted) muy bien. **3.** Asiste (usted) a charlas.

E. 1. Lees (*ou* tú lees) el periódico por las mañanas. **2.** Ayudas (*ou* tú ayudas).

F. 1. Vosotros. **2.** Nosotros.

A. 1. Me habla mucho de ustedes. **2.** Trabajo a menudo con él. **3.** Te presento a unos amigos. **4.** ¿Qué desean ustedes? **5.** Para mí, una cerveza y una tapa de calamares.

B. 1. Ustedes. **2.** Ustedes. **3.** Ustedes. **4.** Vosotros. **5.** Vosotros.

C. 1. Y vosotros, ¿qué tal estáis? **2.** ¿Qué tomáis? (*ou* ¿qué tomáis vosotros?) **3.** Así que (vosotros) vivís en Córdoba.

D. 1. Tomáis. **2.** Sois. **3.** Viven, vivís.

E. 1. ¿Por qué no toman (*ou* toman ustedes) una cerveza? **2.** ¿Qué hacen (ustedes)? **3.** Parecen (ustedes) tres viejos.

F. 1. Los niños no toman café. **2.** Llegan los camareros. **3.** Las amigas de Pedro están en el bar.

G. 1. Un compañero está aquí. **2.** El niño vive en Madrid. **3.** La cerveza está en la mesa.

A. 1. Hola, Juan. Me alegro de verte. **2.** ¿Qué haces tú por aquí? **3.** Espero a los niños. Si no te molesta, los esperamos juntos.

4. ¡Claro que no! ¿Cuándo os vais de vacaciones? **5.** Nosotros, a primeros de julio, ¿y tú? **6.** Yo me quedo aquí.

B. 1. Las pasamos en Madrid. **2.** Los mandamos al campo. La espero. **3.** La necesita.

C. 1. Me quedo en Madrid. **2.** Te tomas una cerveza y ella se toma un café. **3.** Os sentáis en aquel bar. **4.** Usted se alegra de ver a Juan. **5.** Nos vamos de vacaciones en julio. **6.** Ustedes se toman una cerveza.

D. 1. Queda. **2.** Sentamos. **3.** Necesita.

E. 1. Y usted, ¿qué toma? **2.** ¿Cuándo se va de vacaciones? **3.** ¿Qué hace usted por aquí?

A. 1. ¿Qué hora es? **2.** Deben de ser las siete porque los empleados están saliendo. **3.** Manolo y José deben de estar a punto de llegar. **4.** Estoy trabajando, y tú ¿qué estás haciendo? **5.** Yo estoy pintando, y usted, ¿qué está usted haciendo? **6.** Yo estoy esperando a los niños.

B. 1. Estáis cerrando la farmacia. **2.** Antonio está llegando al café. **3.** Don Luis está pintando. **4.** Estamos preparando un informe para la empresa. **5.** Están saliendo del trabajo a las siete. **6.** Te estoy esperando aquí.

C. 1. Vosotros estáis esperando a Manolo. **2.** Yo estoy trabajando. **3.** Nosotros estamos preparando el balance. **4.** Y él, ¿qué está haciendo?

D. 1. Estoy pintando. **2.** Estoy escribiendo. **3.** Estoy desayunando.

A. 1. ¿Qué desea usted? **2.** Unos zapatos de tacón bajo. **3.** ¿Qué número gasta usted? **4.** Gasto (*ou* calzo) el 37. **5.** Estos no me gustan. **6.** El color me gusta mucho. **7.** Las sandalias me aprietan un poco. **8.** Estas son de cuero y éstas son de tela.

B. 1. Me gustan los zapatos de tacón alto. **2.** Las sandalias te molestan. **3.** No nos importa. **4.** Le encantan las sandalias de tela.

C. 1. Encantan. **2.** Gusta. **3.** Molestan. **4.** Importa.

D. 1. Le gustan las sandalias de tela. **2.** No les importa. **3.** Le molestan un poco. **4.** Y ustedes, ¿qué número gastan?

E. 1. Te agradan mucho. **2.** Y a vosotros, ¿os gustan? **3.** No tenéis otros modelos. **4.** ¿Qué te parece?

A. 1. ¿Por qué no le pides la bicicleta? **2.** ¿De qué te ríes? **3.** Me riñe. **4.** Sigue teniéndole miedo. **5.** (Ellas) se ríen mucho. **6.** ¿Por qué no me prestas el periódico? **7.** Si mi padre te ve, me va a reñir.

B. 1. Pide. **2.** Seguimos. **3.** Sigue. **4.** Ríe. **5.** Pedimos. **6.** Dice, … dices.

C. 1. Estar. **2.** Jugar. **3.** Pedir. **4.** Dejar. **5.** Seguir. **6.** Tener. **7.** Ser. **8.** Decir. **9.** Reír. **10.** Dar. **11.** Servir. **12.** Prestar. **13.** Salir. **14.** Ver. **15.** Reñir.

D. 1. Nosotros. **2.** Tú. **3.** Vosotros. **4.** Yo.

E. 1. Están jugando en el parque. **2.** Tu hermano es un bruto. **3.** Sus padres están en Segovia. **4.** Somos muy amigos.

A. 1. Voy de compras. **2.** ¿Quieres venir conmigo? **3.** Acabas de invitar a Pablo a cenar. **4.** Tienen de todo. **5.** Estoy preparando la Selectividad. **6.** Por ahora, no puede. **7.** Venimos a cenar. **8.** Quiero ir a las Galerías Inglesas, ustedes pueden venir.

B. 1. Quiere. **2.** Pueden. **3.** Se encuentran. **4.** Juegan. **5.** Tiene. **6.** Viene. **7.** Tienen. **8.** Puedo.

C. 1. ¿Quieren (*ou* quieren ustedes) tomar algo? **2.** No pueden (ustedes) venir. **3.** (ustedes) tienen poco tiempo.

D. 1. Jugáis al póker los lunes. **2.** Y vosotros, ¿qué queréis tomar? **3.** Ya vuelves a las andadas.

E. 1. Está jugando con los niños. **2.** Estoy esperando a Felisa. **3.** Estamos cenando.

A. 1. Voy a comprarme una falda. **2.** Te vistes (*ou* te estás vistiendo) para el verano. **3.** Vamos a la sección juvenil. **4.** Usted se prueba (*ou* se está probando) una falda de lana. **5.** El chaleco le gusta mucho. **6.** El pantalón te sienta de maravilla. **7.** El conjunto de pana me parece demasiado ancho.

B. 1. Teresa **se** prueba unos pantalones vaqueros. **2.** Juan y Cecilia quieren vestir**se** de pies a cabeza. **3.** Usted **se** compra ropa para el invierno. **4.** Y vosotros, ¿**os** vais de compras?

C. 1. Se compra. **2.** Se prueban. **3.** Me voy. **4.** Nos quedamos.

D. 1. Me estoy probando el de lana. **2.** Te estoy esperando desde las dos de la tarde. **3.** Está buscando un conjunto de pana. **4.** Están rebajando la ropa de verano.

E. 1. Vosotras os vais a probar unas faldas. **2.** Ustedes se quedan en casa. **3.** Yo me voy de compras.

A. 1. Voy al parque del Retiro. **2.** Tienes hora en el hospital. **3.** Volvemos a las cinco. **4.** Si pasáis por Sol, me esperáis. **5.** Vienen con nosotros. **6.** Ha quedado con su amigo. **7.** Entras en el Parque.

B. 1. Vamos **a** ver a Juan. **2.** Voy **al** hospital. **3.** ¿**De** dónde venís? **4.** Vuelvo **a** casa de Luis. **5.** ¿Cuándo pasas **por** casa? **6.** Entramos **en** el Parque.

C. 1. Venimos. **2.** Vuelves. **3.** Va. **4.** Entráis. **5.** Paso.

D. 1. Le está explicando cómo ir al Retiro. **2.** Nos estáis esperando en Sol. **3.** ¿Qué estáis haciendo?

E. 1. Gusta. **2.** Encantan. **3.** Importa.

A. 1. Me voy el mes de julio, ¿y tú? **2.** No tengo ni idea. **3.** Vengo de la montaña. **4.** No conozco los Pirineos. **5.** Te doy el número de la agencia de viajes. **6.** Os lo agradezco. **7.** Voy a hacer un periplo por España.

B. 1. Preferir. **2.** Ir. **3.** Ir, salir, venir. **4.** Saber, agradecer. **5.** Querer, dar. **6.** Conocer, vivir. **7.** Tener. **8.** Venir, estar.

C. 1. Voy, vienes. **2.** Doy. **3.** Dice, dices. **4.** Conoce.

D. 1. Te voy a dar el número de teléfono. **2.** Te conozco. **3.** Salgo el cinco de mayo. **4.** No tengo tiempo.

A. 1. ¿Qué tal el fin de semana? **2.** ¿Has estado en casa de amigos? **3.** Se ha quedado en casa. **4.** Usted ha perdido su cartera. **5.** Hemos ido a denunciar el robo a la policía. **6.** Han estado muy amables.

B. 1. He encontrado. **2.** Han sido. **3.** He querido. **4.** Ha pasado. **5.** Has ido.

C. 1. Yo. **2.** Nosotros (*ou* nosotras). **3.** Vosotros (*ou* vosotras).

D. 1. ¿Se ha quedado (usted) en casa? **2.** ¿Han ido (ustedes) a la policía? **3.** Les han robado (a ustedes) la cartera.

E. 1. Y a ti, ¿qué te han robado? **2.** Habéis sido muy simpáticos.

3. ¿Has ido al cine?

F. 1. He estado en casa de Juan. **2. Tenemos** vacaciones en julio. **3.** Usted **ha** ido a la montaña.

 A. 1. ¿Pasas por casa? **2.** No, voy a casa de Felisa. **3.** Tienen que trabajar (*ou* deben trabajar). **4.** Tenéis que cenar en mi casa sin falta. **5.** Tengo mucho trabajo. **6.** Hay libros.

B. 1. Tienes que ver a Alberto *ou* debes ver a Alberto. **2.** Tenemos que cenar *ou* debemos cenar. **3.** Tengo que dejarles una nota *ou* debo dejarles una nota. **4.** Tiene que ir al cine *ou* debe ir al cine.

C. 1. Hay que denunciar el robo. **2.** Hay que estudiar. **3.** Hay que recoger unos libros. **4.** Hay que preparar el examen.

D. 1. He podido. **2.** Hemos estudiado. **3.** Habéis cenado. **4.** Has recogido. **5.** He tenido.

E. 1. No **ha** podido verlos. **2. Tenemos** que ver a Felisa. **3. Tengo** que cenar. **4.** Lo **has** esperado en Sol. **5.** No **ha** pasado por la farmacia.

 A. 1. ¿Puedes prestarme (*ou* me puedes prestar) tu mapa de carreteras? **2.** Voy a verlo (*ou* lo voy a ver). **3.** Estamos viéndolo (*ou* lo estamos viendo). **4.** Tenéis que darlo (*ou* lo tenéis que dar). **5.** Tenéis que dármelo (*ou* me lo tenéis que dar). **6.** Buscan (*ou* están buscando) la agenda desde hace dos horas. **7.** Buscan (*ou* están buscando) la agenda desde esta mañana.

B. 1. La está buscando (*ou* está buscándola). **2.** Me puedes prestar (*ou* puedes prestarme) el mapa. **3.** Los voy a llamar (*ou* voy a llamarlos) por teléfono. **4.** La tenéis que devolver (*ou* tenéis que devolverla).

C. 1. ¿Por qué no **la** cierra? **2. Lo** llaman. **3.** Me **lo** han prestado. **4.** Se ha olvidado de dárnos**la**.

D. 1. Te lo he prestado. **2.** El grifo ha goteado. **3.** Me he olvidado el mapa. **4.** Lo he necesitado el sábado.

E. 1. He tenido que prestárselo a Juan. **2.** Tenemos que ir a buscarlos. **3.** Tiene que darme su número.

 A. 1. ¿A qué hora saldrá el tren? **2.** Te acompañaré a tu casa. **3.** El tren llegará con una hora de retraso. **4.** Como de costumbre, tendrás mucho equipaje. **5.** ¿Crees que les gustará la pintura? **6.** Saldremos a las tres de la madrugada.

B. 1. Yo tendré un coche. **2.** Luis habrá viajado en coche-cama. **3.** Reservaremos literas hasta Madrid. **4.** El compartimento estará completo. **5.** Compraréis un billete de primera. **6.** Saldrás de compras con tu hermana. **7.** No tendré tiempo. **8.** Antonio y tu viajaréis en el coche 24.

C. 1. Llegará. **2.** Estaré. **3.** Tendré. **4.** Saldrás. **5.** Dormiré.

D. 1. Te ha acompañado a la estación. **2.** He llegado a las dos. **3.** Habéis salido el viernes. **4.** Hemos seguido durmiendo. **5.** ¿Lo has llamado?

A. 1. Espero que llegues pronto. **2.** En cuanto lleguéis, le avisaremos. **3.** Cuando Matilde viva en París, iré a verla. **4.** No creo que esté en casa. **5.** Quieres que pasemos a verte. **6.** Es menester que esté en Bruselas antes del lunes. **7.** No creo que vuelva antes.

B. 1. Vuelva. **2.** Estén. **3.** Llegues. **4.** Pasemos.

C. 1. No creo que lleguen a tiempo. **2.** No creo que pasemos a veros. **3.** No creo que tengáis tiempo. **4.** No creo que lo conozcas.

D. 1. Es menester que me avise. **2.** Espero que lleguen a tiempo. **3.** Quiere que vuelva el martes. **4.** No creo que puedan verla.

E. 1. No creo que tengas tiempo. **2.** Espero que paséis a verme. **3.** ¿Quieres acompañarme? **4.** Es menester que lo conozcáis.

A. 1. Aunque el piso esté lejos del centro, me gusta. **2.** A ella le gusta que vayas a verla. **3.** En cuanto sepamos lo que hay que hacer, te avisaremos. **4.** Quiere que esté en una zona tranquila.

B. 1. En cuanto haya pisos para alquilar le avisaré. **2.** En cuanto sea posible lo alquilaremos. **3.** En cuanto podamos alquilaremos uno más grande. **4.** En cuanto tenga tiempo pasará a vernos.

C. 1. Es menester que alquilemos un piso. **2.** Es menester que vaya a la universidad. **3.** Es menester que amuebles el piso. **4.** Es menester que lo consigáis.

D. 1. Aunque esté bien situado, es pequeño. **2.** Aunque sea bonito está demasiado lejos del centro. **3.** Aunque esté en el centro, es muy tranquilo. **4.** Aunque esté amueblado, es barato.

A. 1. A tu padre no le gustaba verte leer. **2.** Lo veía en la barbería. **3.** No tenía nada que hacer. **4.** ¿Qué leías? **5.** Fingíamos enfermedades. **6.** A veces, sonreía sin decir nada. **7.** Tenía libros de Grimm. **8.** Ojeaba los periódicos en la peluquería.

B. 1. Cerrabas el libro. **2.** Te sonreía. **3.** ¿Qué libros había en casa? **4.** Estaba ojeando los periódicos. **5.** Iba a la peluquería. Y tú ¿a dónde ibas?

C. 1. Era, era. **2.** Leía. **3.** Aburríamos.

D. 1. ¿A dónde has ido? **2.** Habéis estado con Juan. **3.** Le ha gustado el libro.

E. 1. Podré. **2.** Has aburrido. **3.** Estaba.

A. 1. Pregúntale a ese agente cómo se va a la Puerta del Sol (*ou* cómo hacer para ir a la Puerta del Sol). **2.** Tomemos por esa calle de enfrente. **3.** Bajad por esa calle. **4.** Al llegar a la plazoleta tome a la derecha. **5.** Digan que les avisen. **6.** Si te pierdes de nuevo, pregunta a un transeúnte.

B. 1. No siga todo recto. **2.** No se apeen en Cibeles. **3.** No bajéis por esta calle. **4.** No tuerzas a la derecha.

C. 1. No tomes el autobús. **2.** No se apeen en Callao. **3.** No me espere en Sol. **4.** No bajéis por esta calle.

D. 1. Irá. **2.** He tomado. **3.** Decías. **4.** Ha preguntado.

E. 1. Estoy esperando el autobús. **2.** Estabas bajando la calle Preciados. **3.** Estará llegando a Cibeles. **4.** Están comprando el periódico.

A. 1. La carretera es tan mala que puede que hayamos pinchado. **2.** No te pares. **3.** No os pongáis nerviosos. **4.** No cierres la portezuela. **5.** No se ensucien.

B. 1. No cambie la rueda. **2.** No cerréis la puerta. **3.** No te pares. **4.** No metan la rueda en el maletero.

C. 1. No conduzca. **2.** No vayáis de prisa. **3.** No sean imprudentes. **4.** No nos paremos aquí.

D. 1. Déjame la llave. **2.** Abra las portezuelas. **3.** Párense aquí. **4.** Ve al garaje.

E. 1. No le des la llave. **2.** No le ayudéis a cambiar la rueda. **3.** No se pare en ese garaje. **4.** No guardes la rueda en el maletero.

A. 1. Querría saber si puedo llevarles mi coche. **2.** ¿Podría usted decirme lo que hay que hacerle? **3.** Le gustaría instalar un autoradio. **4.** ¿Cuánto tiempo echarías en hacerlo? **5.** ¿Podríais venir el martes que viene? **6.** Habría que ocuparse del coche de Juan. **7.** Quiero que le cambie el aceite.

B. 1. Tendría. **2.** Nos ocuparíamos. **3.** Podríais. **4.** Haría.

C. 1. Han dicho que no podrían esperar. **2.** Has dicho que te ocuparías de él. **3.** He dicho que lo dejaría el martes. **4.** Habéis dicho que pasaríais por el taller.

D. 1. Futur. **2.** Conditionnel. **3.** Imparfait.

E. 1. Necesitaba una revisión completa. **2.** Tenía que traerlo antes del lunes. **3.** Iba a recogerlo.

A. 1. Este es el más barato. **2.** En esta tienda hay un gran surtido de mantones. **3.** Este es de seda, ése es de algodón. **4.** ¿Puedes traerme el que está en el escaparate? **5.** Este me gusta más (*ou* prefiero éste). **6.** Le sienta muy bien. **7.** Ahora mismo se lo traigo. **8.** ¿Ha visto usted lo primoroso del bordado?

B. 1. Aquel es de seda. **2.** Esos son de piel. **3.** Aquellas son demasiado anchas. **4.** Esta es muy barata.

C. 1. Este mantón es muy bonito, pero aquel me gusta más. **2.** Prefiero ir a esa tienda porque en ésta no tienen tanto surtido. **3.** Aquel vendedor es más simpático que éste.

D. 1. Podrías. **2.** Traigo. **3.** Estaba.

E. 1. Pruébate ése. **2.** Presentadle aquel. **3.** Miren éste.

A. 1. (Tú) mirabas tan tranquilo los escaparates. **2.** (El) le contestó que no lo había visto. **3.** De repente, la moto se subió a la acera. **4.** Entonces me quitaron el bolso de un tirón. **5.** Usted empezó a gritar. **6.** Al principio creí que iban a atropellar a este joven.

B. 1. Cuando llegaron estos jóvenes les pregunté la hora. **2.** Tú les diste la hora. **3.** Empezamos a atravesar la calle. **4.** Al principio creisteis que os iba a atropellar.

C. 1. (Tú) pensaste que no se subiría a la acera. **2.** Vosotros les disteis las gracias. **3.** Empezamos a gritar. **4.** Pasé por esta calle. **5.** Llegó un poco tarde.

D. 1. Le avisé que pasaríamos. **2.** Le preguntaste si vendría. **3.** Pensasteis que tendríamos mucho equipaje.

E. 1. Dijo que le había robado el bolso. **2.** Dijo que veníais a toda velocidad. **3.** Dijo que empezabas mañana.

A. 1. No fui yo, esta señora está confundida. **2.** Te fuiste tan deprisa que ni siquiera tuve tiempo de hablarte. **3.** No pudimos verle la cara. **4.** Le dijeron que eran inocentes. **5.** No supisteis convencerla. **6.** No hubo modo de hablarle. **7.** Usted quiso contarle lo que ocurrió.

B. 1. Estuvo. **2.** Hiciste. **3.** Tuve. **4.** Fue, robó.

C. 1. Te pusiste a correr. **2.** ¿Le dijo que era inocente? **3.** No quisieron escucharme. **4.** Le dimos el bolso. **5.** No pude hacer nada. **6.** Estuvisteis a punto de convencerla.

D. 1. Le dijiste que saliste corriendo. **2.** Os dijimos que no tuvimos tiempo. **3.** Te dije que no pude alcanzarlo.

E. 1. Passé composé. **2.** Imparfait. **3.** Conditionnel, passé simple.

A. 1. Su lector de CD no es tan bueno como el tuyo. **2.** Pedro me ha preguntado por ti. **3.** Dará el apaño. **4.** Os hemos encargado de las bebidas. **5.** Su salón es tan grande como el nuestro. **6.** Su casa está en obras.

B. 1. Mi lector de CD. **2.** Vuestro salón. **3.** Nuestra casa. **4.** Su casa. **5.** Tus CD.

C. 1. Las nuestras. **2.** La suya. **3.** El tuyo. **4.** La mía. **5.** La nuestra.

D. 1. Encargaremos. **2.** Pueda. **3.** Propusimos. **4.** Han conseguido.

E. 1. ¿Podéis prestarnos vuestros CD? **2.** Tú te encargarás de las bebidas. **3.** ¿Y por qué no en tu casa? Tú tienes un apartamento muy grande.

A. 1. Me hubiera gustado que lo vieras tocar, era como si acariciara las cuerdas. **2.** No queríamos que ustedes se molestaran. **3.** A ella le encantaría la acompañaras. **4.** Si hubierais asistido al concierto, comprenderíais.

B. 1. Estuviera. **2.** Fuera. **3.** Oyeras. **4.** Acompañara. **5.** Hubieras. **6.** Vieran.

C. 1. No quería que te molestaras. **2.** No creía que viniera. **3.** Queríamos que nos acompañarais. **4.** Era una pena que estuviera cansado. **7.** Quería que tocaras un poco más.

D. 1. No has oído hablar de él. **2.** Está dando un concierto en Nîmes. **3.** Tengo que asistir al concierto. **4.** Somos sus amigos.

E. 1. Me encantaría ir al concierto. **2.** Nos han gustado los cantes flamencos. **3.** ¿No os interesa la música? **4.** A ustedes, ¿qué les parece el guitarrista?

A. 1. Llegué al motel al anochecer. **2.** Quería una habitación simple pero sólo quedaba una habitación doble *ou bien* pero no quedaba más que una habitación doble. **3.** Te han propuesto que duermas. **4.** Descontento, usted ha pedido el libro de reclamaciones. **5.** Queríamos que vinieras a vernos.

B. 1. Quieren que los niños **vayan** con ellos. **2.** Es menester que lo **acompañes**. **3.** Le gustó que **volvieras**. **4.** Te dirá que te **quedes**. **5.** Me gustaría que me **prestaras** tu libro. **6.** No quiero que te **vayas**. **7.** Será menester que **vuelvas** pronto. **8.** Le dije que nos **llamara** a las ocho.

C. 1. No me gustaba que fueras imprudente. **2.** Quería que le contestaras. **3.** Les había propuesto que durmieran en la habitación doble. **4.** Os aconsejaba que aceptarais. **5.** Le decía que volviera.

D. 1. Quiero que me dé el libro de reclamaciones. **2.** Te proponía que lo acompañaras. **3.** Nos encantaría que os quedarais a dormir. **4.** No le gustaría que lo molestaras. **5.** Te desearía que tuvieras mucha suerte.

A. 1. Este es nuestro trigésimo encuentro. Lo aprovechas para felicitarlo. **2.** Estas lecciones deben proporcionaros lo indispensable del español. **3.** Podemos volver atrás de vez en cuando. **4.** Se da cuenta de que ha comprendido todas las lecciones. **5.** Ella ha trabado conocimiento contigo. **6.** Tú le pides un favor. **7.** Ustedes intentan comprender el texto español.

B. 1. Pidió. **2.** Preguntaste. **3.** Pregunto. **4.** Preguntan.

C. 1. de. **2.** de que. **3.** de. **4.** de que. **5.** de que.

D. 1. Le pedía que intentara comprender directamente el texto español. **2.** Te aconsejaba que verificaras su contenido. **3.** Quería que volvieras atrás de vez en cuando. **4.** Era menester que profundizara sus conocimientos.

E. 1. Has trabado. **2.** Ha dado. **3.** Intentaré. **4.** Vacilabas.

A. 1. Antes de salir para Madrid, debes ir al Consulado. **2.** Dígame cuáles son los trámites que hay que hacer. **3.** Es menester que solicitemos un permiso. **4.** Será menester (necesario) que nos entreguéis una copia. **5.** No pongan esa cara. **6.** Necesitaré un certificado. **7.** Era indispensable que le hablara. **8.** El permiso es diferente según lo que vayas a hacer.

B. 1. Des. **2.** Solicitaras. **3.** Fuera. **4.** Entregue.

C. 1. Es. **2.** Fue. **3.** Es. **4.** Era.

D. 1. Era (fue) preciso que le dijeras lo que ibas a hacer. **2.** Es menester que solicites un permiso.

E. 1. Tuvisteis que volver al día siguiente. Fue necesario que volvierais al día siguiente. **2.** Tendrás que entregar una copia. Será necesario que entregues una copia. **3.** Tenemos que ir a Madrid. Es necesario que vayamos a Madrid. **4.** Tenéis que acompañar a Amélie. Es necesario que acompañéis a Amélie.

A. 1. Aún (*ou* todavía) no ha recibido el visado. **2.** El autocar tarda tanto como el tren. **3.** El viaje en tren es tan cansado como el viaje en autocar. **4.** El avión es más caro que el tren. **5.** El autocar cuesta menos caro (*ou* más barato) que el tren. **6.** Es el viaje más agradable. **7.** Es el menos confortable y es el más caro.

B. 1. Tantas … como. **2.** Más … que. **3.** Menos … que. **4.** Tan … como.

C. 1. El más incómodo. El autobús que es más incómodo. El que más incómodo es. **2.** Los más agradables. Los viajes que son más agradables. Los que más agradables son. **3.** El menos seguro. El coche que menos seguro es. El que menos seguro es. **4.** El menos peligroso. El barco que es menos peligroso. El que menos peligroso es.

D. 1. ¿Cómo se va usted a ir? **2.** ¿Y por qué no toman ustedes el tren? **3.** Puede usted levantarse de vez en cuando.

E. 1. ¿No has recibido el permiso? **2.** A vosotros os cuesta menos. **3.** En autobús, te agotarás mucho.

A. 1. Madrid, tres de febrero de dos mil siete. **2.** Muy señor mío: El le ruega que le reserve tres habitaciones con baño para el treinta de septiembre. **3.** Te gustaría que la habitación fuera lo más tranquila posible. **4.** Tenemos la intención de quedarnos quince días (*ou* es nuestra intención quedarnos quince días). **5.** Usted llega el once de diciembre y se queda hasta el cuatro de enero. **6.** ¿Para cuando quiere la habitación? **7.** ¿Puedes decirme el precio? **8.** Sesenta Euros por noche, desayuno incluido.

B. Tres. Nueve. Siete. Seis. Once. Trece. Quince. Diez y ocho (*ou* dieciocho). Diez y nueve (*ou* diecinueve). Veintidós. Treinta y cuatro. Sesenta. Setenta. Noventa y ocho. Ciento cincuenta y tres. Quinientos noventa y tres. Setecientos ochenta y cuatro. Novecientos.

C. Lunes, diez de febrero de mil novecientos veintitrés. Viernes, quince de abril de mil novecientos cincuenta y cinco. Sábado veintinueve de junio de mil novecientos ochenta y seis. Domingo nueve de diciembre de dos mil siete.

D. 1. Me gusta que la habitación sea tranquila. **2.** Le aconsejó que se quedara hasta el 28. **3.** ¿Quieres que lo llamemos por teléfono? **4.** Le rogaste que te reservara una habitación.

E. 1. Pensaba. **2.** Querrás. **3.** Hemos alquilado. **4.** Puede.

A. 1. Hay que reservar los asientos. **2.** Puede usted cenar en el Talgo. **3.** El Puerta del Sol tiene literas. **4.** Preferimos viajar en compartimentos para no fumadores. **5.** Tiene amigos en Madrid. **6.** Hay trenes más rápidos que otros. **7.** Tienes muchos amigos en París. **8.** Tienen bastante tiempo.

B. 1. Hay muchos trenes. Hay bastantes trenes. Hay pocos trenes. **2.** Viajamos bastante. Viajamos mucho. Viajamos demasiado. **3.** Hacéis muchos viajes. Hacéis bastantes viajes. Hacéis pocos viajes.

C. 1. Muchos. **2.** Mucha. **3.** Bastantes.

D. 1. Está comprando. **2.** Estáis viajando. **3.** Estaremos cruzando. **4.** Estábamos desayunando.

E. 1. Usted. **2.** Vosotros. **3.** Ustedes. **4.** Tú.

A. 1. ¿Llevas tabaco o alcohol? **2.** Sí, pero es para mi uso personal. **3.** No es preciso (*ou* necesario) que lo declares en la aduana. **4.** ¿Dónde está su equipaje? **5.** Tu bolso de viaje está aquí, ¿y el mío? **6.** Está allí. **7.** Este bolso es para ti. **8.** Venid conmigo. **9.** A nosotros nos gusta mucho viajar.

B. 1. A ti te parece más conveniente. **2.** Quieres viajar conmigo. **3.** Siempre me habla de vosotros. **4.** Este bolso es para nosotros.

C. 1. Ahí. **2.** Allí. **3.** Ahí.

D. 1. A mí me parece poco equipaje. **2.** A usted le ha gustado mucho. **3.** A nosotros nos encantaría vivir aquí. **4.** A ti no te molesta.

E. 1. Llevaba. **2.** Enseñé. **3.** Tendrás. **4.** Han registrado.

A. 1. Llegamos a eso de las once. **2.** Dale la dirección al taxista, él te llevará. **3.** Os habéis equivocado. **4.** Aunque su habitación no esté arreglada, puede dejar su equipaje. **5.** Aunque es taxista, no conoce la ciudad. **6.** A pesar de todo, te has equivocado. **7.** Por muy clara que sea, no me gusta.

B. 1. Aunque no tiene (*ou* tenga) pasaporte, le relleno la ficha. **2.** Por muy clara que sea no me gusta. **3.** A pesar del ruido (*ou* a pesar de que hay ruido), me quedo.

C. 1. A pesar de. **2.** Aunque. **3.** Por ... que. **4.** A pesar de. **5.** Aunque.

D. 1. Aunque fuera temprano, iría al hotel. **2.** Aunque hubiera ruido se quedarían. **3.** Aunque no rellenaras la ficha, tendrías que dejar el pasaporte.

E. 1. A él no le importa. **2.** Rellénela por favor. **3.** Las dejamos en la habitación.

A. 1. Querría saber si el Prado está abierto. **2.** Te aconsejo que te lleves tu carnet de estudiante. **3.** Me han dicho que ibas a pasearte. **4.** No voy a pasearme sino a visitar un museo. **5.** No vivíamos en Madrid sino en Sevilla. **6.** Si usted fuera estudiante, no pagaría (*ou* no tendría que pagar). **7.** Es estudiante, pero no tiene su carnet. **8.** Basta con que tú me lo digas.

B. 1. No es una molestia sino un placer. **2.** No soy español sino argentino. **3.** No tenemos hambre sino sed. **4.** No le entregas el pasaporte sino el carnet de estudiante.

C. 1. Pero. **2.** Pero. **3.** Pero. **4.** Sino.

D. 1. No se moleste (usted). **2.** ¿Saben ustedes cuánto cuesta la entrada? **3.** Si fuera (usted) española, no le costaría nada.

E. 1. Perdona, ¿me puedes decir dónde está el Prado? **2.** ¿Queréis que os acompañe? **3.** Basta con que me indiques cómo ir.

A. 1. Los museos abren todos los días salvo (*ou* menos, *ou* excepto) los martes. **2.** Han alquilado uno de esos teléfonos portátiles.

3. Mide cerca de (*ou* de unos) ciento cincuenta metros de longitud. **4.** No te preocupes, Pablo y yo te acompañaremos. **5.** Me han dicho que *Las Meninas* estaban en el primer piso. **6.** Uno no lo puede hacer todo. **7.** Después de esto, iremos a ver los cuadros de Goya.

B. 1. Visita. **2.** Podían. **3.** Expondrán. **4.** Habló. **5.** Alquilan.

C. 1. Abren. **2.** Hablan. **3.** Venden. **4.** Alquilan.

D. 1. Dice que le presta su cacharro. **2.** Dice que no puede dejar de verlo. **3.** Dice que no sabe por qué pintan.

E. 1. Subir. **2.** Ser. **3.** Ir.

A. 1. El Emperador Carlos V fue un gran protector de las Artes. **2.** Goya, cuyas obras están expuestas en el Prado, fue también pintor de la Corte. **3.** Estas obras constituyen el patrimonio del museo. **4.** Las iglesias estaban, a veces, ornadas (*ou* adornadas) con exceso.

B. 1. Es un gran taller. **2.** Es una gran estancia. **3.** Es un gran museo. **4.** Es una gran ciudad. **5.** Son unos grandes talleres. **6.** Son unas grandes estancias.

C. 1. Cuyos. **2.** Cuyo. **3.** Cuya.

D. 1. Se quedará. **2.** Nos vemos. **3.** Se perdió.

E. 1. Es menester que lo veas. **2.** Es preciso que le hables. **3.** Es necesario que vayas. **4.** Es indispensable que le avises.

A. 1. Voy al banco para abrir una cuenta. **2.** ¿Qué te trae por aquí? **3.** Se lo dice (*ou* dijo). **4.** Te lo envíamos. **5.** Ustedes se lo llevarán. **6.** Hay que abrir una cuenta para hacer una transferencia. **7.** Le pides que te acompañe.

B. 1. Juan se la presta. **2.** El hombre se los da. **3.** Amélie se la pregunta. **4.** El anciano se lo manda.

C. 1. Te pidió que lo acompañaras. **2.** Te pregunta dónde está el banco. **3.** Me preguntará si puede abrir una cuenta. **4.** Os he pedido que me ayudarais.

D. 1. Cuyos. **2.** Cuyas. **3.** Cuyas. **4.** Cuyos.

E. 1. Le pedí que me enviara dinero. **2.** Os pregunto dónde está el banco. **3.** Nos pediste nuestra documentación. **4.** Te preguntan tu número de cuenta.

A. 1. Querría (*ou* le gustaría) abrir una cuenta corriente para no residentes. **2.** En esa cuenta usted puede hacer ingresos sólo en divisas (*ou* no puede hacer ingresos más que en divisas, *ou* no puede hacer ingresos sino en divisas). **3.** Sólo puedes utilizar una tarjeta de crédito (*ou* no puedes utilizar más que una tarjeta de crédito, *ou* no puedes utilizar sino una tarjeta de crédito). **4.** Sólo la admitirán en los grandes almacenes (*ou* no la admitirán más que en los grandes almacenes, *ou* no la admitirán sino en los grandes almacenes). **5.** Se ha llevado su talonario de cheques consigo. **6.** ¿Puedes decirme a cómo está el dòlar?

B. 1. No cambió más que mil dolares. **2.** No visitó sino Madrid. **3.** Sólo le entregó monedas.

C. 1. Con él. **2.** Consigo. **3.** Con él.

D. 1. Préstamela. **2.** La hemos visto. **3.** Puede perderlo (*ou* lo puede perder). **4.** No los aceptan.

E. 1. Se la admitirán. **2.** Se la dio. **3.** Se la has abierto.

A. 1. Vine (*ou* he venido) a España para perfeccionar lo aprendido. **2.** Habías de meterte en el ambiente. **3.** Lo más razonable es ir a Madrid. **4.** Teníamos dónde escoger. **5.** Aunque le habíamos aconsejado que fuera a Granada, ha preferido ir a Madrid. **6.** Lo que le interesa son los viajes.

B. 1. Me gustaría encontrar lo que he perdido. **2.** Quiero acabar lo que he empezado. **3.** Pienso asumir lo que he hecho. **4.** Necesito rectificar lo que he dicho.

C. 1. La, la. **2.** La. **3.** Ø, Ø, Ø.

D. 1. Tenían ustedes dónde escoger. **2.** ¿Por qué vienen ustedes a Madrid? **3.** ¿Irá usted a la Universidad? **4.** ¿Fueron ustedes a México?

E. 1. ¿Te ha gustado Madrid? **2.** Vosotros escogisteis España por razones prácticas. **3.** Y a vosotros, ¿no os interesaba ir a Castilla? **4.** ¿Eres estudiante?

A. 1. Repaso (*ou* estoy repasando) las estructuras aprendidas la semana pasada. **2.** Habla muy de prisa (*ou* muy rápido). **3.** ¿Qué significa (*ou* qué quiere decir) remedio? **4.** ¿Qué es esto (*ou* eso, *ou* aquello)? **5.** ¿Cómo reaccionó (*ou* ha reaccionado) usted? **6.** Así sabrás cómo se llama eso (*ou* esto, *ou* aquello).

B. 1. Esto es un periódico. **2.** Eso es una computadora. **3.** Aquello son maletas. **4.** Eso es una tarjeta. **5.** Esto es un ejercicio.

C. 1. Eso. **2.** Aquello. **3.** Esto. **4.** Eso.

D. 1. Habló. **2.** Has comprendido. **3.** Leíamos. **4.** Sé.

E. 1. Estabas señalando un objeto. **2.** Estará leyendo el periódico. **3.** Estáis hablando con él. **4.** Le están preguntando lo que significa.

A. 1. Los ministros de la C.E.E. esperan acabar con (*ou* erradicar) las lluvias ácidas. **2.** Quiere reducir considerablemente la contaminación. **3.** Francia e Italia formularán reservas. **4.** España deberá gastar siete u ocho millones. **5.** Dinamarca y Portugal han retrasado su decisión pues (*ou* porque) consideran (*ou* estiman) que las concesiones son excesivas.

B. 1. Lentamente. **2.** Maravillosamente. **3.** Sistemáticamente. **4.** Definitivamente.

C. 1. Habrá. **2.** Tuvo. **3.** Es, tomen. **4.** Formulaban.

D. 1. Es un problema importante. **2.** Han demorado su aceptación. **3.** Portugal e Italia pidieron una semana para reflexionar. **4.** Las consecuencias son previsibles.

E. 1. Se pretende reducir la contaminación. **2.** Se reducirán las lluvias ácidas. **3.** Se erradicarán las emisiones en la atmósfera de dióxido de azufre.

A. 1. Amélie se encuentra con Pepi al salir de la clase. **2.** ¿Qué hacéis por aquí? **3.** Acabo de ver a Juan. **4.** Te invito a un café. **5.** A mí, me gustaría mucho, pero me da apuro. **6.** Esas cosas le gustan mucho a Carlos. **7.** Gracias, hoy por ti, mañana por mí.

B. 1. Le. **2.** Te. **3.** Vosotros (as). **4.** Nos. **5.** Le.

C. 1. A ellos no les gustó nada. **2.** A nosotros (as) no nos pareció muy buena. **3.** A ustedes les apetece dar un paseo.

D. 1. Dio. **2.** Apetecerá. **3.** Ha gustado. **4.** Encantaría.

E. 1. Me gustaría que vinieran. **2.** Le encantan las fiestas. **3.** Nos apetecía tomarnos algo. **4.** ¿Te agradaron los libros?

A. 1. ¿Deseas tomar un aperitivo? **2.** ¿Han escogido ustedes el menú? **3.** De primero, sírvame una ensalada. **4.** ¿Quieres tomar

437

postre? ¿Te gustan las fresas? **5.** ¿Queréis cenar con nosotros? **6.** Aquí tienen la carta.

B. 1. Fue nuestro tercer encuentro. **2.** Lo dijo por primera vez. **3.** El quinto día vi a Pedro. **4.** Al cuarto mes se fue.

C. 1. ¿Las has probado? **2.** ¿Se lo comió? **3.** Las he preparado. **4.** Iremos al cine con ellos. **5.** Sírvanoslo.

D. 1. Estuve con ellos. **2.** No puedo cenar con vosotros. **3.** ¿Te ha gustado la ensalada de lechuga? **4.** ¿Fuisteis a verlos con Luis?

E. 1. Desearán. **2.** Tuvimos. **3.** Han tomado. **4.** Traiga.

 A. 1. No sé qué ofrecerle. **2.** ¿Se te ocurren ideas de regalos? **3.** A menos de comprar mucho, no habrá bastante. **4.** Estamos perplejos, estáis un poco inquietos. **5.** Le pido que compre un regalo. **6.** Se ruega a los clientes que presenten sus bolsos a la entrada. **7.** (Usted) acabó por comprar flores.

B. 1. Quería, regalaras. **2.** Pedirá, ayudes. **3.** Dijo, fuera. **4.** Ha rogado, presente (*ou* presentara). **5.** Querría, hablaras.

C. 1. Quiero que me expliques eso. **2.** Quiero que me esperéis. **3.** Quiero que no vayáis a comprar flores. **4.** Quiero que lo escuchen.

D. 1. ¡No me diga lo que significa! **2.** ¡No me enseñéis los regalos! **3.** ¡No le compren CD! **4.** ¡No escuches lo que dice! **5.** ¡No me des un cigarrillo!

 A. 1. ¡Feliz cumpleaños! **2.** Va a presentarme a sus amigos. **3.** Te lo pasas bien. **4.** ¿Le has preguntado cómo se llama? **5.** Sí, se lo he preguntado. **6.** ¿Quién es? Es el que tiene el pelo lacio. **7.** La de la falda azul se llama Pili.

B. 1. La que tiene el pelo rizado. **2.** Los que viven en Madrid. **3.** Las que trabajan en la cafetería. **4.** El que tiene barba.

C. 1. Sí, se lo he dicho. **2.** Sí, se lo he dado. **3.** Sí, se lo he explicado.

D. 1. Presentaste. **2.** Sabía. **3.** Será. **4.** Ha estudiado.

E. 1. Le está presentando a su amiga. **2.** Estuviste estudiando con ellos. **3.** Estaba hablando con Amélie. **4.** La estarán felicitando por su cumpleaños.

 A. 1. Majadahonda, buhardilla, baño, cocina, sesenta m², ocho cientos Euros. **2.** Sigue siendo demasiado pequeño. **3.** Apartamento, veinticinco m², seiscientos euros. **4.** Tampoco me gusta. **5.** Tienes que hacerte una idea de los precios. **6.** No ha entendido ni jota. **7.** Sigue sin gustarnos.

B. 1. Seguimos comiendo. **2.** Seguiste montando. **3.** Seguiréis durmiendo. **4.** He seguido viéndolo.

C. 1. Nunca lo he visto. **2.** Este piso nunca ha sido ocupado. **3.** Nada le dijo. **4.** Nada compraste.

D. 1. Sigo. **2.** Te quedaste. **3.** Entenderán. **4.** Se creían.

E. 1. A nosotros nos pareció estupendo. **2.** No la hagas soñar despierta. **3.** ¿Queréis alquilar un piso? **4.** ¡Ayúdenos!

A. 1. Aprovechas las fiestas para ir a la sierra. **2.** Con llevarnos un infiernillo, asunto resuelto. **3.** A usted le duele la espalda. **4.** Tenemos los brazos molidos. **5.** ¿Podéis prestarnos vuestra tienda? **6.** Mejor sería comprar cosas frescas (*ou* mejor es … *ou* más vale …). **7.** No te digo cómo tendré la espalda al cabo de tres días de camping.

B. 1. Con prestarme dinero me sacas de apuros. **2.** Con dejarla tres minutos, será suficiente. **3.** Con comprarnos un saco de dormir, se acabaron los problemas. **4.** Con levantarnos a las diez, habremos descansado bastante.

C. 1. He visto a Manolo. **2.** He visto el perro de Manolo. **3.** He comprado un saco de dormir a Amélie. **4.** Voy a acampar en la sierra. **5.** Vinieron a comprar un infiernillo. **6.** Fueron a un camping municipal.

D. 1. ¿Le ha pedido usted el suyo a Manolo? **2.** ¡Aprovecha usted el puente para ir de camping! **3.** ¿Se van ustedes de camping? **4.** Necesitan ustedes una tienda de campaña.

E. 1. Habéis intimado mucho. **2.** ¿Dormirás en el suelo? **3.** ¿Quieres que te preste el mío? **4.** ¿Compraréis cosas frescas?

A. 1. Es una tienda de dos plazas. **2.** Está prohibido hacer camping salvaje. **3.** Hay que llevar una tienda que pese poco. **4.** Tenemos que pedir permiso. **5.** Te está tomando el pelo. **6.** Es suyo. **7.** Es preferible llevarse el infiernillo. **8.** Las serpientes son venenosas.

B. 1. Es. **2.** Está. **3.** Es. **4.** Somos. **5.** Es.

C. 1. Eran. **2.** Será. **3.** Sería. **4.** Fue. **5.** Ha sido.

D. 1. Tenéis que llevaros un colchón. Es necesario que os llevéis un colchón. **2.** Juan tiene que comprarse un macuto. Es necesario que Juan se compre un macuto. **3.** Tenemos que darnos prisa. Es necesario que nos demos prisa. **4.** Tengo que pedir una autorización. Es necesario que pida una autorización.

A. 1. ¿Cuándo vienes? **2.** ¿Qué deseáis? **3.** ¿Cuánto tiempo te vas a quedar? **4.** ¿Cómo se dice? **5.** Queremos éste. ¿Cuál? **6.** Queremos éstos. ¿Cuáles? **7.** ¿Cuántas manzanas quiere? **8.** ¿Por qué compras melocotones?

B. 1. Cuántos. **2.** Cuáles. **3.** Quién. **4.** Qué. **5.** Cómo.

C. 1. ¿Cuál le apetece? **2.** ¿Cuándo viene? **3.** ¿Quién es? **4.** ¿Cómo lo prepara?

D. 1. Es la verdulera. **2.** ¿A cómo están los tomates? **3.** Estamos en el mercado. **4.** Está pregonando.

E. 1. Dio. **2.** Estaba. **3.** Has visto.

A. 1. Están en el cuartel de la Guardia Civil. **2.** El Consulado francés está en Madrid. **3.** Usted está disgustado. **4.** Estáis contentos. **5.** Tienes que llamar a cobro revertido. **6.** ¿Dónde estamos? **7.** Escríbeme a Lista de Correos. **8.** Le entrego una copia de la declaración.

B. 1. Están. **2.** Soy. **3.** Estaba. **4.** Estuvimos. **5.** Está.

C. 1. Estaba. **2.** Estará. **3.** Estuvieron. **4.** Han estado. **5.** Estaríais.

D. 1. ¡Mándemelo! **2.** ¿Le ocurre algo? **3.** ¿Por qué llaman ustedes a estas horas? **4.** ¿Dónde está usted?

E. 1. Pasa a la cabina n° 8. **2.** ¿Habéis tenido un accidente? **3.** Te llamaré esta noche.

A. 1. Has recibido una carta de la oficina de Objetos Perdidos. **2.** ¿Dónde está la oficina? **3.** Un objeto de su pertenencia se encuentra allí depositado. **4.** Comprueben el contenido de los bolsos. **5.** Delante de nosotros había una mujer. **6.** Cerca de ella había un bolso. **7.** No falta nada.

B. 1. Vacía el bolso **ante ella**. **2.** El empleado está **frente a Amélie**. **3.** El bolso está **tras el puesto**.

C. 1. No, está delante. **2.** No, está dentro. **3.** No, está abajo. **4.** No, está cerca.

D. 1. Hemos recibido una carta. **2.** El hombre está junto al mostrador. **3.** Están firmando el recibo.

E. 1. Aparté. **2.** Han informado. **3.** Faltaba.

A. 1. Tu padre acaba de recibir una carta de su amigo. **2.** Ve al grano; dinos la fecha de tu llegada. **3.** Ven en cuanto antes. **4.** Cuando podamos, iremos a verlos. **5.** En cuanto sepan si pueden venir, nos lo comunicarán. **6.** Y ahora, verás que, conforme pasa el tiempo, dominarás cada vez mejor el español.

B. 1. Di cuando vienes. **2.** Pon este paquete en el armario. **3.** Sal y compra el billete. **4.** Ven en cuanto recibas la carta. **5.** Ten paciencia y ven cuando puedas.

C. De agosto. Querido. Invito a. En. Cuando. En cuanto. Sepas puedes. Dímelo. Un abrazo. Pronto.

D. 1. Subía, iba. **2.** Alegraron. **3.** Han invitado. **4.** Iría, tuviera.

E. 1. No vengas mañana. **2.** No reserve (usted) dos billetes. **3.** No aviséis.

A. 1. Le agradezco su invitación que acepto encantada. **2.** Con tal de que haya billetes, iré a verlo. **3.** ¿Sabe que por poco me tengo que quedar sin veraneo? **4.** He perdido mi billete de avión. **5.** Gracias a Dios, todo acabó por arreglarse. **6.** A no ser por la pescadera, hoy tendría que quedarme aquí.

B. 1. Con tal de que haya billetes, estaré mañana en el aeropuerto. **2.** Con tal de que tenga tiempo, pasaré a visitarte. **3.** Con tal de que vengas pronto, podremos ir al centro.

C. 1. Decía que te esperaba en el aeropuerto. **2.** Juan quería que aceptara la invitación. **3.** Sebastián no creía que Amélie viniera. **4.** Era posible que fuera a verlos.

D. 1. Ha dado. **2.** Aceptarás. **3.** Tienen. **4.** Llevabais.

E. 1. Lunes, diez de febrero de dos mil siete . **2.** Domingo seis de marzo de mil novecientos setenta y cinco. **3.** Viernes, veintisiete de abril de mil novecientos cincuenta y tres. **4.** Miércoles, treinta y uno de agosto de mil novecientos sesenta y ocho.

A. 1. Pasado mañana iré a Tenerife. **2.** ¿Me puedes decir las horas de salida y de llegada de los vuelos? **3.** El primer vuelo sale a las ocho y cuarto y llega a las diez y media; es un vuelo directo. **4.** El segundo vuelo sale a la una y media de la tarde y llega a las siete menos cinco; hace escala en Sevilla. **5.** ¿Cuánto cuesta el billete? La ida y vuelta vale 342 Euros. **6.** Puedes tomar un vuelo nocturno que no cuesta tanto.

B. 1. Son las seis y veinte. **2.** Son las cinco y diez. **3.** Son las cuatro y cuarto. **4.** Son las cuatro menos cuarto. **5.** Son las diez menos veinticinco.

C. 1. ¿Me puedes decir el precio y los horarios de los vuelos? **2.** Toma un vuelo nocturno, te costará más barato. **3.** ¿Prefieres viajar en clase turista o en primera clase? **4.** ¿Puedes enseñarme tu pasaporte? **5.** Si tomas este vuelo, llegarás a las seis de la tarde.

D. 1. Viajaré con él. **2.** Los espero. **3.** Tómelo usted. **4.** Prefieres esperarlo.

A. 1. Es al fondo del pasillo a mano derecha, ventanilla 13. **2.** Había unas treinta personas. **3.** ¿Has preguntado quién era el último? **4.** Vamos a comprar sellos. **5.** Erais más o menos una quincena. **6.** He ido a Lista de Correos. **7.** ¿Cuánto tiempo tardará una carta urgente?

B. 1. ¡Ojalá no haya mucha gente! **2.** ¡Ojalá tengas tiempo! **3.** ¡Ojalá encuentren el bolso! **4.** ¡Ojalá vaya a verlo! **5.** ¡Ojalá puedas ir al cine!

C. 1. Llegué más o menos a las tres. **2.** Te esperamos unos diez minutos. **3.** Son más o menos veinte.

D. 1. ¿Dónde está la ventanilla 11? **2.** Están en el pasillo. **3.** Estás atendiendo a Amélie. **4.** Somos sus amigos.

E. 1. Me gustaría que lo comprara. **2.** Fue menester que esperara un poco. **3.** Quiero que le venda un sello. **4.** ¿Le has dicho que te lo dé?

A. 1. ¿Te lo doy todo en billetes de diez Euros? **2.** (Usted) puede poner un telegrama. **3.** Leía los letreros que estaban encima de las ventanillas. **4.** Ahí es donde encontraréis Lista de Correos. **5.** Rellenen este impreso. **6.** Aquí tiene la vuelta. **7.** Hay que escribir con letras mayúsculas.

B. 1. Aquí es donde se firma. **2.** Ayer fue cuando le envié una carta. **3.** Ahí fue donde lo vi. **4.** Así es como lo hago. **5.** Allí es donde vivo. **6.** Mañana será cuando se lo diré.

C. 1. Mañana será cuando me iré. **2.** Ayer fue cuando volvió. **3.** Hoy es cuando se lo digo. **4.** Mañana será cuando lo veas.

D. 1. Me lo puedes decir. **2.** Tienes un giro. **3.** Firma aquí. **4.** Te presentará el cuaderno para firmar.

A. 1. La población reaccionaba como si no hubiera recibido nunca influencia exterior. **2.** Algunos consideran las Islas Canarias como un fragmento de la Atlántida. **3.** Se ha demostrado la falsedad de dicha teoría. **4.** Aunque la temperatura es benigna, algunas cumbres están cubiertas de nieve. **5.** Se cría la cochinilla de la que se extrae un colorante.

B. 1. Que. **2.** A las que. **3.** A los que. **4.** A quien.

C. 1. El hombre al que viste era amigo suyo. **2.** El niño al que esperaba no vino. **3.** Una chica a quien debes conocer. **4.** El cliente al que debes atender está esperando.

D. 1. A usted le encantará descubrir estas islas. **2.** A nosotros nos pareció maravilloso. **3.** ¿Y a ti te ha gustado? **4.** A Amélie no le importa.

E. 1. Encuentran, ha podido. **2.** Utiliza, se extrae.

A. 1. Amélie y sus amigos llegan al barco una hora antes de zarpar. **2.** En cuanto el barco zarpó, Amélie se mareó. **3.** Démonos prisa si queremos llegar a tiempo. **4.** Mientras voy a buscar pastillas contra el mareo, vas a la proa a que te dé el aire.

B. 1. ¡Démonos prisa! **2.** ¡Vayámonos a la proa! **3.** ¡Tomaos estas pastillas! **4.** ¡Apoyaos en la borda para sacar la foto!

C. 1. La falta de aire no hace sino aumentar el mareo. **2.** El exceso de equipaje no hace sino molestar a don Sebastián. **3.** Amélie no hace sino telefonear a su padre.

D. 1. ¿No se encuentra usted bien? **2.** ¡Verá usted lo bonitas que son! **3.** ¡Dense prisa!

E. 1. ¡Estás lívida! **2.** ¡Habéis olvidado una maleta! **3.** ¡Meteos en el camarote!

A. 1. Amélie, en Francia, va a ver a un homeópata. **2.** Contra los golpes le receta **Arníca**. **3.** Usted ha recibido un porrazo serio, (ou un señor porrazo) pero esto no tiene la menor importancia. **4.** ¿Quieren ustedes que les haga unas radios? **5.** Luego desinfectaremos la herida. **6.** Me parece que nada hay roto.

B. Mi niñito. Mi casita. Mi cochecito. Mi blusita. Mi mujercita. Mi librito. Mi barquito. Mi faldita.

C. El médico es un **hombrón**. El hospital está instalado en una **casona**. La enfermera es una **mujerona**.

D. 1. Quiere que andes un poco. **2.** Quiere que vayas al hospital. **3.** Quiere que lleves cuidado.

E. 1. Quiere que te sientes en esa silla. **2.** Quiere que te vistas. **3.** Quiere que te pongas esta inyección.

A. 1. Irá a la de por la tarde. **2.** He insistido tanto que acabó por acompañarme. **3.** (Usted) ya sabe que a mí no me gustan las corridas. **4.** Estoy segura de que nunca has visto algo parecido. **5.** Habéis cambiado de opinión tras haber visto una corrida. **6.** Encontré a Juan cuando (él) estaba comprando las entradas para la corrida del 9. **7.** No ha dicho nada durante todo el espectáculo. **8.** No me creerás pero me ha gustado.

B. 1. Durante. **2.** Mientras. **3.** Mientras. **4.** Durante.

C. 1. Nunca hubieras sospechado lo bonito que es. **2.** Nunca fui a los toros. **3.** Nunca me gustaron las corridas. **4.** Nunca había visto un ambiente más cálido.

D. 1. Dice que acompaña a Juan a los toros. Dijo que acompañaba a Juan a los toros. **2.** Dice que está en la plaza de toros. Dijo que estaba en la plaza de toros. **3.** Dice que las corridas son un espectáculo fabuloso. Dijo que las corridas eran un espectáculo fabuloso.

A. 1. Todos los espectadores permanecerán sentados durante la lidia. **2.** Está prohibido (*ou* queda prohibido) saltar al ruedo. **3.** Sólo serán admitidas las cuadrillas en el ruedo. **4.** Está prohibido (*ou* queda prohibido) lanzar objetos al ruedo. **5.** El espectador que durante la lidia arroje un objeto al ruedo se verá condenado a una multa.

B. 1. No está permitido permanecer en los pasillos. **2.** Está prohibido permanecer de pie. **3.** Está prohibido fumar.

C. 1. El torero salió por la puerta principal. **2.** Pensaba en vosotros. **3.** Estaba seguro de que triunfaría.

D. 1. Se multaría al que arrojara almohadillas al ruedo. **2.** Se expulsaría al que interrumpiera la lidia. **3.** Se prohibiría la entrada al que ofendiera la moral.

E. 1. No se multarán sino a los infractores. **2.** No se admitirá sino al personal de las cuadrillas. **3.** No se prohibe sino proferir insultos.

A. 1. Pon tres cucharadas de aceite en una sartén. **2.** Añade dos huevos y déjalos freír. **3.** Añade una pizca de sal. **4.** Se comen en cazuela de barro. **5.** Revuélvelo todo antes de añadir un vasito de agua.

B. 1. Si no le gusta cocinar, le gusta comer. **2.** Si no lo hago, lo sé hacer. **3.** Si no apuntó la receta, se acordó perfectamente de todo.

C. 1. Ponga dos cucharadas de aceite a calentar. **2.** Deje freír los ajos hasta que se doren. **3.** Bata dos huevos. **4.** Añada una pizca de sal. **5.** Acuérdese de la receta.

D. 1. Hay que poner aceite en la sartén. **2.** Mete el pescado en el frigorífico. **3.** Poned los libros en la mesa. **4.** Metan la ropa en la maleta.

E. 1. ¡No mojes las sopas! **2.** ¡No añadáis agua! **3.** ¡No retire (usted) la sartén del fuego! **4.** ¡No dejen enfríar!

A. 1. El tonto le enseña tres billetes de cinco Euros. **2.** El inocente le aconseja que los guarde. **3.** ¡Cuidado, qué te los pueden robar! **4.** Te da igual. **5.** Lo acepta todo. **6.** Ni que decir tiene que lo he visto todo. **7.** No hay más que recortes de periódicos. **8.** El listo entra en escena. **9.** Cada uno se va por su lado.

B. 1. Lo dirá todo. **2.** Se lo llevarán todo. **3.** Lo guardáis todo. **4.** Lo sabemos todo.

C. 1. Déjenos el grande. **2.** Coge el verde. **3.** ¿Conoces al rubio que está sentado ahí? **4.** ¿Has visto pasar a una joven?

D. 1. Ha enseñado. **2.** Fuiste. **3.** Decíais.

E. 1. A mí me da lo mismo. **2.** A él no le gustó nada. **3.** A nosotros nos pareció escandaloso.

A. 1. Por lo general, los domingos van al Rastro. **2.** Suele deambular por las callejuelas. **3.** Usted no acostumbra a preguntar los precios. **4.** El precio de un objeto está a medio camino entre el propuesto por el vendedor y el del comprador. **5.** Mientras no sepas poner de relieve los defectos, no sabrás regatear.

B. 1. Lo vuelve a mirar. **2.** Le vuelve a decir lo mismo. **3.** ¿Volverás a llamar a Amélie? **4.** Te volverá a explicar cómo se regatea.

C. 1. Pocas veces. **2.** A menudo. **3.** Suele. **4.** Nunca.

D. 1. Suelo. **2.** Acostumbraba. **3.** Solemos.

E. 1. ¿Vuelven ustedes a ir? **2.** ¿Suele usted preguntar el precio? **3.** ¿No sabe usted regatear?

A. 1. ¿Por qué no vienes conmigo a pasar las Navidades en París? **2.** Mientras (que) esté aquí, no tendrás que preocuparte por el alojamiento. **3.** Han ido a comprar los regalos de Navidad. **4.** ¡Ni que nos fuéramos para siempre! **5.** Llámame por teléfono cuando llegues. **6.** Cuando vuelvas, iré a verte. **7.** Riega las plantas. **8.** Se me saltaron las lágrimas.

B. 1. Vamos a París, cuando quieras. **2.** Escríbele cuando te acuerdes. **3.** Dale las llaves cuando lo veas. **4.** Regad las plantas cuando paséis por el piso.

C. 1. Viva. **2.** Puedan. **3.** Haces. **4.** Ve. **5.** Van. **6.** Pases.

D. 1. En cuanto prepares las maletas nos vamos. **2.** En cuanto llames te lo digo. **3.** En cuanto compres el regalo se lo ofrecemos.

A. 1. ¿Te aburres? Eso depende. **2.** Esto funciona a las mil maravillas. **3.** Cuando se para algunos días, después le cuesta Dios y ayuda. **4.** O está cansado o es demasiado difícil. **5.** ¡Estupendo! Eso me viene de perilla. **6.** Tiene pensado ir a vivir a España. **7.** ¿Qué, va usted aprendiendo? **8.** Ponme al corriente.

B. 1. Siga. **2.** Vaya. **3.** Paro. **4.** Trabaja.

C. 1. O lees el periódico o ves la televisión. Sea lees el periódico sea ves la televisión. Ya lees el periódico ya ves la televisión. **2.** O es un método demasiado clásico o no le interesa lo moderno. Sea es un método demasiado clásico sea no le interesa lo moderno. Ya es un método demasiado clásico ya no le interesa lo moderno.

D. 1. ¿No se aburre usted? **2.** Necesito que me hable del mundo del trabajo. **3.** ¿A usted no le parece que es demasiado clásico?

E. 1. A ti te viene de perlas. **2.** ¿Vais a trabajar en España? **3.** ¿Te has puesto a buscar trabajo?

A. 1. Ha llegado el momento de incorporarse a la vida activa. **2.** Ahora que está en el paro, lamenta no haber aceptado el puesto que uno de sus amigos le había propuesto. **3.** Hay tan pocos puestos de trabajo que no se puede ser delicado. **4.** Si le hubiera propuesto un trabajo (*ou* puesto), hubiese aceptado. **5.** Ojalá hubiera preparado las oposiciones.

B. 1. Ojalá obtuviera un puesto fijo. Ojalá hubiera obtenido un puesto fijo. **2.** Ojalá encontrara trabajo. Ojalá hubiera encontrado trabajo. **3.** Ojalá terminara pronto. Ojalá hubiera terminado pronto. **4.** Ojalá lo llamaran. Ojalá lo hubieran llamado.

C. 1. Hubiera preparado. **2.** Hubieras dejado. **3.** Hubiéramos encontrado.

D. 1. Le pesó que no lo llamaras. **2.** Nos pesó que dejarais pasar esta ocasión. **3.** Te pesó que no obtuviera un puesto fijo.

E. 1. Está buscando trabajo. **2. Somos** publicistas. **3. Eran** unas oposiciones tan difíciles.

A. 1. Clínica odontológica busca secretaria. **2.** Busca a una secretaria que se llama Julia. **3.** Escribir al señor Ramírez, jefe de personal. **4.** Presentarse mañana a las ocho. **5.** Se ofrece: salario importante, trabajo en equipo. **6.** Se pide: hablar español, estar dispuesto a viajar. **7.** Carrocerías «Como Nuevo» buscan dos empleados para sus talleres.

B. 1. Escriban a Juan López, director de ventas. **2.** Preséntense en la oficina central a las diez. **3.** Envíen «curriculum vitae». **4.** Entreguen cuatro fotografías de identidad.

C. 1. He leído los anuncios del periódico. **2.** Vas a ver al jefe de la empresa. **3.** Forma parte del equipo de venta. **4.** Envíale el C.V. al responsable.

D. 1. Se tiene que vivir en Barcelona. **2.** Se tiene que estar dispuesto a viajar. **3.** Se tiene que saber conducir.

E. 1. Había. **2.** Escribiste. **3.** Trabajaremos.

A. 1. ¡Anda, cuéntamelo todo! **2.** ¿(Usted) no ha pegado ojo en toda la noche? **3.** Les duelen las muelas desde hace una semana. **4.** Ya no aguanta más. **5.** ¡Qué dejados sois! **6.** Hemos esperado durante tres horas. **7.** Ven mañana a las tres. **8.** Todo está completo desde hace una semana.

B. 1. Desde hace. **2.** Desde. **3.** Desde hace. **4.** Desde. **5.** Desde.

C. 1. No ha pegado ojo en toda la noche. **2.** Tiene una muela picada. **3.** Le hace sufrir terriblemente. **4.** Ya no aguanta más.

D. 1. En cuanto pueda, lo verá. **2.** Lorenzo llama al dentista mientras Amélie lee el periódico. **3.** En cuanto te duela, llámame.

E. 1. Acompáñame. **2.** Llamad al médico. **3.** Vengan el sábado.

A. 1. Mientras yo leo el periódico, tú vas al dentista. **2.** Yo soy Libra, ¿y tú, de qué signo eres? **3.** El Sol entra en el signo de Piscis. **4.** Si a usted le duelen las muelas, sométase a un examen médico. **5.** Veamos: Acuario: Semana problemática. **6.** Pero aun así corréis el riesgo de equivocaros.

B. 1. Hábleme de **su** salud. **2. Están (ustedes)** leyendo **su** horóscopo. **3.** ¿Cuál es **su** signo? **4. Corre** el riesgo de equivocar**se** en **su** diagnóstico.

C. 1. Ángel no sabe cuál es su signo. **2.** Vamos a ver a nuestras amigas. **3.** Déjese guiar por su instinto. **4.** Mostradnos los resultados de vuestros análisis.

D. 1. Es el tuyo. **2.** Te duelen mucho las muelas. **3.** Cáncer: ese es tu signo.

E. 1. Corréis el riesgo de equivocaros. **2.** A vosotros no os dicen nada. **3.** ¿El periódico es vuestro?

A. 1. No tienes demasiadas ganas. **2.** Cuando se le mete a usted algo en la cabeza, no hay quién se lo saque. **3.** ¿Y si fuerais al cine? **4.** Me gustaría ver la película de la que me has hablado. **5.** Por muchas que hayas visto, debes ir a ver ésta.

B. 1. ¿Y si me acompañaras? **2.** ¿Y si cenáramos juntos? **3.** ¿Y si viéramos un Buñuel?

C. 1. Por poco que te guste ir al cine, debes ir a ver esta película. **2.** Por buen director que sea, su última película es un fracaso. **3.** Por mucho que tardes, te esperaré.

D. 1. El director cuya fama es reconocida por todos. **2.** Vimos la película de la que nos hablaste. **3.** Una sala cuyos asientos eran muy cómodos.

E. 1. Ya sabes lo tarde que es. **2.** Ya sabes lo simpática que es. **3.** Ya sabes lo rápido que es.

A. 1. Se sentía atraído por aquel personaje desde hacía tiempo. **2.** Para mí es una de las mejores películas de Buñuel. **3.** No te has enterado de qué va el papel. **4.** En *Tristana* vuelve a aparecer uno de los temas predilectos de Buñuel: el del hombre maduro y la mujer joven. **5.** Es una espléndida creación (*ou* interpretación).

B. 1. La película se rodó **en** España. **2.** Obtuvo el primer premio **de** interpretación **en** Avoriaz. **3.** Tuvo que retrasar el rodaje **por** el escándalo.

C. 1. Quería rodar esa película desde **hacía** un año. **2.** Desde **hacía** más de un año esperaba a que la llamaran. **3.** Buscaba su teléfono desde **hacía** una hora.

D. 1. Es un director muy conocido. **2. Estabas** realizando un filme en España. **3. Son** sus temas predilectos.

E. 1. Ha pensado en ella para ese papel. **2. Ha** sido su mayor éxito. **3. Tenemos** que interrumpir el rodaje.

F. 1. Supo. **2.** Quisiera. **3.** Fue.

A. 1. Salí a tomarme un refresco. **2.** ¡Ande, cuéntemelo todo! **3.** ¡Si supierais! **4.** ¿Verdad que son guapos? **5.** Pues figúrese que se ha enamorado. **6.** Cuanto más lo veo, más me gusta. **7.** Se hizo el encontradizo. **8.** Cuanto más lo conozco, más lo aprecio.

B. 1. Cuanto más ganas, menos gastas. **2.** Cuanto menos viaja, menos le gusta viajar. **3.** Cuanto más esperes, más te dolerá. **4.** Cuanto más estudie, más sabrá.

C. 1. Cuanto más dinero tiene, más ropa compra. **2.** Cuanto más deporte haces, más resistente eres. **3.** Cuanta más agua bebas, más sudarás. **4.** Cuanto más ve a Pepe, más se acuerda de su padre.

D. 1. A ella le parece que se lo acaba de ligar. **2.** A nosotros nos apetecía tomarnos algo. **3.** A ustedes ¿qué les parece? **4.** A ti no te gustó verlo.

A. 1. Acabo de librarme de un plomo. **2.** No le quitas ojo de encima. **3.** ¿Tiene usted fuego, por favor? **4.** Al cabo de cinco minutos me acerqué. **5.** ¿Intentaste (*ou* has intendado) entablar conversación? **6.** ¡Qué soso es! **7.** Si no me deja en paz, llamo a la policía. **8.** ¿Has visto al hombre que está sentado en la mesa de Amélie? **9.** Salí pitando (*ou* he salido pitando).

B. 1. Los amigos con los que hemos cenado. **2.** El camarero del que está enamorada. **3.** Las chicas a las que invitaste. **4.** La mujer a la que diste la entrada.

C. 1. Son los que están sentados. **2.** ¿Y las chicas? ¿Las que estaban hablando con Luis? **3.** ¿Quiénes son ustedes? **4.** Los hombres a quienes escribiste. **5.** Sus amigos son los que están en el café.

D. 1. ¿Tiene usted fuego, por favor? **2.** Si no me deja en paz, va a ver. **3.** ¿Están ustedes solas?

E. 1. ¿Te molestaría decirme la hora? **2.** ¡Qué suerte tuviste! **3.** ¡Sentaos!

A. 1. Anuncian (*ou* se anuncia) una conferencia para la semana próxima. **2.** La inserción de los jóvenes diplomados es difícil. **3.** Sepan, sin embargo, que la zona costera ofrece más posibilidades que las tierras del interior. **4.** Tu estrategia dependerá de tu situación personal.

B. 1. Se fue para Madrid en busca de trabajo. **2.** Tiene que encontrar un trabajo por aquí. **3.** Sólo trabaja por la mañana. **4.** Prepáreme el informe para mañana. **5.** Ha llegado un paquete para ti.

C. 1. Des. **2.** Tenga. **3.** Leáis. **4.** Vayamos. **5.** Dé.

D. 1. Dijo que Sevilla **ofrecía** aceptables posibilidades de trabajo. **2.** Dijo que lo importante **era** entrar en la empresa. **3.** Dijo que no **podía** disfrutar de ese compás de espera.

E. 1. Lo escucha. **2.** Es una charla **para ellos**. **3. A él** le tocará demostra**la**.

A. 1. Me he decidido (*ou* me decidí) a solicitar el puesto de vendedor. **2.** En relación con el anuncio aparecido en *El País*, tenemos el gusto de enviarle esta carta de candidatura. **3.** El nivel de sus estudios (*ou* su nivel de estudios) es netamente superior al solicitado (*ou* al que se solicita). **4.** Durante la entrevista ha dado pruebas de su entusiasmo. **5.** Su nivel de estudios suplirá su falta de experiencia. **6.** Dirección: calle de Madrid n° 4 Barcelona 30100.

B. 1. Vi al chico **con el que** paseabas. **2.** Los niños **con los que** jugabas son muy simpáticos. **3.** La chica **a la que** le regalaste un disco… **4.** Ya han llegado las mujeres **de las que** me hablaste.

C. 1. Te envío mi «curriculum vitae». **2.** En una futura entrevista pienso daros prueba de mi entusiasmo. **3.** ¿Has solicitado el puesto de vendedor? **4.** Envíanos tu curriculum vitae. **5.** Espero tener el gusto de verte.

D. 1. Deberá dar pruebas de su valía. **2.** Tiene usted que alcanzarlo. **3.** Preséntese en la oficina. **4.** ¿Sigue usted buscando trabajo?

E. 1. Calle de México n° 7 28012 Madrid. **2.** Plaza de Carlos V n° 68 30360 Murcia. **3.** Avenida de los Reyes Católicos n° 1 14000 Córdoba.

A. 1. Nací el 10 de febrero de 1987. **2.** ¿Es usted soltero (*ou* soltera)? **3.** Ha cursado sus estudios segundarios en el Instituto Menéndez Pidal de Sevilla. **4.** Pasamos la Selectividad en 1979. **5.** Obtuvo la mención Sobresaliente. **6.** ¿Quiere usted asistir a un cursillo sobre el lenguaje de los ordenadores? **7.** He obtenido una media de 9,2 sobre 10.

B. 1. Pega esos carteles **en** la pared. **2.** Era un seminario **sobre** las técnicas de venta. **3.** Obtuvo una nota media de 8 **sobre** 10. **4.** Vendré **sobre** las dos de la tarde.

C. 1. ¿Cuándo pasó la Selectividad? **2.** Enséñeme sus notas. **3.** Le envío mi expediente académico. **4.** Sus notas le permitieron acceder a la Universidad.

D. 1. He asistido. **2.** Dominaba. **3.** Participaremos.

E. 1. Nueve de mayo de mil novecientos ochenta y cinco. **2.** Diez y ocho de septiembre de mil novecientos cincuenta y seis. **3.** Veintisiete de enero de mil novecientos sesenta y cuatro. **4.** Once de marzo de mil novecientos cuarenta y nueve. **5.** Siete de abril de mil novecientos treinta y dos. **6.** Treinta de diciembre de dos mil siete.

A. 1. Acabo de pasar una dura jornada. **2.** Están esperando los resultados de los exámenes. **3.** De pronto, alguien me ha llamado. **4.** Saldremos al caer la tarde (*ou* a la caída de la tarde). **5.** Estás muy atareado. **6.** Aún (*ou* todavía) no hemos recibido ni una sola respuesta.

B. 1. Quiero que me acompañes. **2.** Quiero que venga a cenar con nosotros. **3.** Quiero que le cuenten lo que pasó. **4.** Quiero que lo esperemos diez minutos más. **5.** Quiero que les presentes a Amélie. **6.** Quiero que me digas la hora que es. **7.** Quiero que hagas un asado para cenar.

C. 1. Era necesario que lo viera. **2.** Será necesario que cenemos juntos. **3.** Fue necesario que buscarais mucho. **4.** Ha sido necesario que volvieras a casa.

A. 1. Tengo ganas de verlo. **2.** ¡Me ha hablado tanto de usted! **3.** Llaman a la puerta. **4.** Me tropecé con Lorenzo ayer en la calle. **5.** Quiere que le des tu chaqueta. **6.** Lo que va a ser difícil, son las expresiones. **7.** Así que ustedes son los amigos de Miguel.

B. 1. ¡No me hables de él! **2.** ¡No vaya allí! **3.** ¡No se sienten en estas sillas! **4.** ¡No te preocupes!

C. 1. Vino. **2.** Fue. **3.** Hablé. **4.** Entendiste. **5.** Preguntasteis.

D. 1. Abre la puerta. **2.** ¡Siéntense! **3.** ¡Preguntádselo! **4.** ¡Llámalo!

E. 1. Es **nuestra** forma de hablar. **2. Nos alegramos** de conocerte. **3.** Es verdad que **tenemos** muchas. **4.** Pregúnta**nos** lo que quieras.

A. 1. Estoy encantado de conocerla **2.** ¡Ya has llegado! **3.** Voy a hacerte un asado. **4.** Estaba delicioso. **5.** Hay que reconocer que la res argentina tiene buena fama. **6.** ¡Ojalá le guste la carne! **7.** ¡Tenga la amabilidad de telefonear rápidamente!

B. 1. Miguel **vendrá** mañana. **2.** ¿**Podrás** llamarme mañana? **3.** Esta vez **será** la buena. **4.** Esta tarde lo **haré**. **5.** No **saldré** antes de las siete.

C. 1. Esperaba. **2.** Venía. **3.** Quería. **4.** Acababan. **5.** Teníamos. **6.** Iba.

D. 1. Ya **están** aquí. **2.** **Es** la amiga de Lorenzo. **3.** **Estoy** esperando contestación. **4.** **Estás** contento.

E. 1. Esto me **parece** buena seña. **2.** A Lorenzo y a Amélie les **gusta** cenar con nosotros. **3.** Chico, a ti te **encantan** los restaurantes argentinos. **4.** ¿Os **molesta** la música?

A. 1. Hay dos cartas para ustedes. **2.** Tras haber examinado atentamente su candidatura, lamentamos no poder aceptarla. **3.** Si un puesto se liberase, se pondrían en contacto contigo. **4.** Si le propusieran un puesto de técnico comercial, lo aceptaría inmediatamente. **5.** Si puedo, pasaré a verte esta tarde.

B. 1. Si encontraras un empleo, ya no tendrías problemas. **2.** Si aceptaran tu candidatura, empezarías a trabajar muy pronto. **3.** Si vinieras pronto, podríamos ir al cine. **4.** Si quisieras, te acompañaría.

C. 1. Esperaba que siguiera bien. **2.** Esperaba que no tardara mucho. **3.** Esperaban que encontrara un empleo.

D. 1. Gustaría, pasara (*ou* pasase). **2.** Trajera (*ou* trajese). **3.** Había sido. **4.** Pondremos.

E. 1. Te informamos que no empezarás la semana próxima. **2.** Os saludo atentamente. **3.** Ponte en contacto con nosotros. **4.** ¿Esperáis otra carta?

A. 1. ¿Y si pusiéramos las cosas en claro? **2.** Dígale lo que tenga que decirle. **3.** Se nota que no se atreve a hablar. **4.** Si conocieras Barcelona, no dirías eso. **5.** No creo que eso le interese. **6.** Hay una escuela como la de Madrid. **7.** Como le digas eso, vas a ver.

B. 1. Si hubieras (*ou* hubieses) venido, te lo hubieras (*ou* hubieses) pasado muy bien. **2.** Si hubieras querido, hubiésemos ido al cine. **3.** Si hubieses aceptado, hubieras tenido que irte a vivir a Barcelona. **4.** Si hubieses hablado con él, hubiera sido más fácil.

C. 1. Como acepte, tendrá problemas. **2.** Como se lo digáis, se va a enfadar. **3.** Como no les contestemos, se van a molestar. **4.** Como te quedes, vas a ver.

D. 1. Te irás a vivir a Barcelona en cuanto encuentres trabajo. **2.** Saldremos a pasear en cuanto terminéis de trabajar. **3.** Le diré lo que pienso, en cuanto vea a Pedro. **4.** Me sentiré mejor en cuanto se lo diga.

A. 1. Una familia podría haber desaparecido en el incendio de una alcoholera de Valladolid. **2.** El buque X, de bandera francesa, ha abandonado esta mañana la bahía de San Sebastián. **3.** El cabo que resultó (*ou* fue) herido mientras colaboraba en la lucha contra el incendio, continúa en estado grave. **4.** La central nuclear permanecerá cerrada hasta el martes próximo.

B. 1. Permaneció. **2.** Lograron. **3.** Desaparecieron. **4.** Estuvo. **5.** Abandonó.

C. 1. Podría. **2.** Debería. **3.** Necesitarían. **4.** Deberían.

D. 1. Al. **2.** Por. **3.** En. **4.** En.

E. 1. Ha abandonado : passé composé, verbe abandonar. **2. Decidió :** passé simple, verbe decidir; **permanecería :** conditionnel, verbe permanecer. **3. Esperamos :** présent de l'indicatif, verbe esperar; **sofoque :** présent du subjonctif, verbe sofocar. **4. Volverá :** futur du verbe volver.

A. 1. La policía ha encontrado el cadáver de una mujer en avanzado estado de descomposición. **2.** La muerte debió de ocurrir repentinamente. **3.** Usted pensaba que nosotros estábamos de vacaciones. **4.** ¡Es tan bueno! **5.** El choque fue tan violento que han debido transportarlo al hospital. **6.** No sé qué hacer.

B. 1. Los heridos estaban en estado **tan** grave **que** tuvimos que trasladarlos al hospital. **2.** Era **tan** simpático **que** acabamos siendo amigos. **3.** Está **tan** enfermo **que** ya no puede andar. **4.** Vive **tan** lejos **que** no nos vemos casi nunca.

C. 1. Es tan antipático que no puede tener amigos. **2.** Le gustó tanto la película que fue a verla cinco veces. **3.** Estaba tan inquieto que llamó al médico. **4.** Comió tanto que engordó tres kilos. **5.** Estoy tan preocupado que ya no duermo.

D. 1. Llevamos muchos años viviendo aquí. **2.** No nos extrañamos de no verlo. **3.** Nos dio mucha pena. **4.** Nosotros lo vimos todo.

A. 1. La Comunidad Autónoma Murciana subvencionará, a lo mejor, el proyecto. **2.** El Ministerio pondrá talleres a disposición de los jóvenes. **3.** Estos contratos tienen como objetivo la inserción profesional y social de los jóvenes sin formación. **4.** Estos procedimientos ya han sido utilizados en años anteriores.

B. 1. Tal vez nos veamos mañana. **2.** Tal vez pueda volver. **3.** Tal vez no se haya ido. **4.** Tal vez te hayas equivocado.

C. 1. Podía ser que volviera. **2.** Podía ser que no tuviera tiempo. **3.** Podía ser que lo encontrara. **4.** Podía ser que siguiera viéndolo.

D. 1. Es menester que tengan lo necesario. **2.** Es menester que suscriban otros contratos. **3.** Es menester que se pongan talleres a su disposición.

E. 1. El contrato tendrá una duración de un año. **2.** El joven encontró trabajo. **3.** Este procedimiento ya fue utilizado.

A. 1. Los partidos nacionalistas reaccionaron de muy distintas maneras. **2.** Al hacer la declaración, se dio cuenta de que el Ministro estaba presente. **3.** Tanto el P.N.V. como el P.S.O.E. prefirieron no comentar el tema. **4.** El portavoz hizo una crítica acerba de la actitud del consejero. **5.** El acuerdo fue firmado por todos los partidos.

B. 1. Pasando por el parlamento me encontré con el Ministro. **2.** Llegando al Ministerio, llamé a Juan. **3.** Saliendo de las Cortes, lo vi. **4.** Volviendo la esquina, le dije que era imposible.

C. 1. Salió **corriendo**. **2.** Los partidos **que aceptan** entablar negociaciones se reunirán mañana. **3.** Esperaba **leyendo**. **4.** Los hombres políticos **que se mostraron** partidarios del proyecto pertenecían al P.S.A.

D. 1. Se declararon desorientadas. **2.** Se muestran evasivos. **3.** Eran partidarios del acuerdo.

E. 1. ¡El debate fue tan violento! **2.** Tanto el ministro como el consejero se mostraron desorientados. **3.** Había tantos periodistas en el hall del hotel que no se podía pasar.

A. 1. Este es nuestro último encuentro. **2.** A veces le has dado plantón. **3.** Te voy a echar de menos. **4.** Queríamos enseñarte a aprender. **5.** Fíjate bien dónde lo pones. **6.** Valiéndote de ella, podrás salir de apuros.

B. 1. Cuando cierres el libro, por si acaso, fíjate bien dónde lo pones. **2.** Cuando cierres el libro, fíjate bien dónde lo pones por si acaso. **3.** Por si acaso, cuando cierres el libro, fíjate bien dónde lo pones. **4.** Por si acaso, fíjate bien dónde lo pones, cuando cierres el libro. **5.** Fíjate bien dónde lo pones, por si acaso, cuando cierres el libro. **6.** Fíjate bien dónde lo pones, cuando cierres el libro, por si acaso.

C. 1. Esperábamos haberte proporcionado los medios para que te pudieras desenvolver. **2.** No quería decir que te hubiéramos enseñado todo el español.

D. 1. Tendré que ir a España. **2.** Nos volveremos a ver. **3.** Practicarás de vez en cuando. **4.** Podrás salir de apuros.

E. 1. A veces nos dimos plantón. **2.** Te echamos de menos. **3.** Se convirtió en una cita diaria. **4.** Te felicitaron.

F. 1. Has trabajado mucho. **2.** Han aprendido a hablar. **3.** Ya nos hemos despedido.

Questions de compréhension

– ¿Dónde está el señor García?
  El señor García está sentado en la mesa del fondo.
– Don Luis está de paso, ¿sí o no?
  Sí, don Luis está de paso.
– Don Luis no está en forma, ¿sí o no?
  No, don Luis está en forma.
– ¿El embarazo cansa a la esposa del señor García?
  Sí, el embarazo cansa a la esposa del señor García.

– ¿De dónde es Helga Freeden?
  Helga Freeden es de Munich, es alemana.
– ¿Dónde están sentados los holandeses?
  Los holandeses están sentados al fondo de la clase.
– La alemana es de Munich. Y los holandeses, ¿de dónde son?
  Los holandeses son de Amsterdam.
– El francés no es de París, ¿de dónde es?
  El francés es de Tournay-sur-Odon.

– ¿Quién es Pedro Alvarez?
  Pedro Alvarez es el sustituto del ingeniero que está enfermo.
– Don Pedro, ¿está usted contento con su trabajo?
  Sí, estoy contento. Es muy interesante.
– ¿Quiénes son las compañeras de trabajo de Encarnita?
  Las compañeras de trabajo de Encarnita son Pepi y Luisa.

– ¿Cuándo lee José el periódico?
  José lee el periódico por las mañanas.
– ¿Cómo se llama la esposa de José?
  La esposa de José se llama Cecilia.
– ¿Se aburren mucho José y Cecilia?
  No, José y Cecilia se aburren un poco.

– ¿Dónde viven los amigos de Juan?
  Los amigos de Juan viven en Córdoba.
– ¿Cómo se llaman los amigos de Juan?

Los amigos de Juan se llaman Luis y César.
– ¿Qué desea tomar Antonio?
Antonio desea tomar una cerveza.
– ¿Quién llama al camarero?
Antonio llama al camarero.

– ¿A quién esperan Juan y Pedro?
Esperan a la mujer de Juan.
– ¿Dónde la esperan?
La esperan en la terraza de un bar.
– ¿A Pedro le molesta esperar a la mujer de Juan?
No, a Pedro no le molesta esperar a la mujer de Juan.
– ¿Con quién manda Pedro a los chicos al campo?
Pedro manda a los chicos al campo con los abuelos.

– ¿Por qué no entran en el cine los tres amigos?
No entran en el cine porque están esperando a Manolo.
– Deben de ser las siete ¿por qué?
Deben de ser las siete porque la farmacia está cerrando.
– ¿Po qué no espera Luis a Manolo?
Luis no espera a Manolo porque Cecilia lo está esperando.

– ¿Qué desea la cliente?
La cliente desea unas sandalias de tacón bajo.
– ¿Qué número gasta la cliente?
La cliente gasta el número treinta y siete.
– A la cliente le gustan las sandalias de piel, pero no las compra.
¿Por qué?
No las compra porque le molestan en el empeine.

– ¿Dónde están jugando los niños?
Los niños están jugando en un parque.
– ¿Qué le pide Luis a Juan?
Luis le pide a Juan la bicicleta.
– ¿Quién es Antonio?
Antonio es el hermano de Juan.

10

– ¿Adónde va Teresa?
Teresa va de compras a Las Galerías Inglesas.
– Pablo no puede ir a cenar con Teresa, ¿por qué?
Pablo no puede ir a cenar con Teresa porque está preparando la Selectividad.
– Felisa no quiere ir con ellos de compras, ¿por qué?
Felisa no quiere ir con ellos de compras porque tiene mucha prisa.

11

– ¿Qué clase de pantalones quiere comprar Teresa?
Teresa quiere comprar unos pantalones vaqueros.
– ¿Qué pantalones prefiere Teresa, los anchos o los estrechos?
Teresa prefiere los pantalones estrechos.
– ¿Cuánto rebajan el conjunto de chaqueta y pantalón?
Lo rebajan el cincuenta por ciento.
– ¿Qué pantalones le gustan más a Pablo, los de lana o los pantalones vaqueros?
A Pablo le gustan más los pantalones de pana (que los pantalones vaqueros).

12

– ¿Cuándo, dónde y a qué hora tienen cita los tres amigos?
Los tres amigos tienen cita el sábado, en el Retiro, a las cinco de la tarde.
– Hay uno que tiene que ir al hospital a las siete. ¿Sí o no?
No, tiene hora en el hospital, pero a las cuatro.
– ¿Dónde debe esperar la chica que vive en la Plaza Elíptica?
La chica que vive en la Plaza Elíptica tiene que esperar en Sol.

13

– ¿Cuándo se va de vacaciones Carlos?
Carlos se va de vacaciones el mes de julio.
– ¿De dónde viene Roldán?
Roldán viene de una agencia de viajes.
– Carlos le pregunta a Roldán si prefiere la playa o la montaña. ¿Por qué?
Le pregunta si prefiere la playa o la montaña porque conoce a un señor que alquila apartamentos en los Pirineos.

14 – ¿Dónde y cómo ha pasado Pedro el fin de semana?

Lo ha pasado fenómeno en casa de unos amigos. (*ou bien* Lo ha pasado en casa de unos amigos y se lo ha pasado fenómeno).

– ¿Qué le ha pasado a Tomás?

Tomás ha perdido la cartera con el carnet de identidad, la chequera y treinta Euros.

– ¿A dónde ha ido Tomás para declarar la pérdida?

Ha ido a la policía.

 15 – ¿Quién llama por teléfono a Felisa?

Alberto.

– Alberto no puede ir a cenar a casa de Felisa. ¿Por qué?

No puede ir a cenar a casa de Felisa porque tiene que esperar a unos amigos que deben pasar a recoger unos libros.

– Pablo no puede ir al cine el domingo que viene. ¿Por qué?

No puede porque tiene que estudiar para los exámenes de B.U.P.

 16 – ¿Qué ha olvidado el vendedor?

El vendedor ha olvidado darle la vuelta (a la cliente).

– ¿Cuándo tiene Tomás que devolverle el mapa a Luis?

Tomás tiene que devolvérselo (*ou bien* T. tiene que devolverle el mapa a Luis) para el fin de semana.

– ¿Por qué necesita Carmen el número de teléfono del fontanero?

Necesita el número del fontanero porque el grifo gotea.

 17 – ¿Cuántos son y cómo se llaman los trenes que hacen el recorrido entre Madrid y París?

Son dos y se llaman «el Talgo» y «el Puerta del Sol».

– ¿A qué hora tiene su salida el «Puerta del Sol»?

Tiene su salida a las seis.

– ¿Dónde estará el tren a las dos de la madrugada?

Estará en la frontera.

– ¿Qué se ha olvidado Juan?
  Juan se ha olvidado los contratos de las computadoras (*ou* de los ordenadores).
– ¿Qué debe hacer Juan en cuanto lleguen los contratos?
  En cuanto lleguen los contratos, Juan debe avisar a Tomás.
– ¿Quién es Matilde y dónde está?
  Matilde es una amiga de Juan. Vive en París pero está de viaje en Bruselas.

– ¿Qué tipo de piso quiere Susana?
  Susana quiere un piso que no sea demasiado caro, que tenga por lo menos dos habitaciones y que no esté lejos de la Universidad.
– ¿Qué clase de piso busca Eduardo?
  Eduardo busca un piso que no esté lejos del centro y que esté en una zona tranquila.
– El empleado cree que conseguirán un piso barato. ¿Sí o no?
  No, el empleado no cree que consigan un piso barato.

– ¿Qué decía el padre de Jorge cuando lo vela con un libro en las manos?
  Le preguntaba si no tenía nada mejor que hacer.
– ¿Qué leía Jorge?
  Jorge leía lo que le caía entre las manos, lo que había en su casa.
– ¿Qué hacía Jorge cuando iba a la barbería y por qué?
  Ojeaba los periódicos porque en su casa no los había.

– ¿Qué hace Pablo mientras Julián compra el periódico?
  Pablo le pregunta a un guardia cómo se va a la Puerta del Sol.
– ¿Qué hay frente al Ministerio de Defensa?
  Frente al Ministerio está la boca de metro «Banco».
– ¿Qué les aconseja el guardia que hagan si ve vuelven a perder?
  El guardia les aconseja que pregunten a cualquier transeúnte.

– ¿Por qué dice Miguel que al coche le pasa algo?
  Miguel dice que al coche le pasa algo porque el coche se va hacia la cuneta.

– ¿Por qué se va el coche hacia la cuneta?
Se va hacia la cuneta porque tiene la rueda derecha pinchada.
– ¿Dónde está la llave inglesa?
La llave inglesa está en la guantera.

– ¿Qué desea el cliente?
El cliente desea saber cuándo podría llevar el coche al garage.
– ¿Qué le quiere poner a su coche el cliente?
Quiere ponerle (*ou* le quiere poner) una radio-lector de CD.
– ¿Cuánto tiempo tardarán los del taller en hacerlo todo?
Tardarán un día entero.

– ¿Cómo es el mantón de Manila más barato?
Es de seda con un bordado de flores muy discreto.
– ¿Por qué no le gusta a la cliente el mantón del escaparate visto de cerca?
No le gusta porque los flecos son demasiado largos.
– ¿Qué hace la cliente con el último mantón que le presenta el vendedor?
Se lo prueba para ver qué tal le queda.

– ¿Qué le preguntó el joven a la señora?
El joven le preguntó si había visto pasar a una chica vestida de azul.
– El conductor de la moto le quitó el bolso, ¿Sí o no?
No, el conductor de la moto no le quitó el bolso.
– ¿Quién se lo quitó?
Se lo quitó el que iba en el asiento trasero.

– ¿Dónde estaba el joven cuando el chico le tiró el bolso?
El joven estaba saliendo de su casa.
– ¿Qué hizo el joven con el bolso?
El joven lo abrió.
– El de la moto era calvo y el joven es rubio. ¿Sí o no?
No, el de la moto era rubio y el joven es calvo.

– El lector de CD de Felipe es mejor que el de Carlos. ¿Sí o no?
No, el lector de CD de Felipe no es tan bueno como el de Carlos.
– ¿Qué le propusieron a Juan?
A Juan le propusieron que se encargara de las bebidas.
– ¿Dónde va a tener lugar la fiesta?
La fiesta va a tener lugar en casa de los Martínez.

– ¿Qué le hubiera gustado a Juan?
A Juan le hubiera gustado que el guitarrista tocara un poco más.
– ¿De qué famoso guitarrista le habla Juan a Miguel?
Juan le habla de Narciso Yépez.
– ¿Adónde irá Juan el martes que viene? ¿Qué le gustaría? Juan irá a un recital de nanas de Falla. Le gustaría que Miguel lo acompañara.

– ¿Adónde llega la familia y cuándo llega?
Llega a un motel un anochecer en pleno mes de agosto.
– ¿Qué piden y qué les proponen?
Piden dos habitaciones dobles y les proponen una habitación doble y una sencilla.
– ¿Por qué deciden quedarse?
Deciden quedarse porque están cansados y porque tienen sacos de dormir.

– ¿Para qué te dice el autor que han sido pensadas estas primeras lecciones?
(El autor me dice que) han sido pensadas para proporcionarme lo indispensable del español.
– ¿Con qué compara el autor estas primeras lecciones?
El autor las compara con un botiquín de primeros auxilios.
– ¿Cuál es el favor que te pide el autor al final del texto?
El autor me pide que (*ou bien* quiere que) a partir de ahora intente comprender directamente el texto español.

– ¿Cuánto tiempo piensa Amélie pasar en España?
Amélie piensa pasar un año en España.
– ¿Adónde se dirige Amélie al llegar al consulado? ¿Qué pregunta?

A. se dirige a una ventanilla y pregunta cuáles son los trámites que tiene que hacer para pasar un año en España.
– ¿Por qué pregunta Amélie lo que significa «engorroso»?
Lo pregunta porque no lo ha comprendido (*ou bien* porque aún no comprende muy bien el español).

32 – ¿Qué ventajas tiene el autobús para Maryse?
Tarda casi tanto como el tren y no cuesta tan caro.
– ¿Tomará el autobús Amélie? ¿Por qué?
No, Amélie no tomará el autobús porque un viaje en autobús es mucho más agotador que un viaje en tren.
– ¿Cuál es el medio de transporte que más le gusta a Amélie? ¿Por qué?
El tren; porque es el más cómodo, sobre todo para los viajes largos.

33 – ¿Cómo quiere Amélie que sea su habitación?
Amélie quiere una habitación individual, con baño. Quiere que sea lo más tranquila posible.
– ¿Para cuándo quiere reservar Amélie la habitación? ¿Cuánto tiempo piensa quedarse?
Amélie quiere reservar su habitación para el trece de junio.
Piensa quedarse hasta el veintiocho de junio.
– ¿Cuál es el precio de la habitación doble que Amélie reserva por teléfono?
El precio es de dos mil pesetas por noche, desayuno incluido.

34 – Describa usted cómo es «el Talgo».
«El Talgo» es un tren de coches-camas. En cada cabina hay una o dos camas y un lavabo. Se puede cenar y desayunar en el tren, puesto que hay un vagón-restaurante.
– ¿Cómo es «el Puerta del Sol»?
«El Puerta del Sol» es un expreso, con literas; en cada compartimento hay seis literas.
– ¿Cuánto tiempo tardarán los trenes rápidos en hacer el trayecto Madrid-París?
Los trenes rápidos (o Trenes de Alta Velocidad = TAV) tardarán unas ocho horas.

35
– ¿Cuáles son los productos que pagan derechos de aduana?
El tabaco, el alcohol y el perfume, si no son para el consumo personal, pagan derechos de aduana.

– ¿Qué se puede leer en el prospecto que le han dado a Amélie en la frontera?
En el prospecto se puede leer: «Va usted a pasar la aduana. ¿Conoce usted sus derechos y obligaciones?… ¿Lleva usted tabaco, alcohol o perfumes? Si no es para su consumo personal tendrá usted que declararlo y pagar los correspondientes derechos arancelarios.

– ¿Qué equipaje lleva Amélie?
Lleva una maleta y dos bolsos (*ou bien* un bolso y otro bolso más pequeño).

36
– ¿A qué hora llega Amélie a Madrid?
Amélie llega a Madrid a eso de las once de la mañana.

– Amélie llega al hotel, ¿cómo está su habitación?
Su habitación aún no está arreglada.

– ¿Qué le parece a Amélie su habitación?
A Amélie le parece que su habitación tiene mucha luz.

37
– ¿El *Guernica* de Picasso está expuesto en el museo del Prado?
No, el *Guernica* no está expuesto en el museo del Prado sino en el Retiro.

– ¿Cuánto les cuesta la entrada de los museos a los españoles?
La entrada de los museos es gratis para los españoles (*ou bien*, la entrada es gratis para los españoles *ou encore* la entrada no les cuesta nada a los españoles).

– ¿Si Amélie quiere entrar gratis al museo, ¿qué tiene que hacer?
Tiene que enseñar su carnet de estudiante.

38
– ¿Cuál es el horario de los museos en España?
Los museos españoles abren a las diez de la mañana y cierran a las cinco de la tarde, todos los días sin interrupción.

– ¿Qué dimensiones tiene el edificio del museo del Prado?
El museo del Prado mide cerca de doscientos metros de longitud por cincuenta de anchura. Consta de tres plantas.

– ¿Qué ha dicho Monet a propósito de *Las Meninas*?

465

Monet ha dicho: «Después de esto, no sé para qué pintamos los demás».

– ¿Qué pintura prefería la reina Isabel?
La reina Isabel prefería la pintura flamenca.
– ¿Bajo qué nombre es conocido el período de auge de la pintura española?
Ese período es conocido bajo el nombre de «Siglo de Oro».
– ¿De dónde proviene el patrimonio inicial del museo del Prado?
El patrimonio inicial del museo del Prado proviene de las iglesias españolas y de las colecciones reales.

– ¿Por qué quiere don Joaquín abrir una cuenta corriente en el banco?
Don Joaquín quiere abrir una cuenta corriente para domiciliar los pagos de la luz, del agua y del teléfono.
– ¿Por qué dice don Joaquín que quiere domiciliar los pagos?
Don Joaquín quiere domiciliar los pagos porque a su edad ya no se está (*ou bien* ya no está uno) para hacer cola en las ventanillas.
– ¿Cómo puede don Joaquín enviar el dinero a su hijo de Benidorm?
Si su hijo ha abierto una cuenta corriente allí, se lo puede enviar por transferencia, si no, se lo puede enviar por giro postal o telegráfico.

– ¿Para qué le servirá a Amélie su cuenta corriente?
Le servirá para recibir el dinero que le envien desde el extranjero.
– ¿Podrá Amélie utilizar su tarjeta de crédito?
Por supuesto, si su tarjeta es internacional.
– ¿Cómo quiere Amélie que el empleado le entregue el dinero, en billetes o en monedas?
Amélie quiere que el empleado le entregue una parte (*ou* un poco) en billetes y otra parte (*ou* otro poco) en monedas.

– ¿Por qué le atraía Iberoamérica?
Iberoamérica le atraía por su exotismo.

– ¿Dónde le han dicho que se habla el mejor español?
Le han dicho que se habla el mejor español en Castilla la Vieja.
– Cite tres países en que se habla español.
España, México, Argentina, Colombia, Ecuador, Bolivia, Perú, Chile, Paraguay, Uruguay, Panamá, El Salvador, Cuba, República Dominicana, Guatemala…

– ¿Qué están repasando los alumnos?
Los alumnos están repasando las estructuras aprendidas la semana pasada.
– Amélie está viendo un objeto, pero no sabe cómo se llama, ¿qué hace?
Amélie pregunta: «¿eso qué es?» o «¿cómo se llama eso?»
– ¿Qué dice Amélie, cuando la gente habla muy deprisa?
Amélie dice: «por favor, hable más despacio» o «no hable tan deprisa, por favor».

– ¿Cuándo se reunieron los Ministros del Medio Ambiente de la Comunidad Europea?
Los Ministros del Medio Ambiente de la Comunidad Europea se reunieron la semana pasada.
– ¿Cuánto deberá gastar España para reducir la contaminación de sus centrales térmicas?
España deberá gastar en torno a 2 000 millones de Euros.
– ¿Qué países consideraron excesivas les exenciones que pedía España?
Francia, Portugal y España.

– ¿Dónde se encuentran Amélie y Pepi?
Amélie y Pepi se encuentran en la cafetería de la Facultad.
– ¿Qué le parece a Pepi el profesor?
A Pepi le parece que el profesor es un plomo.
– El padre de Pepi la invita al restaurante, ¿por qué?
El padre de Pepi la invita al restaurante porque es su cumpleaños.

– ¿Qué pide de primer plato el padre de Pepi?
El padre de Pepi pide de primer plato, una macedonia de verduras

salteadas con jamón y unos espárragos de Aranjuez.
- ¿Pepi prefiere una ensalada de tomate y lechuga, ¿por qué?
  Prefiere una ensalada de tomate y lechuga porque si no, ya no
  podrá comer nada más.
- ¿Qué piden para beber?
  Para beber piden una botella de vino tinto y agua mineral con gas.

- ¿A dónde va Amélie para comprarle a Pepi el regalo de cumple-
  años?
  Amélie va a un gran almacén.
- ¿Por qué no le compra un ramo de flores?
  No le compra un ramo de flores porque no le parece un regalo
  original.
- Amélie sale un poco desalentada del almacén, ¿por qué?
  Amélie sale un poco desalentada porque no ha comprendido el
  mensaje transmitido por los altavoces.

- ¿Qué le pregunta el padre de Pepi a Amélie?
  Le pregunta si le gusta España.
- ¿Cómo es el compañero de Pili?
  El compañero de Pili tiene bigote y el pelo rizado. Se llama
  Jaime.
- Lorenzo ya había visto antes a Amélie, ¿dónde?
  Lorenzo ya la había visto por los pasillos de la Universidad.

- ¿Qué quiere hacer Amélie?
  Amélie quiere alquilar un piso.
- ¿Por qué dice Amélie que se ha quedado en ayunas?
  Amélie dice que se ha quedado en ayunas porque no ha com-
  prendido nada.
- ¿Cuántos dormitorios tiene el piso de Majadahonda?
  El piso de Majadahonda tiene tres dormitorios.

- ¿Cuándo se van de camping Lorenzo y Amélie?
  Amélie y Lorenzo se van de camping durante el puente del Corpus.

– ¿Amélie y Lorenzo necesitan un saco de dormir, ¿a quién se lo van a pedir?
Se lo van a pedir a Manolo.
– ¿Dónde comprarán cosas frescas?
Comprarán cosas frescas en el pueblo más cercano.

– La tienda de Lorenzo es ideal para la marcha, ¿por qué?
Es ideal porque sólo pesa dos kilos.
– ¿Por qué está prohibido en España el camping salvaje?
En España está prohibido el camping salvaje a causa de los incendios forestales.
– ¿A quién hay qué pedir permiso para acampar en los montes del Estado?
Hay que pedirle permiso a ICONA.

– ¿Qué compra Amélie en la verdulería?
Amélie compra tomates.
– ¿Qué le pregunta Lorenzo a la pescadera?
Lorenzo le pregunta a cómo está el pez espada y cuánto pesa el trozo.
– ¿Qué va pregonando el ciego?
El ciego va pregonando: «los iguales para hoy».

– ¿A dónde van L. y A. para denunciar la pérdida del bolso?
Lorenzo y Amélie van al cuartel de la guardia civil.
– ¿Dónde obtendrá Amélie nuevos documentos de identidad?
Obtendrá nuevos documentos de identidad en el consulado francés.
– Amélie llama a su padre a cobro revertido, ¿por qué?
Amélie llama a cobro revertido porque está sin dinero.

– Amélie dice ¡qué alegría!, ¿por qué?
Amélie dice ¡qué alegría! porque no falta nada en su bolso.
– Amélie quiere saber quién ha devuelto el bolso, ¿para qué?
Amélie quiere saber quién ha devuelto el bolso para agradecérselo.

– ¿Dónde estaba el bolso?
El bolso estaba cerca de un puesto de pescado.

– ¿Quién es Sebastián?
Sebastián es un amigo del padre de Amélie.
– ¿Para qué le han escrito Sebastián y Luisa a Amélie?
Le han escrito para invitar a Amélie a que vaya a pasar la última quincena de agosto con ellos.
– ¿Qué harán durante esos quince días?
Recorrerán las Islas Afortunadas.

– ¿Podrá Amélie estar el 16 en el aeropuerto de los Rodeos?
Sí, con tal de que haya billetes de avión.
– ¿Cómo les anunciará la hora de su llegada?
Les enviará un telegrama.
– ¿A dónde llevó la pescadera el bolso de Amélie?
La pescadera lo llevó a Objetos Perdidos.

– ¿Qué le pregunta Amélie al empleado en primer lugar?
Amélie le pregunta los precios y el horario de los vuelos para Canarias.
– ¿A qué hora sale de Barajas el primer vuelo y a qué hora llega a Canarias?
El primer vuelo sale de Barajas a las siete de la mañana y llega a los Rodeos a las nueve treinta.
– ¿Cuánto cuestan los vuelos nocturnos?
Los vuelos nocturnos cuestan algo menos de la mitad de los vuelos normales.

– ¿Recuerda usted dónde está Lista de Correos?
Sí, Lista de Correos está al fondo del pasillo, ventanilla diez, a mano izquierda.
– ¿Recuerda usted cuál es la frase que Amélie utiliza para pedir la vez?
Sí, Amélie dice: «¿quién es el último, por favor?»
– ¿Cuántos sellos compra Amélie? ¿De qué tipo los quiere?
Amélie compra seis sellos, tres para carta y tres para postal.

– ¿Cómo quiere Amélie el dinero?
Amélie lo quiere todo en billetes de veinte Euros.
– ¿Qué tiene que hacer Amélie para poner un telegrama?
Tiene que ir al vestíbulo principal y leer los letreros que hay encima de las ventanillas.
– ¿Qué dice el texto del telegrama de Amélie?
«Llego mañana a las doce. Abrazos. Amélie.»
– ¿Cuánto dice el empleado que tarda un telegrama para Canarias?
El empleado dice que un telegrama para Canarias tarda sobre dos horas.

– ¿Quiénes son los guanches?
Los guanches son los primeros habitantes de las Islas Canarias (*ou bien* la población que encontraron los conquistadores a su llegada a Canarias).
– ¿En qué siglo fueron colonizadas las Islas Canarias?
Las Islas Canarias fueron colonizadas en el siglo XV.
– ¿Llueve mucho en las Islas Canarias?
No, en las Canarias, las precipitaciones son casi nulas.
– ¿Cómo se llama la cumbre más alta de Canarias y cuál es su altitud?
La cumbre más alta es el Teide y su altitud es de tres mil setecientos dieciocho metros.

– ¿Cuánto dura la travesía hasta Lanzarote?
La travesía dura una noche entera.
– De la travesía, ¿qué es lo que más le gusta a don Sebastián?
Lo que más le gusta a don Sebastián es ver nacer el día apoyado en la borda.
– ¿Cómo se llama la enfermedad de Amélie y qué síntomas provoca?
La enfermedad de Amélie se llama mareo y provoca naúseas.

– ¿Por qué están en el hospital?
Están en el hospital porque, al bajar del barco, Amélie ha dado un tropezón y se ha caído.

471

– ¿Dice el médico que el hematoma es grave?

No, el médico dice que es un señor hematoma pero que no tiene la más mínima importancia.

– Cuando está en Francia, ¿qué toma Amélie contra los golpes? ¿quién se lo receta?

Cuando está en Francia, Amélie toma árnica. Se lo receta un homeópata.

– ¿Cuándo y con quién ha ido Lorenzo a ver la primera corrida de toros?

Lorenzo ha ido a ver la primera corrida de toros con Juan ayer.

– ¿Siguen sin gustarle a Lorenzo las corridas de toros?

No, Lorenzo ha cambiado de opinión (ahora le gustan).

– ¿Qué le dice Lorenzo a Amélie al final de la carta?

Lorenzo le dice que en cuanto vuelva, irán a ver una corrida de toros.

– Durante la lidia, ¿quiénes son los únicos que pueden permanecer en los pasillos?

Durante la lidia sólo pueden permanecer en los pasillos los agentes de la Autoridad o los dependientes de la Empresa.

– ¿Está permitido golpear al toro, si saltara al callejón?

No, está (ou queda) prohibido.

– Si un espectador se lanza al ruedo, ¿qué le ocurre?

Será retirado por las asistencias de servicio y por el personal de las cuadrillas, será conducido al callejón, será entregado a las Autoridades, y se le impondrá multa.

– ¿De qué hace Lorenzo? ¿Y Amélie?

Lorenzo hace de jefe de cocina y Amélie de pinche.

– ¿Cómo se llama la comida que están haciendo cuando se la sirve normalmente?

Cuando se la sirve normalmente se llama «sopa de ajo».

– ¿Y cuando se la sirve en cazuela de barro, con cuchara de madera?

Si se sirve (ou cuando se sirve) en cazuelas de barro, con cucharas de madera, se llama «sopa castellana del siglo XV».

66
– ¿Cuántos personajes intervienen en el timo?
  En el timo intervienen tres personajes: el listo, el tonto y la víctima.
– ¿Cuándo entra en escena el listo?
  El «listo» entra en escena cuando el «tonto» le enseña al «inocente» un sobre muy abultado.
– ¿Qué hay en el sobre que se lleva el inocente?
  Ni que decir tiene que sólo hay recortes de periódicos.

67
– ¿Qué día de la semana suele Amélie ir al Rastro?
  Amélie suele ir al Rastro los domingos.
– ¿Qué hay que hacer para saber regatear bien?
  Hay que saber poner de relieve los defectos de los objetos y no mostrar demasiado interés.
– ¿Ha comprado algo Amélie en el Rastro?
  Sí, Amélie ya ha comprado una espada toledana y un jarrón de cerámica de Talavera.

68
– ¿Qué les propone Amélie a Lorenzo y a Pepi?
  Amélie les propone que se vayan con ella a pasar las Navidades a París.
– ¿Qué le han comprado Lorenzo y Pepi a Amélie como regalo de Reyes?
  Le han comprado un *Quijote* en tres volúmenes (del que Amélie se había quedado prendada).
– ¿Cuándo se da cuenta Amélie de que no les ha dado las llaves del piso?
  Se da cuenta de que no les ha dado las llaves en cuanto arranca el tren.

69
– ¿Cuándo le resultan más difíciles las lecciones al estudiante?
  Le resultan más difíciles cuando se para un día o dos (después le cuesta Dios y ayuda ponerse de nuevo a estudiar).
– ¿Qué le parece al estudiante el método?
  Le parece que es un método muy clásico.
– ¿Qué piensa hacer el estudiante en el futuro?
  El estudiante tiene pensado irse a trabajar a España en cuanto pueda.

– ¿Cuántas ocasiones de entrar en la vida activa ha perdido Lorenzo?

Lorenzo ha perdido tres ocasiones de entrar en la vida activa.

– Cuente usted la primera ocasión que Lorenzo ha dejado pasar.

Era en la publicidad. Un conocido suyo, que había montado una agencia de publicidad, le propuso un puesto de publicista

– ¿Cuándo pensó hacerse funcionario? ¿Por qué abandonó el proyecto?

Pensó hacerse funcionario cuando terminó el bachiller, pero abandonó el proyecto porque las oposiciones eran muy difíciles y había muy pocas plazas.

– Yo tengo treinta y cinco años. ¿Puedo presentar mi candidatura? Justifique.

No, porque se requiere tener menos de treinta años.

– Usted, que no tiene coche propio, ¿puede presentar su candidatura?

Sí, porque el anuncio ofrece coche de la Empresa.

– Juan es muy, muy tímido, ¿cree usted que le conviene este anuncio?

No, porque se trata de un empleo de relaciones públicas.

– ¿Qué le pasa a Lorenzo? ¿Por qué tiene tan mala cara?

Lorenzo no ha pegado ojo en toda la noche porque tiene una muela picada.

– ¿A qué hora telefonea Lorenzo al dentista?

Lorenzo telefonea a las cinco de la tarde.

– ¿Cuánto tiempo hace que le duele la muela a Lorenzo?

Hace tres días que la muela le duele a Lorenzo.

– ¿Qué están haciendo Amélie y Lorenzo?

Amélie está leyendo el horóscopo mientras que Lorenzo se muere de miedo en el sillón del dentista.

– ¿De qué signo es Amélie?

Amélie es Leo.

– ¿De qué signo es Lorenzo? ¿Cómo va a ser la semana de Lorenzo?

Lorenzo es Virgo. Lorenzo va a tener una semana problemática.

– ¿Cómo dice Lorenzo que es Amélie?
Lorenzo dice que Amélie es muy testaruda.
– ¿Por qué no van a ver una película de Almodóvar?
No van, porque no echan ninguna.
– ¿Qué película terminan por ir a ver, dónde y cuándo?
Terminan por ir a ver *Tristana*, en la cinemateca, a las nueve de la noche.

 – ¿Qué pensaba Buñuel de la novela *Tristana*? ¿Por qué la escogió?
Buñuel pensaba que no era de las mejores de Galdós. La escogió porque el personaje de don Lope le interesaba especialmente.
– ¿Qué opina Silvia Pinal de la actuación de Catherine Deneuve en esta película?
Silvia Pinal opina que Catherine Deneuve no se enteró de que iba el papel.
– ¿Cuál es el tema central de *Tristana*?
El tema central es la relación entre un hombre maduro y una mujer joven.

 – ¿Por qué está Pepi tan nerviosa?
Pepi está tan nerviosa porque acaba de ligarse a un chico muy guapo.
– Amélie ya conoce a este chico. ¿Dónde lo ha visto?
Lo vio un día en la cafetería de la Universidad.
– ¿Qué sensación esperimentó Pepi al ver entrar el chico en la clase de economía?
Pepi sintió (pensó) que el corazón le daba un vuelco.

 – ¿Qué estaba haciendo Amélie cuando llegó el individuo que se sentó en la mesa de al lado?
Amélie estaba tan tranquila tomándose una horchata.
– ¿Le gustó el chico a Amélie?
No, Amélie pensó que el chico era muy feo.
– ¿Qué le dijo Amélie para que la dejara tranquila?
Le dijo que si no la dejaba en paz, llamaba a su novio que era camarero en aquel bar para que lo echara a bofetadas (que lo echaría a bofetadas).

– ¿Cuáles son las regiones que ofrecen más posibilidades de trabajo en España?

Las regiones que ofrecen más posibilidades de trabajo en España son Cataluña, Madrid y el País Vasco.

– ¿Qué les aconseja el conferenciante a los que aún no han realizado el servicio militar?

Les aconseja que se incorporen a filas como voluntarios. Así tendrán un año por delante para buscar trabajo.

– ¿Qué les aconseja a los que ya lo han realizado?

Les aconseja que no sean muy exigentes en materia de empleo.

– ¿A quién le dirige Lorenzo su carta de candidatura?

Lorenzo la dirige al jefe de personal de Martissi y Roni.

– ¿En qué periódico dice Lorenzo que fue publicado el anuncio?

El anuncio fue publicado en *La Vanguardia*.

– ¿Cómo piensa Lorenzo suplir su falta de experiencia?

Piensa suplir su falta de experiencia con su nivel de estudios (netamente superior al que se solicita para cubrir el puesto) y con su entusiasmo.

– ¿Qué carrera ha estudiado Lorenzo? ¿En qué facultad?

Lorenzo ha estudiado Técnicas Empresariales en la Facultad de Ciencias Económicas y Empresariales.

– ¿Qué suele hacer Lorenzo durante el mes de agosto?

Lorenzo suele asistir a cursillos y seminarios.

– ¿Qué idiomas domina Lorenzo?

Lorenzo habla con soltura el español, el inglés y el francés.

– Nuestros amigos han pasado una dura jornada, ¿por qué?

Han pasado una dura jornada porque Lorenzo está esperando contestación a sus demandas de empleo, y Amélie está esperando los resultados de sus exámenes.

– ¿Qué va a tomar Lorenzo?

Lorenzo va a tomar un martini.

– ¿Dónde trabaja Luci? ¿Tiene mucho trabajo?

Luci trabaja en una Escuela de Comercio y está muy atareada.

– ¿A qué están invitados Amélie y Lorenzo? ¿Dónde?
Amélie y Lorenzo están invitados a cenar en casa de Miguel y Luci.
– ¿Por qué no comprende Amélie todo lo que dice Miguel?
No lo comprende todo porque los argentinos tienen su propia forma de hablar.
– ¿Cómo llaman los argentinos a los bares? ¿Y a las aceras?
A los bares los llaman *boliches* y a las aceras, *veredas*.

– ¿Quién prepara la cena? ¿Qué hay en el menú?
Miguel va a preparar un asado.
– ¿Es la primera vez que Amélie va a comer comida argentina?
No, Amélie ya ha comido una vez carne en un restaurante argentino.
– ¿Por qué le muestra Lorenzo a Luci la carta de Martissi?
Le muestra la carta porque Luci trabaja en una escuela de Comercio y debe de tener experiencia.

– ¿Quién ha ido a buscar el correo hoy? ¿Qué había?
Amélie ha ido a buscar el correo. Había dos cartas para Lorenzo.
– ¿Qué dice la carta de Electrónica Madrileña?
La carta de Electrónica Madrileña dice que lamentan no poder aceptar la candidatura de Lorenzo y que si se liberase un puesto más acorde con sus cualidades no dejarían de ponerse en contacto con él.
– ¿Qué dice la carta de Martissi?
La carta de Martissi dice que la candidatura de Lorenzo ha sido aceptada y que empezará a trabajar a primeros del mes que viene.

– ¿Por qué se nota que Lorenzo está nervioso?
Se nota porque se sienta, se aclara la voz y porque no sabe por dónde empezar.
– ¿Qué le propone Lorenzo a Amélie?
Lorenzo le propone que se vaya a vivir con él un año o dos a Barcelona.
– Para Amélie, ¿qué ventajas presenta Barcelona con respecto a Madrid?

Si vive en Barcelona podrá ir más a menudo a Francia porque el viaje cuesta más barato que desde Madrid.

– Diga cuáles han sido las consecuencias del incendio de la alcoholera.
Dos personas han desaparecido (por el momento) y cuatro se hayan gravemente heridas.

– Según los ecologistas, la presencia del buque *Karim B.* en aguas españolas era peligrosa. ¿Por qué?
Era peligrosa porque contenía materiales radioactivos.

– ¿Qué ocurre con la central nuclear de Valdellós 2?
La central nuclear permanecerá cerrada hasta finales de mes para reparar la avería provocada por el incendio del sábado pasado.

– ¿Causa de la muerte del anciano? ¿Quién alertó a la policía?
Al parecer, la muerte obedece a causas naturales. La policía fue alertada por una vecina.

– ¿Por qué tardó tanto doña Pepita Cotórrez en avisar a la policía?
Tardó tanto porque creía que el anciano estaba de vacaciones.

– ¿Qué fue de los heridos del choque en cadena?
Los heridos fueron trasladados al Hospital General donde se les proporcionaron los primeros auxilios.

– Duración y objetivo de los contratos de trabajo.
Estos contratos, de una duración de un año, tienen como objetivo la inserción laboral y social de los jóvenes sin formación.

– ¿Cuál es la subvención por cada contrato que se suscriba? ¿Quién los subvencionará?
Los contratos serán subvencionados por la Dirección de Empleo y Desarrollo de la Comunidad Autónoma Murciana.

– ¿Cuál será la participación del Ministerio de Educación y Ciencia?
El M.E.C. pondrá a disposición de los jóvenes: profesores, talleres e instalaciones docentes.

– ¿Qué es lo que ha causado las diferentes reacciones de los partidos políticos vascos?
Las declaraciones del nuevo consejero del Interior del gobierno vasco que se mostraba partidario de la negociación con E.T.A.

– ¿Cómo han reaccionado los partidos próximos a E.T.A.?
Los partidos próximos a E.T.A. han acogido la propuesta con satisfacción.

– ¿Cómo han reaccionado los partidos nacionalistas?
Algunos se han mostrado evasivos mientras que otros han preferido no comentar el tema.

– ¿Qué es lo que los autores esperan haberte proporcionado?
Los autores esperan haberme proporcionado los medios para que pueda desenvolverme por mí mismo (*ou* me pueda desenvolver por mí mismo) en español.

– ¿De qué son conscientes los autores?
Los autores son conscientes de que no me han enseñado TODO el español.

– Si te encuentras en un aprieto, ¿qué puedes hacer?
Puedo utilizar la tabla analítica de los puntos tratados que está al final del libro.

Conception graphique :
Anne-Danielle Naname

Achevé d'imprimer en juillet 2010 en France par
I.M.E.
Baume-les-Dames (Doubs)
Dépôt légal 1re publication : 1992
Dépôt légal 1re nouvelle édition : septembre 2007
Édition 04 - juillet 2010
LIBRAIRIE GÉNÉRALE FRANÇAISE – 31, rue de Fleurus – 75278 Paris cedex 06

30/8433/2